EPOCH TIMES

Wie der Teufel die Welt beherrscht

Band III

EPOCH TIMES

Die Originalausgabe erschien 2018 unter dem Titel
《魔鬼在統治着我們的世界》

3. Auflage Februar 2020
Epoch Times Europe GmbH
Kunz-Buntschuh-Strasse 11
D – 14193 Berlin

Printed in Germany

ISBN 978-3-9810462-1-2 – Band 1 - Wie der Teufel die Welt beherrscht
ISBN 978-3-9810462-2-9 – Band 2 - Wie der Teufel die Welt beherrscht
ISBN 978-3-9810462-3-6 – Band 3 - Wie der Teufel die Welt beherrscht

Auch als E-Book erhältlich unter: ISBN 978-3-9810462-4-3

Eine ungekürzte Ausgabe als Hörbuch-Version finden Sie auf Amazon, Audible, iTunes, sowie anderen Kanälen und Streaming-Plattformen.

www.epochtimes.de

Für alle Menschen, denen das Schicksal
der Menschheit am Herzen liegt

Inhaltsverzeichnis

Weitere Themen in Band 1 und 2

Kapitel 4: Export der Revolution

Kapitel 5: Den Westen unterwandern

Kapitel 6: Die Revolte gegen Gott

Kapitel 7: Die Zerstörung der Familie

Kapitel 15

Von Marx bis Qutb: die kommunistischen Wurzeln des Terrorismus

Einführung

Am Morgen des 11. September 2001 entführten Terroristen Passagierflugzeuge und flogen sie in die Zwillingstürme des World Trade Centers in New York sowie in das Pentagon in Washington, D.C.. Fast 3000 Menschen kamen dabei ums Leben. Es war das erste Mal seit dem japanischen Angriff auf Pearl Harbor, dass die Vereinigten Staaten auf ihrem eigenen Boden einen Schlag dieser Größenordnung erlitten haben. Die Anschläge vom 11. September hatten globale Auswirkungen. Die Vereinigten Staaten starteten einen weltweiten Krieg gegen den Terror, der das islamistische Taliban-Regime in Afghanistan und die irakische Diktatur von Saddam Hussein stürzte.

Die Öffentlichkeit wurde zwar seitdem mit der terroristischen Bewegung und ihren Vertretern, wie Al-Kaida und Osama bin Laden, vertraut, jedoch sind sich nur wenige der engen Beziehung zwischen Terrorismus und Kommunismus bewusst.

Die Begriffe „Terrorismus" und „Terrorist" tauchten erstmals 1795 in Bezug auf die Herrschaft des Terrors während der Französischen Revolution [1] auf, die die Grundlagen für die kommunistische Bewegung legte (siehe Kapitel 2 dieses Buches).

In der modernen Welt gibt es hauptsächlich drei Formen von Terrorismus: Staatsterrorismus unter kommunistischen Regimen; terroristische Aktivitäten, die von Agenten kommunistischer Regime im Ausland durchgeführt werden, um eine gewalttätige Revolution zu verbreiten; sowie den islamischen Extremismus, der einen Großteil seiner Ideologie und Methodik dem Kommunismus verdankt.

1. Staatlicher Terrorismus unter kommunistischen Regimen

Das kommunistische Jahrhundert ist ein Jahrhundert voller Lügen, Gewalt und Mord. Terrorismus ist ein wichtiges Instrument für Kommunisten, um ihre Ideologie auf der ganzen Welt zu verbreiten und die Welt zu kontrollieren. Der Aufstieg eines kommunistischen Regimes wiederum führt ausnahmslos zur Mobilisierung des gesamten staatlichen Systems, um eine beängstigende Brutalität Alltag werden zu lassen. Diese von der Regierung geförderte Unterdrückung ist Staatsterrorismus.

Wladimir Lenin stützte sich auf Terrorismus, um die Macht in Russland zu übernehmen. Im Jahr 1918 sagte Felix Dzierżyński, den Lenin für seine Rolle als Direktor der Allrussischen Außerordentlichen Komitees zur Bekämpfung von Konterrevolution und Sabotage (Tscheka) als revolutionären Helden betrachtete, eindeutig: „Wir stehen für organisierten Terror – das sollte offen zugegeben werden." [2]

Der Marxist Karl Kautsky, der 1919 das Buch „Terrorismus und Kommunismus" veröffentlichte, gab einen umfassenden Überblick über das, was unter der von Lenin angestrebten proletarischen Diktatur passieren würde. Kautsky untersuchte die Gewalt der Französischen Revolution und kam zu dem Schluss, dass die Bolschewiki von Lenin den terroristischen Charakter der Jakobiner geerbt hatten und ihn wiederholen würden. [3]

Juri N. Afanassjew, ein russischer Historiker, beschuldigte Lenin der grundsätzlichen Erschaffung einer staatlichen Politik des Terrors, der Gewalt und der Gesetzlosigkeit: „Gewalt ist eigentlich unsere gesamte Geschichte“, sagte Afanassjew. [4]

Nach der Gründung der Sowjetunion waren die kommunistischen Regime von Josef Stalin, Mao Tse-tung, Pol Pot, Fidel Castro, Erich Honecker, Nicolae Ceauşescu, Kim Il Sung und anderen Despoten darauf angewiesen, zu töten, um ihre Macht aufrechtzuerhalten. Die Gewalt und Barbarei ihres staatlichen Terrors wurde in den vorangegangenen Kapiteln angesprochen.

Gewalt und Mord sind jedoch nur ein Teil der terroristischen Agenda des Kommunismus. Noch zerstörerischer ist, wie der Kommunismus die vereinten Kräfte von politischer und religiöser Leidenschaft nutzt: Er setzt langfristige Propaganda, Gehirnwäsche und Lügen ein, um Menschen mit der kommunistischen Parteikultur zu infizieren. Die Saat von Betrug, Hass und Gewalt wird so von Generation zu Generation weitergegeben.

2. Wie kommunistische Regime Terror exportieren

Kommunistische Regime zwingen nicht nur ihrer eigenen Bevölkerung den Terrorismus auf, sondern unterstützen auch terroristische Organisationen im Ausland, um Revolutionen anzufachen oder konkurrierende Staaten zu destabilisieren.

Der Historiker und Stratege Brian Crozier, Gründer und Direktor des Institute for the Study of Conflicts (Institut für Konfliktforschung, London), studierte jahrzehntelang die Beziehung zwischen Kommunismus und Terrorismus.

Er veröffentlichte viele Bücher und Artikel, in denen er die Ergebnisse seiner Forschung detailliert beschreibt. Er diente antikommunistischen Führern wie Ronald Reagan und Margaret Thatcher als Berater bei der Analyse von Terror durch den kommunistischen Block. [5]

Stanislav Lunev ist der ranghöchste Offizier der Hauptverwaltung für Aufklärung (GRU), des leitenden Zentralorgans des sowjetischen Militärnachrichtendienstes, der je in den Westen übergelaufen ist. Er wirft der GRU vor, einer der wichtigsten Mentoren von Terroristen auf der ganzen Welt zu sein. [6]

Viele extremistische Gruppen, die antiamerikanische Angriffe verübten – darunter die Volksfront für die Befreiung Palästinas, die Kommandos der Japanischen Roten Armee, die Roten Brigaden Italiens, die deutsche Rote Armee Fraktion (RAF), türkische Waffenschmuggler und südamerikanische Guerillas – hatten die Unterstützung des sowjetischen KGB.

Richard Welch, Direktor der CIA in Athen, wurde 1975 von griechischen Marxisten der „17N" ermordet. [7] Der Oberbefehlshaber der NATO, Alexander Haig, wurde 1979 von der RAF angegriffen, drei seiner Leibwächter wurden verwundet. Damals explodierte eine Landmine unter dem Fahrzeug, das jenem des Generals folgte. Im September 1981 wurde Kommandant Frederick J. Kroesen, Befehlshaber des NATO-Hauptquartiers in Heidelberg, verletzt, als Mitglieder der Roten Armee Fraktion eine Panzerabwehrrakete auf seinen gepanzerten Wagen abfeuerten.

Die wirksamste Form des modernen Terrorismus war jedoch der radikale Islam, den der Sowjetblock als Mittel zur Destabilisierung der muslimischen Welt nutzte.

In der ersten Hälfte des zwanzigsten Jahrhunderts gehörte der Nahe Osten zum westlichen Kolonialgebiet. Als die Völker in der Region die Unabhängigkeit erlangten, nutzte die Sowjetunion die Gelegenheit, ihren Einfluss zu erweitern. Widersprüche zwischen muslimischen Konfessionen, arabisch-israelische Konflikte, der Kalte Krieg, die Ölpolitik und der Kampf der Kulturen zwischen dem westlichen und dem islamischen Kulturkreis haben zu der komplexen und chaotischen Situation geführt, in der sich der Nahe Osten heute befindet.

Vor diesem Hintergrund drang die Sowjetunion in die muslimische Welt ein. Dies mag auf den ersten Blick widersprüchlich erscheinen. Muslime folgen einem abrahamitischen Glauben und glauben an Allah, während der Marxismus-Leninismus atheistisch ist und auf die Beseitigung der Religion abzielt. Wie konnten sie also miteinander in Einklang gebracht werden?

Die kommunistische Bewegung ähnelt einer Seuche, die sich durch alle verfügbaren Überträger ausbreitet. Der Kommunismus machte kurz nach der Oktoberrevolution seine ersten, wenn auch nicht gelungenen, Fortschritte in der muslimischen Welt.

Im Juni 1920 halfen die Bolschewiki bei der Errichtung eines Sowjetregimes in der iranischen Provinz Gilan, der Persischen Sozialistischen Sowjetrepublik oder der Sowjetrepublik Gilan. Das Regime setzte eine Reihe radikaler Reformen durch, darunter Maßnahmen zur Enteignung von Grundbesitzern. Die Maßnahmen zur Enteignung wurden von einem anti-religiösen Propagandaprogramm begleitet. Dieses erwies sich jedoch als äußerst unbeliebt, und das Regime wurde im darauffolgenden September gestürzt.

Später setzte sich das Konzept des „islamischen Sozialismus" durch. Seine Vertreter waren Jassir Arafat, Führer der Palästinensischen Befreiungsbewegung (PLO) und Gamal Abdel Nasser aus Ägypten. Die PLO wurde von der Sowjetunion und der Kommunistischen Partei Chinas unterstützt und beteiligte sich an weit verbreiteten terroristischen Aktivitäten.

Algerien, Südjemen und Afghanistan standen während

des Kalten Krieges unterschiedlich lange unter kommunistischer Herrschaft. 1979 startete die Sowjetunion eine Invasion in Afghanistan und besetzte das Land zehn Jahre lang, um das letzte kommunistische Regime in der muslimischen Welt zu unterstützen.

Die Förderung des Kommunismus in einem Gebiet mit tief verwurzelten religiösen Überzeugungen ist eine große Herausforderung. Die Bemühungen der Sowjetunion, die sozialistische Revolution direkt in die muslimische Welt zu exportieren, blieben bislang völlig erfolglos. Obwohl der Kommunismus selbst die Kontrolle über die Region nicht erlangen konnte, trug er wesentlich zur Entstehung und Entwicklung des islamischen Extremismus der Gegenwart bei.

Ion Mihai Pacepa, ehemaliger Drei-Sterne-General im kommunistischen Rumänien und Berater von Präsident Nicolae Ceauşescu, amtierender Chef des Auslandsgeheimdienstes seines Landes und Staatssekretär des rumänischen Innenministeriums, wurde zum höchstrangigen Überläufer, als er im Juli 1978 aus dem Ostblock in die Vereinigten Staaten flüchtete.

In seinem Artikel „Russische Fußabdrücke" enthüllte Pacepa viel Insiderwissen über die kommunistische Unterstützung des Terrorismus im Nahen Osten. [8] Er zitierte Alexandr Sakharowsky (1909-1983), den damaligen Chef des sowjetischen Auslandsgeheimdienstes KGB, mit den Worten: „In der heutigen Welt, in der Atomwaffen die militärische Gewalt überflüssig gemacht haben, sollte der Terrorismus unsere Hauptwaffe werden."

Allein im Jahr 1969 wurden 82 Flugzeugentführungen durchgeführt. Viele von ihnen waren das Werk der PLO, unterstützt von den Sowjets und den chinesischen Kommunisten. Pacepa erinnerte sich daran, dass er bei seinem Besuch in Sakharowskys Büro ein Meer aus kleinen roten Fahnen auf einer Weltkarte bemerkte. Jede Fahne repräsentierte ein entführtes Flugzeug.

Sakharowsky prahlte gegenüber Pacepa, dass die Taktik der Flugzeugentführung seine eigene Erfindung sei. Zwischen 1968 und 1978 hat der rumänische Geheimdienst jede Woche militärische Güter per Flugzeug an palästinensische Terroristen im Libanon ausgeliefert. Archive aus der Zeit nach der Auflösung der DDR zeigen, dass der DDR-Geheimdienst im Jahr 1983 Munition im Wert von 1.877.600 US-Dollar für Kalaschnikow-Sturmgewehre an libanesische Terrororganisationen verschickt hatte. Die Tschechoslowakei versorgte islamische Terroristen mit 1.000 Tonnen Semtex-H, einem geruchlosen Plastiksprengstoff.

In den frühen 1970er Jahren begann Juri Andropow, der damalige KGB-Chef und spätere Generalsekretär der Sowjetischen Kommunistischen Partei, eine verdeckte, sorgfältig geplante Propagandakampagne, um den Samen antisemitischen und antiamerikanischen Hasses in der gesamten arabischen und islamischen Welt auszusäen. Andropow wurde als „Vater einer Ära der Desinformation“ bekannt. [9]

3. Die kommunistischen Ursprünge des islamischen Extremismus

Die Terroranschläge vom 11. September 2001 kündigten eine grundlegende Veränderung des Weltgeschehens an. Die immer stärkere Bedrohung durch den islamischen Extremismus rückten Osama bin Laden und Al-Kaida auf die Titelseiten der Medien.

Für die überwiegende Mehrheit der Menschen auf der ganzen Welt war der 11. September ein Schock und zugleich eine Tragödie. In China, unter der Zensur der KP Chinas, waren die Reaktionen hingegen ganz anders. Von Online-Foren und Chaträumen bis hin zu Cafés in Hochschulen unterstützte eine Vielzahl von Menschen die Terroristen mit Kommentaren wie „gute Arbeit“ und „Wir unterstützen nachdrücklich diesen Akt der Gerechtigkeit gegen die Vereinigten Staaten". Nach einer Studie haben von 91.701 befragten Menschen auf NetEase, einer großen chinesischen Website, nur 17,8 Prozent starke Ablehnung der Terroranschläge bekundet. Die Mehrheit der Befragten entschied sich im Hinblick auf die Katastrophe für die zur Verfügung stehenden Punkte „Gegner der Vereinigten Staaten" oder „das Beste kommt noch". [10]

Die Chinesen, die die Terroranschläge bejubelten, hatten Bin Laden und seinesgleichen nie getroffen, aber die Wurzeln ihres vergifteten Denkens waren die gleichen. Die Chinesen sind seit ihrer Kindheit durch die kommunistische Propaganda und deren Ideologie vergiftet worden. Logischerweise fragt man sich jedoch, welchen Zusammenhang dies mit Bin Laden haben könnte, der in Afghanistan gegen die Sowjetunion gekämpft hatte.

Die ideologische Quelle des islamischen Extremismus von Bin Laden geht auf Sayyid Qutb, den ägyptischen Pionier des islamischen Terrorismus, zurück. Sayyid Qutb ist derjenige, der als der Karl Marx des radikalen Islams bezeichnet werden kann [11] und oft als „Pate des modernen Dschihad" bezeichnet wird. [12]

a) Sayyid Qutb: der Marx des islamischen Extremismus

William McCants, Experte für Terrorismusbekämpfung und ehemaliger Forscher am Antiterrorismuszentrum „Combating Terrorism Center" in West Point, hat beobachtet, dass islamische Extremisten sich bei der Erklärung ihrer Beweggründe oft auf die Lehren des Qutb beziehen und dass viele von ihnen sich als seine Nachfolger betrachten. [13] Ayman al-Zawahiri, der Anführer von Al-Kaida nach dem Tod von Bin Laden, betrachtete Qutb's Gedanken wie Funken, die den Dschihad-Extremismus entfachen sollten.

Im Jahr 2016 veröffentlichte der Nahost-Experte Hassan Hassan einen Bericht zusammen mit dem „Carnegie Endowment for International Peace“ (auf Deutsch: der Carnegie-Stiftung für internationalen Frieden) unter dem Titel „The Sectarianism of the Islamic State“ (auf Deutsch: Das Sektierertum des Islamischen Staates): „Der Islamische Staat wurde von Sayyid Qutb entworfen, von Abdullah Azzam gelehrt, von Osama bin Laden globalisiert, von Abu Musab al-Zarqawi in die Realität umgesetzt und von den al-Baghdadis ausgeführt: von Abu Omar al-Baghdadi und Abu Bakr al-Baghdadi.“ [14]

Bin Laden und später der „Islamische Staat“ (ISIS) übernahmen und erweiterten die Ideologie Qutb's. Kurz gesagt, ist der „Qutbismus“ das Streben nach Gewalt, um die verfaulte alte Gesellschaft zu zerstören, oder „Dschahiliya“, und er ruft die Dschihadis auf, ihr Leben für eine Ideologie zu geben, die angeblich die menschliche Befreiung einleiten wird. [15]

Dieser bombastische Stil erinnerte aus gutem Grund an die Schriften von Marx und Lenin: Qutb war in seiner Jugend Mitglied der Kommunistischen Partei, und seine Ideen waren von der Rhetorik des Marxismus-Leninismus geprägt. Robert R. Reilly, ein leitender Mitarbeiter des „U.S. Foreign Policy Committee“ (auf Deutsch: Ausschuss des Senats der Vereinigten Staaten zur Außenpolitik), hat gesagt, dass Qutb tatsächlich eine Verbindungsperson der „Kommunistischen Internationale“ für die ägyptische Muslimbruderschaft und die Kommunistische Partei Ägyptens war. [16]

Der 1906 geborene Qutb studierte in den 1920er und 1930er Jahren Sozialismus und Literatur. Bereits 1940 hatte er in den Vereinigten Staaten zwei Jahre lang im Ausland studiert und trat nach seiner Rückkehr nach Ägypten der Muslimbruderschaft bei. [17] Qutb hatte immer Kontakt mit dem Armeeleutnant Gamal Abdel Nasser, dem Führer des sozialistisch orientierten Komitees der Freien Offiziere.

1952 startete Nasser einen Militärputsch, der die Muhammad-Ali-Dynastie, eine pro-westliche Monarchie, stürzte. Es wird gesagt, dass dieser sozialistisch-revolutionäre Putsch von Qutb und der Bruderschaft zusammen mit Nasser geplant wurde. Während Qutb jedoch hoffte, dass Nasser ein islamisches Regime etablieren würde, ging Nasser stattdessen den Weg der Säkularisierung und begann 1954, die Muslimbruderschaft zu unterdrücken.

Qutb und die Bruderschaft bereiteten sich daraufhin vor, Nasser zu ermorden. Die Verschwörung scheiterte, und Qutb wurde des versuchten Mordes beschuldigt und inhaftiert. Während seiner dreijährigen Haftzeit erlitt Qutb schwere Folterungen. Später wurden die Bedingungen lockerer, und er durfte schreiben. Im Gefängnis schrieb er seine beiden wichtigsten Werke: „Im Schatten des Korans“ und „Meilensteine“. In diesen beiden Büchern, die seine Ansichten über den Koran, die islamische Geschichte, Ägypten und die westliche Gesellschaft behandeln, legt er seinen anti-säkularen, anti-westlichen Extremismus vollständig dar.

Qutb wurde einmal kurzzeitig aus dem Gefängnis entlassen. Er nutzte diese Gelegenheit nicht, um Ägypten zu verlassen, und wurde erneut inhaftiert. 1966 wurde Qutb wegen seiner Beteiligung an einer Verschwörung zur Ermordung von Präsident Nasser verurteilt und durch Erhängen hingerichtet.

Qutb's subversives Denken verlieh dem islamischen Konzept des Dschihad eine neue Interpretation. Bei der Erwähnung des Dschihad denken viele sofort an den „Heiligen Krieg“. Auf Arabisch bedeutet Dschihad einfach nur, zu streiten oder zu kämpfen. Um Muslime im Mainstream zu verankern, kann der Begriff auch als innerer Konflikt (Selbstvervollkommnung) oder defensiver Dschihad verstanden werden. [18] Qutb erweiterte diese Definition um den proaktiven und ungezügelten Einsatz von Gewalt im „Heiligen Krieg“ und legte die theoretischen Grundlagen dazu dar. [19] Qutb war stolz darauf, am Galgen gehängt zu werden, um zum religiösen Märtyrer werden zu können.

Qutb's Philosophie war, dass jedes Gesellschaftssystem, das sich an weltliche Gesetze oder Ethik hielt, eine anti-islamische „alte Gesellschaft" sei – und damit Dschahiliya (eine Gesellschaft, die geprägt ist von Unwissenheit über religiöse Wahrheiten, was sich ursprünglich auf die Gesellschaft vor der Verbreitung des Islam bezog). Selbst eine Gesellschaft, die sich als muslimisch bezeichnet, könnte immer noch Dschahiliya sein. Qutb betrachtete das ägyptische Gesellschaftssystem, in dem er lebte, als eines, in dem Dschahiliya dominierte und das deshalb gestürzt werden musste. [20]

Laut Qutb sei Dschahiliya das größte Hindernis – sowohl für Muslime als auch für Nichtmuslime – bei der Erfüllung der Werte und Gesetze des Islams. Er behauptete, dass die „alte Gesellschaft" den Menschen nur aufgezwungen worden sei und sie dabei ihrer Freiheit beraubt worden wären. Diese versklavten Menschen – analog zur Arbeiterklasse im Marxismus – hatten das Recht, den Dschihad zu finanzieren, um die Unterdrückung durch die Dschahiliya zu stürzen. Qutb befürwortete Dschihad als das Mittel zur Befreiung der gesamten Menschheit, sowohl der muslimischen als auch der nichtmuslimischen. [21] Als Qutb's Bücher veröffentlicht wurden, dachten viele islamische Führer, Qutb sei zu weit gegangen, und betrachteten seine Ideen als Ketzerei. [22]

Qutb nahm ferner das marxistische Konzept des „falschen Bewusstseins" auf, das sich auf die Akzeptanz der Ideale und der Kultur des Herrschers durch die gewöhnlichen Massen bezieht. Dieses Bewusstsein hält sie somit davon ab, ihre eigene Unterdrückung wahrzunehmen oder den Kapitalismus zugunsten des Sozialismus zu stürzen. Für Qutb erkennen die unter Dschahiliya Lebenden nicht, dass sie Sklaven sind [23], weshalb sie sich nicht am Dschihad beteiligen, um sich zu emanzipieren.

„Was tun?", formulierte Lenin in seinem Flugblatt mit der gleichen Überschrift. Qutb trieb die gleiche Frage um, also suchte er bei Lenin nach einer Lösung.

b) Die leninistische Vorhut des Dschihad

Qutb's Schriften sind vollgepackt mit Vokabeln, die den Studenten des Marxismus-Leninismus vertraut sind, wie „Avantgarde", „Staat", „Revolution" und dergleichen. Die Situation und die Herausforderungen, mit denen Lenin zum Zeitpunkt der Erstellung seines Pamphlets „Was tun?" konfrontiert war, spiegeln die Umstände wider, mit denen Qutb konfrontiert war, als er seine eigene radikale Ideologie ausarbeitete. Lenin setzte alle Hoffnung für eine erfolgreiche Revolution auf eine proletarische Avantgardepartei. Qutb kopierte diese Theorie und ersetzte die leninistische politische Partei durch islamische extremistische Organisationen.

Lenin legte großen Wert auf die Bedeutung von Organisation und Avantgarde. Er unterschied klar zwischen Spontanität und Bewusstsein und entwickelte die Idee der Bildung einer Partei. Lenin zufolge können Arbeiter mit spontanen Handlungen nur oberflächliche Forderungen wie die nach Gehaltserhöhungen oder achtstündigen Arbeitstagen stellen, aber ihnen fehlte das erforderliche Bewusstsein, um die Menschheit zu befreien.

Lenin glaubte, dass eine externe Vorhut (meist bürgerliche Intellektuelle, die das Privileg der Bildung haben) die Arbeiter anregen und indoktrinieren müsse. So könnten diese erkennen, dass Revolution ihr einziger Ausweg sei. Sie könnten erst dann das Verständnis erreichen, dass sie nur durch Emanzipation erst sich selbst und dann die gesamte Menschheit befreien können. Um das Potenzial der Vorhut voll ausnutzen zu können, braucht es eine eng mit ihr verbundene politische Partei, die ihre Aktivitäten vollständig organisiert und ihnen als Vereinigung professioneller Revolutionäre Möglichkeiten für Untergrundarbeit bietet. Diese politische Partei, die proletarische politische Partei, ist die Speerspitze des Proletariats. [24]

Glenn E. Robinson, assoziierter Professor an der Marine-Postgraduiertenschule in Monterey, Kalifornien (Naval Postgraduate School in Monterey, California), sowie wissenschaftlicher Mitarbeiter am Zentrum für Nahoststudien (Center for Middle Eastern Studies) und der Universität von Kalifornien-Berkeley, sagte über den radikalen Islam: „Obwohl dschihadistische Ideologen Lenin aus naheliegenden Gründen nicht als Quelle ihrer Inspiration nennen, verraten ihre Konzepte und ihre Logik, insbesondere die von Sayyid Qutb, diesen Einfluss. Qutb, der in den 1940er Jahren in Ägypten ausgebildet wurde, wäre sicherlich Lenins Schriften ausgesetzt gewesen. Zwei Schlüsselkonzepte von Qutb kommen direkt von Lenin: jama'a (Vorhut) und manhaj (Methodik).“ [25].

Ausgehend von der Essenz des Leninismus befürwortete Qutb die Organisation einer muslimischen Version der leninistischen Avantgardepartei.

„Qutb hat genau das gleiche Argument für die muslimische Welt vorgebracht“, schrieb Robinson. „Die überwiegende Mehrheit der Muslime war zu sehr in das System der ungerechten und antiislamischen Herrschaft verstrickt und korrumpiert, um zu wissen, wie und wann sie die Waffen gegen den Staat erheben sollten. Eine eigene Avantgarde von Dschihad-Kadern war notwendig, um direkte Aktionen gegen den Staat zu organisieren.“ [26] Auch „Lenins Beharren auf der Kernaussage der Avantgarde, ein detailliertes und stimmiges Programm für die Durchführung und anschließende Festigung der Revolution zu haben, wurde in den Schriften von Qutb ebenfalls mit einem islamischen Ton wiedergegeben.“ [27]

Für Qutb hat diese Vorhut, die aus dem besteht, was er „wahre Muslime“ nennt – und was tatsächlich Extremisten sind –, die revolutionäre Mission, alle Muslime und die gesamte menschliche Zivilisation zu befreien. Die Vorhut muss hart gegen falsche Muslime vorgehen und der islamischen Ideologie folgen, wie sie durch Qutb's Interpretation bestimmt ist.

Sie muss eine neue Nation gründen, die auf dem Islamismus basiert. Und sie muss Gewalt anwenden, um dem Rest der Welt den Islam aufzuzwingen.

Neben der Avantgarde beinhaltet Qutb's Theorie auch Ideen, die sich für „soziale Gleichheit", Klassenabbau, regierungsfeindliches Handeln und die Befreiung der Menschheit einsetzen. [28] Alle diese Punkte entsprechen den Zielen des Kommunismus.

Nach Qutb's Tod veröffentlichte sein Bruder Muhammad Qutb seine Bücher weiter. Das 1993 erschienene Buch „Ma'arakat ul-Islam war-Ra'samaaliyyah" zeigt erneut die kommunistische Inspiration Qutb's. Qutb erklärt unverhohlen, dass der Islam eine „einzigartige, konstruktive und positivistische Aqidah [Glaubensrichtung, die Wahrheit Allahs und Seines Gesandten] sei, die aus dem Christentum und dem Kommunismus in perfekter Weise geformt wurde und die alle ihre Ziele (das heisst die Ziele des Christentums und des Kommunismus) umfasst und zusätzlich Harmonie, Gleichgewicht und Gerechtigkeit hinzufügt." [29]

c) Der kommunistische Kern des islamischen Extremismus

Eine weitere marxistische Idee steht im Mittelpunkt des islamischen Extremismus: der Klassenkampf. Karl Marx hat sein ganzes Leben lang versucht, Konflikte zwischen dem Proletariat und der Bourgeoisie zu schüren – bis zu dem Punkt, an dem diese nur durch eine Revolution zu „lösen" waren. Die islamischen Extremisten handeln in etwa auf die gleiche Weise.

Hat die Zerstörung des World Trade Centers in Manhattan aber etwas dazu beigetragen, die muslimische Welt zu vereinen, wie Qutb es wollte? Absolut nicht. Sie diente nur dazu, den Konflikt zwischen der westlichen und der muslimischen Welt zu verschärfen. [30] Im Westen schürten die Terroranschläge den Hass auf Muslime und umgekehrt. Ihre Methode ist die gleiche, wie das Schüren der Konflikte zwischen dem Proletariat und der Bourgeoisie – die von Marx und Lenin gefördert wurden, um die Voraussetzungen für die Einleitung der Revolution zu schaffen.

Es ist nicht übertrieben zu sagen, dass die Theorien von Qutb dem Kommunismus ähnlicher sind als dem traditionellen Islam. Während sich die islamischen Extremisten als religiöse Opposition gegen den Kommunismus ausgeben, sind sie in Wahrheit von den Grundlagen der kommunistischen Revolutions-Doktrin durchtränkt. Wie ein Gelehrter es ausdrückte: „Es wird hier argumentiert, dass der wahre Feind der freien Welt der Kommunismus bleibt, und dass der radikale Islam nichts anderes ist als der Kommunismus, der in die traditionellen Kleider des Islams gehüllt ist.“ [31]

Nicht nur in die muslimische Welt ist gewalttätiger Extremismus eingeführt worden. Die westliche Gegenkultur verbreitete die linke Ideologie – und damit Lenins terroristische Lehren – auf der ganzen Welt. Der finnische Polithistoriker Antero Leitzinger glaubt, dass der moderne Terrorismus in den Jahren 1966 bis 1967 entstanden ist und sich parallel zur internationalen kommunistischen Bewegung entwickelte. Das ist laut Leitzinger kein Zufall. In den 1960er Jahren, als radikale Studentenbewegungen sich im Westen ausbreiteten, kamen viele Austauschstudenten aus der muslimischen Welt mit linkem Denken in Berührung. Sie brachten linke Konzepte wie jenes der gewaltsamen Revolution mit nach Hause. [32]

1974 traf Suleiman Abdullah Schleifer, Professor für Medienforschung an der American University in Kairo, auf Ayman al-Zawahiri, der später die Nummer zwei von Al-Kaida wurde. Al-Zawahiri, der damals an der Universität Kairos Medizin studierte, prahlte damit, dass islamistisch-extreme Gruppen die meisten ihrer Mitglieder aus elitären Institutionen wie Medizin- und Ingenieurschulen rekrutierten. Schleifer antwortete, dass ihn das nicht überrasche: In den 1960er Jahren gab es an diesen Schulen auch die höchste Konzentration junger Marxisten. Er stellte fest, dass der Islamismus einfach ein weiterer Trend war, der sich in den Studentenrevolten der 1960er Jahre entwickelte.

Schleifer erinnerte sich: „Ich sagte: Hör zu, Ayman, ich bin ein Ex-Marxist. Wenn du redest, fühle ich mich, als wäre ich wieder in der Partei. Ich habe nicht das Gefühl, dass ich mit einem traditionellen Moslem zusammen bin.“ [33]

Es ist merkwürdig, dass der islamische Extremismus oft mit dem Faschismus (Islamofaschismus) verbunden wird und seine kommunistische Herkunft aus verschiedenen Gründen nicht erwähnt wird. Der Faschismus ist eine Form des Nationalismus und hat keinen besonderen religiösen Hintergrund. Betrachtet man den islamischen Extremismus in seiner Gesamtheit und Lehre, so zeigt sich, dass er mehr Gemeinsamkeiten mit dem Kommunismus hat.

d) Qutb und der Aufstieg des Terrorismus

Qutb's Schriften beeinflussten viele junge Araber, darunter den palästinensischen Gelehrten und später einen der Gründer von Al-Kaida, Abdullah Yusuf Azzam. [34] Der „9/11-Kommissionsbericht“ skizzierte Qutb's Einfluss auf das Weltbild von Bin Laden und bezeichnete Azzam auch direkt als „einen Schüler von Qutb“. [35]

Muhammad Qutb, Sayyid Qutb's jüngerer Bruder, war auch einer der ersten Überbringer von Qutb's Botschaft. Muhammad Qutb ging später nach Saudi-Arabien und wurde Professor. Er forschte zum Islam. Er war gleichzeitig auch für die Bearbeitung, Veröffentlichung und Förderung der Theorien seines verstorbenen Bruders verantwortlich.

Bin Laden las als Student Qutb's Bücher, und er war mit Muhammad Qutb vertraut, weil er regelmäßig an dessen wöchentlichen öffentlichen Vorlesungen teilnahm. Michael Scheuer war der ehemalige CIA-Beamte, der die Gruppe, die für Bin Laden verantwortlich war, beaufsichtigte. Scheuer war ebenfalls Senior Researcher bei The Jamestown Foundation und beschrieb Muhammad Qutb als Mentor von Bin Laden. [36]

Der bereits erwähnte stellvertretende Kommandant der Al-Kaida, Ayman al-Zawahiri, ist ebenfalls ein fanatischer Schüler von Sayyid Qutb. [37] Als Jugendlicher hörte al-Zawahiri wiederholt von seinem Onkel über Qutb's Charakter und wie großartig dieser gewesen wäre, im Gefängnis so viel Leid zu erdulden. [38] Nach Qutb's Tod schrieb al-Zawahiri in seinen Memoiren: „Das Nasser-Regime dachte, dass die islamische Bewegung mit der Hinrichtung von Sayyid Qutb und seinen Kameraden einen tödlichen Schlag erlitt. Aber die scheinbare oberflächliche Stille verbarg eine unmittelbare Interaktion mit den Ideen von Sayyid Qutb und die Bildung des Kerns der modernen islamischen Dschihadbewegung in Ägypten". [39]

In dem Jahr, in dem Qutb gehängt wurde, half der damals 15-jährige al-Zawahiri, eine militante Untergrundeinheit zu bilden, die entschlossen war, „die Vision von Qutb in die Tat umzusetzen". [40] Danach schloss sich al-Zawahiri dem ägyptisch-islamischen Dschihad an, wurde später Mentor von Bin Laden und ein wichtiges Mitglied der Al-Kaida. Nachdem Bin Laden getötet worden war, wurde al-Zawahiri zum Anführer von Al-Kaida.

Glenn E. Robinson, der oben zitierte Nahost-Experte, sagte, dass Qutb in der sunnitisch-muslimischen Welt der wichtigste Denker ist, der den gewalttätigen Dschihad betonte. [41] Nahezu alle Konzepte und Innovationen der sunnitischen Dschihad-Gruppen sind in Qutb's Büchern zu finden. [42] Obwohl die verschiedenen Dschihad-Gruppen in ihrer Form unterschiedlich sind, haben sie alle einen gemeinsamen Punkt, nämlich die Anwendung von Gewalt unter dem Banner des Islam zur Verwirklichung ihrer politischen Ziele. [43]

Die Ermordung des ägyptischen Präsidenten Anwar el-Sadat durch den ägyptischen Islamischen Dschihad im Jahr 1981 und die Angriffe der ägyptischen Terrorgruppe al-Gamma al-Islamiyah auf Regierungsbeamte, weltliche Intellektuelle, ägyptische Christen und Touristen in den 1990er Jahren sind allesamt Schritte in der Kampagne zur Verwirklichung der Vision von Qutb. [44]

Die radikalen Dschihad-Gruppen, die Qutb's Ideologie verfolgen, werden als salafistische Dschihad-Terroristen eingestuft. Robert Manne, Professor für Politik an der La Trobe University in Melbourne, Australien, nannte Qutb den „Vater des Salafi-Dschihadismus" und den „Vorläufer des Islamischen Staates". [45] In seinem Buch „The Mind of the Islamic State: ISIS und die Ideologie des Kalifats" schrieb er: „Fünfzig Jahre nach der Hinrichtung von Sayyid Qutb ist dies die Tradition des Salafi-Dschihadismus, des Geistes des Islamischen Staates, geworden. Es gibt keine weiteren Etappen zu erreichen. Wir haben endlich die Tore der Hölle erreicht." [46]

Der Bericht „A Persistent Threat: Die Entwicklung von Al-Kaida und anderen Salafi-Dschihadisten" durch die Rand Corporation in Amerika skizzierte den Einfluss von Qutb auf salafistische Dschihadisten und führte gleichzeitig mehr als 40 Salafi-Dschihad-Gruppen auf. Diese sind auf fast allen Kontinenten aktiv. [47]

Betrachtet man die verschiedenen bestehenden extremistischen islamischen Organisationen – obwohl sie keine einheitliche Vision haben und auch untereinander ideologischen Kampfhandlungen unterworfen sind – so gibt es ein gemeinsames Merkmal für die überwältigende Mehrheit von ihnen: Qutb's aggressive Form des Dschihad. Sie haben im Wesentlichen das Werk von Qutb geerbt, welches die kommunistische Revolution in einer anderen Form ist.

e) Wie der Kommunismus gewöhnliche Muslime geopfert hat

Der vom U.S. National Counterterrorism Center veröffentlichte „Report on Terrorism 2011" besagt, dass „in Fällen, in denen die Religionszugehörigkeit von Terroropfern festgestellt werden konnte, in den letzten fünf Jahren Muslime zwischen 82 und 97 Prozent der durch Terroranschläge verursachten Todesfälle erlitten haben". [48]

Im „Country Reports on Terrorism 2016" (auf Deutsch: „Länderberichte über den Terrorismus 2016") listet das State Department insgesamt 11.072 Terroranschläge auf, die allein im genannten Jahr 25.621 Todesopfer gefordert hatten. Darüber hinaus waren Terroranschläge mit überwältigender Wahrscheinlichkeit in Ländern und Gebieten mit muslimischer Mehrheit zu erwarten: „Obwohl Terroranschläge im Jahr 2016 in 104 Ländern stattfanden, waren sie geografisch stark konzentriert. 55 Prozent aller Anschläge fanden in fünf Ländern (Irak, Afghanistan, Indien, Pakistan und den Philippinen) statt, und 75 Prozent aller Todesfälle aufgrund von Terroranschlägen ereigneten sich in fünf Ländern (Irak, Afghanistan, Syrien, Nigeria und Pakistan)." [49]

Im Gegensatz dazu führten Terroranschläge in den westlichen Ländern zu deutlich weniger Todesfällen. Eine Studie des Cato-Institute vom September 2016, „Terrorism and Immigration: A Risk Analysis" (auf Deutsch: „Terrorismus und Einwanderung: Eine Risikoanalyse") ergab, dass im Ausland geborene Terroristen, die entweder als Einwanderer oder Touristen ins Land eingereist waren, für 3.024 der 3.432 Morde verantwortlich waren, die von 1975 bis Ende 2015 von Terroristen auf US-Boden begangen wurden. Diese Zahl beinhaltet die 2.983 Menschen, die bei den Angriffen vom 11. September getötet wurden. [50] Durchschnittlich vierundsiebzig Amerikaner werden jährlich bei Terroranschlägen getötet.

Trotz der Tatsache, dass extremistische Gruppen im Namen des Islam handeln, ist ihr größtes Opfer die muslimische Gesellschaft. Denn unabhängig von den oberflächlichen Ausreden ist die wahre Motivation des Terrorismus der Drang zum Töten und zur Zerstörung.

4. Die Unterstützung des Terrorismus durch die Kommunistische Partei Chinas

Die Kommunistische Partei Chinas unterstützt seit langem terroristische Aktivitäten im Ausland, darunter auch die des mittlerweile verstorbenen palästinensischen Terroristenführers Jassir Arafat.

Arafat hat dabei geholfen, die Taktik der Entführung kommerzieller Flugzeuge zu entwickeln; er nahm dabei insbesondere die US-Streitkräfte ins Visier und wurde zu einer Inspiration für Osama bin Laden.

a) Die Unterstützung der terroristischen Aktivitäten von Jassir Arafat durch die KP Chinas

Im Jahre 1959 initiierte Arafat die Palästinensische Nationale Befreiungsbewegung (Fatah) und gründete im November 1988 den „Staat Palästina“. Bis zu seinem Tod im Jahr 2004 war er die führende Persönlichkeit verschiedener palästinensischer militanter Organisationen. Arafat war wahrscheinlich der bei der KP Chinas beliebteste Repräsentant des Mittleren Ostens. Er besuchte China 14 Mal und traf fast jeden chinesischen kommunistischen Führer, einschließlich Mao Tse-tung, Zhou Enlai, Deng Xiaoping und Jiang Zemin.

Nachdem Arafat im Jahr 1964 „Al-Asifa" (auf Deutsch: „Der Sturm"), den militärischen Flügel von Fatah, gegründet hatte, ging er sofort nach Peking, um sich mit dem chinesischen Premierminister Zhou Enlai zu treffen. Zhou erinnerte

Arafat daran, auf seine Strategie zu achten und keine kontraproduktiven Slogans zu verwenden, wie beispielsweise solche, die zur vollständigen Zerstörung Israels aufrufen. [51]

Neben der Bereitstellung von Waffen und finanzieller Unterstützung wurde „Palästina“ häufig von Peking angeleitet, Konflikte mit den Vereinigten Staaten und Israel anzuzetteln und gleichzeitig seinen Einfluss auf die internationale Ebene auszuweiten. Die KP Chinas lud Palästinenser auch zur Ausbildung nach China ein. Im Januar 1965 erklärte Arafat dem Staat Israel den Krieg in Nordpalästina unter Einsatz seiner Guerilla-Organisationen. Im Mai 1965 eröffnete die Palästinensische Befreiungsorganisation (PLO) ein Büro in Peking. In einem beispiellosen Schritt gewährte China dem PLO-Büro diplomatische Behandlung und unterstützte die PLO öffentlich bei verschiedenen internationalen Veranstaltungen.

Im November 1988 verkündete die 19. Sitzung des Palästinensischen Nationalrats die Unabhängigkeit des palästinensischen Staates. Peking hat diese sofort anerkannt und am 20. November jenes Jahres diplomatische Beziehungen dazu aufgenommen.

Arafat und der damalige Generalsekretär der KP Chinas, Jiang Zemin, besuchten sich gegenseitig in den Jahren 2000 und 2001. In dieser Zeit brachen in großem Umfang blutige Konflikte zwischen den Palästinensergruppen und Israel aus. Israel verurteilte Arafat wiederholt wegen seiner Rolle bei diesen Gewalttaten. Mit der Unterstützung der Kommunistischen Partei Chinas konnte Arafat gegen die Vereinigten Staaten und Israel kämpfen und die Stabilität im Nahen Osten weiter gefährden.

Die PLO und die Fatah waren an verschiedenen offenen und geheimen militanten terroristischen Aktivitäten beteiligt. Sie behaupteten, dass eine gewaltsame Revolution der einzige Weg zur Befreiung des Landes sei; das ist eine Ideologie, die auch den Theorien der kommunistischen Bewegung folgt. Arafat stand auch anderen kommunistischen Ländern sehr nahe. Er war zudem Mitglied der Sozialistischen Internationale und die Fatah hatte Beobachterstatus in der Partei der Europäischen Sozialisten (SPE). [52]

Die Vereinigten Staaten und Israel haben Arafat als den Mann bezeichnet, der hinter einer Reihe von Terroranschlägen im Nahen Osten steht. Das Weiße Haus kam nach umfassenden Ermittlungen US-amerikanischer Sicherheitsbehörden zum Schluss, dass die Fatah und die PLO terroristische Organisationen waren und schloss das Palästina-Informationsbüro im Jahr 1987. [53]

Im Jahr 1970 plante und führte die Fatah einen misslungenen Mordanschlag auf den jordanischen König Hussein bin Talal durch. [54] Im September des gleichen Jahres entführte Fatah drei kommerzielle Flugzeuge aus Großbritannien, Deutschland und der Schweiz direkt vor den Fernsehkameras. Die Terroristen behaupteten, dass die Entführung eines Flugzeugs eine größere Wirkung habe als hundert Israelis im Kampf zu töten. [55]

1972 verübte die Terrorgruppe „Schwarzer September", eine militante Fraktion der Fatah, ein Massaker an israelischen Athleten bei den Olympischen Spielen in München. Die Person, die dieses Massaker geplant und durchgeführt hat, war Ali Hassan Salameh, Arafats Sicherheitschef und Direktor des Fatah-Geheimdienstes. Neben den elf bei dem Angriff getöteten Israelis starb auch ein westdeutscher Polizist. [56] Arafat war einer der ersten Militanten, der bei seinen Operationen auch bewusst unschuldige Zivilisten ins Visier nahm.

b) Die Verbindungen der KP Chinas zu Al-Kaida

Die KP Chinas pflegte auch weitreichende Interaktionen mit Al-Kaida, beginnend mit ihrer geheimen Zusammenarbeit mit den Taliban, die Bin Laden Schutz boten. Im Jahr 1980 schickte die KP Chinas nicht nur etwa dreihundert Militärberater zu den Mudschahedin nach Afghanistan, sondern richtete auch militärische Trainingslager in Kaschgar und Hotan in Xinjiang ein, um diese in Fertigkeiten wie Waffengebrauch, Militärstrategie, Propaganda und Spionage zu unterweisen.

Xinjiang wurde zur Basis für die Ausbildung der afghanischen Mudschahedin im Kampf gegen die Sowjetunion. Zum Zeitpunkt des Rückzugs der Sowjetunion aus Afghanistan hatte das chinesische Militär mindestens mehrere tausend Dschihadisten ausgebildet. Diese erhielten Maschinengewehre, Raketenwerfer und Boden-Luft-Raketen im Wert von insgesamt zwei bis vier Milliarden US-Dollar. [57]

Die KP Chinas setzte ihre engen Beziehungen zu den Taliban und Al-Kaida fort, nachdem die Taliban in Afghanistan die Macht übernommen hatten, sowie in der Zeit, als sie Bin Laden Schutz gewährten. Obwohl Al-Kaida Terroranschläge auf die US-Botschaft und die US-Marine verübt hatte und die Taliban sich weigerten, Bin Laden an die Vereinten Nationen zu übergeben, hat die KP Chinas immer die US-Sanktionen gegen die Taliban abgelehnt. 1998 griffen die Vereinigten Staaten Al-Kaida-Stützpunkte mit Marschflugkörpern an. Das chinesische Regime stellte Al-Kaida zehn Millionen US-Dollar zur Verfügung, um nicht explodierte US-Raketen zu kaufen – und so seine eigene Technologie zu verbessern. [58]

Zur gleichen Zeit stellte die KP Chinas den staatlichen Sponsoren des Terrorismus weiterhin sensible Militärtechnologie zur Verfügung. [59] Ende 2000 schlug der UN-Sicherheitsrat Sanktionen gegen die Taliban vor, um diese dazu zu zwingen, die auf ihrem Territorium befindlichen terroristischen Trainingslager von Bin Laden zu schließen. China enthielt sich bei der Abstimmung der Stimme. Danach setzte die KP Chinas ihre geheimen Verhandlungen mit den Taliban fort, wobei ein Übereinkommen dahingehend erreicht wurde, dass Huawei Technologies den Taliban helfen soll, ein umfassendes militärisches Kommunikationssystem in ganz Afghanistan aufzubauen. [60] Am Tag der Anschläge vom 11. September unterzeichneten chinesische und Taliban-Vertreter einen Vertrag zur Ausweitung der wirtschaftlichen und wissenschaftlichen Zusammenarbeit. [61]

Noch schockierender war es, als nach den Anschlägen vom 11. September zwei chinesische Militäroffiziere als Verfasser eines Buches mit dem Titel „Uneingeschränkter Krieg" als Nationalhelden bejubelt wurden. In diesem Buch, das 1999 erschienen ist, wurde die Idee ausgesprochen, dass ein Angriff auf das World Trade Center in New York die Vereinigten Staaten in ein kompliziertes Dilemma bringen würde. Die Autoren bezeichneten Al-Kaida auch als eine Organisation, die fähig wäre, eine solche Operation durchzuführen. [62] Es genügt, zu sagen, dass das chinesische Regime mit seinem Konzept der „uneingeschränkten Kriegsführung" theoretische Leitlinien für die zukünftigen Operationen Bin Ladens lieferte.

Als der UN-Sicherheitsrat nach dem 11. September Sanktionen gegen das Taliban-Regime verhängte, enthielt sich China nicht nur der Stimme, sondern schickte auch Militärpersonal zur Unterstützung der Taliban in das Land, sogar noch unmittelbar, nachdem das US-Militär mit Luftangriffen in Afghanistan begonnen hatte. Es war auch nach dem 11. September, als amerikanische Geheimdienste erfuhren, dass ZTE und Huawei, Chinas zwei mit dem Militär verbundene Technologieunternehmen, dem Taliban-Militär halfen, ein Telefonnetz in Kabul, der Hauptstadt Afghanistans, aufzubauen. [63]

Im Jahr 2004 wurde bekannt, dass chinesische Geheimdienste mithilfe von Briefkastenfirmen Bin Laden bei der Geldbeschaffung und Geldwäsche an den Finanzmärkten auf der ganzen Welt unterstützten. [64]

Mit dem Fall der Berliner Mauer stand das kommunistische Lager vor dem totalen Zusammenbruch. Nachdem die Kommunistische Partei Chinas das ideologische Erbe der Sowjetunion übernommen hatte, war die Partei allein dem enormen Druck der freien Welt ausgesetzt. Der 11. September fand statt, als die Vereinigten Staaten und die freie Welt gerade damit begannen, ihre Aufmerksamkeit auf die Verurteilung der kommunistischen Tyrannei zu richten. Die Prioritäten änderten sich grundlegend, und die freie Welt musste ihren Plan zur Bekämpfung des Kommunismus zurückstellen, als der Krieg gegen den Terror begann. Dies gab der KP Chinas eine Gnadenfrist und erlaubte dem Kommunismus, erneut zu expandieren.

Während die westliche Welt im Nahen Osten Krieg geführt hat, fand ein großangelegter Transfer von Vermögen zwischen China und den Vereinigten Staaten statt. Der Kommunismus war in der Lage, eine weitere Supermacht aufzubauen.

Das durch den Terrorismus verursachte Chaos hat die freie Welt veranlasst, ihre Aufmerksamkeit noch weiter von der kommunistischen Bedrohung abzulenken. Damit wird die Lösung des Hauptkonflikts zwischen Gut und Böse, der sich in unserer Welt abspielt, verzögert.

5. Die verborgene Allianz zwischen dem Terrorismus und den westlichen radikalen Linken

Ein zeitgenössischer deutscher Musiker sagte: „Dies ist das größte Kunstwerk im gesamten Universum." Er sprach nicht von Beethovens 9. Sinfonie, sondern von den Terroranschlägen vom 11. September. [65]

Nach dem 11. September jubelten radikale westliche linke Intellektuelle und Medien den Angriffen zu und verteidigten die Täter. Ein amerikanischer Schriftsteller lobte die Terroristen dafür, dass sie den „Turm von Babel" (das World Trade Center) als ein Symbol für Fehlverhalten der USA zerstört hätten. Ein italienischer Dramatiker und Literaturnobelpreisträger sagte: „Die Volkswirtschaften, in denen [Wall-Street-] Spekulanten in Luxus schwelgen, haben jedes Jahr Dutzende Millionen Menschen mit Armut getötet. Warum ist es dann so schlimm, wenn 20.000 Menschen in New York sterben?" [66] Ein Professor an der Universität von Colorado-Boulder bezeichnete die im World Trade Center Beschäftigten als „kleine Eichmanns", in Bezug auf einen der Architekten des nationalsozialistischen Holocaust. [67]

In der Hoffnung, die Vereinigten Staaten daran zu hindern, militärische Interventionen in Afghanistan und im Irak durchzuführen, riefen verschiedene radikale linke Gruppierungen eine großangelegte Protestbewegung gegen den Krieg ins Leben.

Ein linker Professor an einer führenden US-Universität sagte in einer Rede an der Universität, dass die Vereinigten Staaten „das größte Land des Terrorismus" seien und dass Washington beabsichtige, „einen stillen Völkermord" in Afghanistan zu verüben. [68]

Die Linken hielten Friedenswachen und Informationsveranstaltungen im ganzen Land ab. Während die Maßnahmen der USA gegen Terroristen in Afghanistan in vollem Gange waren, unternahm dieser Professor eine zweiwöchige Reise zum indischen Subkontinent und verbreitete Gerüchte bei Millionen von Muslimen und Hindus. Er beschuldigte die Vereinigten Staaten, drei oder vier Millionen Afghanen durch Hunger töten zu wollen.

Ein Professor an der Columbia University sagte, er hoffe, dass das US-Militär eine Million „Mogadischus" erleiden würde. [69] Die Schlacht von Mogadischu bezieht sich auf den Überfall von Al-Kaida auf US-Spezialeinheiten in Somalia aus dem Hinterhalt im Jahr 1993, bei dem 18 amerikanische Soldaten getötet wurden.

Die von den radikalen Linken initiierte Antikriegsbewegung richtete sich gegen die Vereinigten Staaten, um deren Aktivitäten im Kampf gegen den Terrorismus zu untergraben.

Im Februar 2003, einen Monat vor dem Angriff der Vereinigten Staaten auf den Irak, veröffentlichte Bin Laden eine

Audiodatei über *Al Jazeera,* in der er die Menschen aufforderte, gegen das US-Militär auf den Straßen zu kämpfen. Er erklärte offen: „Die Interessen der Muslime und die Interessen der Sozialisten gleichen sich im Krieg gegen die Kreuzritter." [70]

Die Antikriegsorganisation ANSWER „Act Now to Stop War and End Racism" (auf Deutsch: „Jetzt handeln, um den Krieg zu stoppen und Rassismus zu beenden") ist in den Medien prominent vertreten. Ihre Mitglieder sind meist Sozialisten, Kommunisten und sonstige Linke oder Progressive. Viele ihrer Gründer haben Verbindungen zum „International Action Center" und zur „Workers World Party", einer radikalen kommunistischen Organisation. In diesem Sinne ist ANSWER in Wahrheit eine Fronteinheit, die stalinistisch-kommunistische Züge aufweist. An der Antikriegsbewegung beteiligt war auch „Not in Our Name" (auf Deutsch: „Nicht in unserem Namen"), eine Spitzenorganisation der Revolutionären Kommunistischen Partei, einer marxistisch-leninistischen Partei, die mit dem chinesischen kommunistischen Regime verbunden ist. [71]

Zusätzlich zur aktiven Verharmlosung von Terroristen und Organisation von Antikriegsbewegungen haben sich die Linken in der Justiz zum Kampf gegen das Patriotische Gesetz (Patriot Act) entschieden. Der Patriot Act wurde kurz nach dem 11. September vom Kongress verabschiedet, um die Fähigkeiten der USA zur Terrorismusbekämpfung zu stärken. Das FBI musste zuvor beispielsweise sieben Jahre warten, bis es Sami Al-Arian, einen Informatikprofessor an der University of South Florida, verhaften konnte, der die Terroristen finanziell unterstützte – bevor dieses Gesetz verabschiedet wurde. Hätte es schon zuvor ein Äquivalent zum Patriotischen Gesetz (Patriot Act) gegeben, hätte eine frühere Festnahme von Al-Arian die Anschläge vom 11. September möglicherweise verhindern können. [72]

Der blinde Scheich Omar Abdel-Rahman, der 1993 einen Bombenanschlag auf das World Trade Center plante, wurde

1995 zu lebenslanger Haft verurteilt. Seine Verteidigerin, Lynne Stewart, besuchte ihn im Gefängnis und übermittelte eine Nachricht von Abdel-Rahman an seine Anhänger im Nahen Osten mit der Anweisung, diese sollen ihre terroristischen Aktivitäten fortsetzen. Stewart wurde 2005 der Terrorunterstützung für schuldig befunden. Überraschenderweise wurde sie nach ihrer Verurteilung zu einem politischen Idol der Linken und wiederholt zu Vorträgen an Universitäten, an Rechtsschulen und an anderen Orten eingeladen. [73]

Eine Studie des amerikanischen Gelehrten David Horowitz aus dem Jahr 2004 mit dem Titel „Unholy Alliance" (auf Deutsch: „Unheilige Allianz") zeigt: Der radikale Islam und die amerikanische Linke offenbaren die bösartige Verbindung zwischen islamischen und linken Extremisten im Kampf gegen die westliche Zivilisation und weltweite Tradition. Nach seiner Analyse hat die radikale Linke auf der ganzen Welt dazu beigetragen, die islamischen Dschihadisten zu verteidigen. [74]

Gemeinsam mit Terroristen gegen die westlichen demokratischen Staaten zu kämpfen, ist Teil des langen Marsches der radikalen Linken zur Zerstörung der westlichen Gesellschaft von innen heraus. Sie sind bereit, jede Methode anzuwenden, die ihnen hilft, dieses Ziel zu erreichen. Obwohl die linke Ideologie keine vordergründige Verbindung zum islamischen Extremismus hat, stimmen ihre Ziele überein: ein negatives Bündnis gegen die westliche Welt zu bilden und ein mächtiges Werkzeug für das Gespenst des Kommunismus zu werden.

Fazit

Von der Pariser Kommune und Lenins Institutionalisierung der Gewalt bis hin zu den staatlich unterstützten Repressalien der Kommunistischen Partei Chinas hat der Kommunismus stets den Terrorismus zur Erreichung seiner Ziele benutzt. Darüber hinaus hat der Kommunismus außerhalb des von kommunistischen Regimen kontrollierten Territoriums eine Vielzahl von Gruppen und Menschen manipuliert, um terroristische Handlungen auszuführen, Chaos auf der ganzen Welt zu säen und seine wirklichen Absichten zu verschleiern. Der Fortschritt in Wissenschaft und Technologie hat es Terroristen erleichtert, unschuldige Menschen zu gefährden.

Die Terroristen setzen Gewalt ein, um die Gesellschaft ins Chaos zu stürzen und erzeugen Angst, um Menschen unter ihre Kontrolle zu bringen. Sie verletzen die moralischen Werte, die in der gesamten Menschheit allgemein gelten, um ihre Ziele zu erreichen. Die Wurzeln des Kommunismus zeigen sich auch in ihren Grundgedanken, denn die kommunistische Ideologie bietet einen theoretischen Rahmen für ihre bösartigen Werte.

Die Hauptopfer des islamischen Extremismus sind die Menschen in Ländern, aus denen Terroristen stammen. Während die Medien ihre Aufmerksamkeit auf Terroranschläge richten, die auf die westliche Gesellschaft abzielen, bilden Muslime die überwiegende Mehrheit der Getöteten. In ähnlicher Weise waren die mehr als 100 Millionen durch den Kommunismus verursachten Todesfälle fast alles Menschen, die unter der Herrschaft kommunistischer Regime lebten.

Terrorismus ist untrennbar mit dem Kommunismus verbunden, der selbst die größte Ursache des Terrorismus in der ganzen Welt ist. Bis diese giftigen Wurzeln ausgerissen worden sind, wird die Menschheit keinen einzigen Tag des Friedens genießen können. Nur wenn man die Rolle des Kommunismus bei den terroristischen Aktivitäten, die unsere Welt heimsuchen, erkennt und auf der Seite traditioneller moralischer Werte und des Glaubens steht, kann man sich gegen diese Bedrohung schützen.

Quellen zu Kapitel 15

[1] Brian Whitaker, „The Definition of Terrorism“, The Guardian, May 7, 2001, https://www.theguardian.com/world/2001/may/07/terrorism.
[2] „Lenin and the Use of Terror“, World Future Fund, accessed November 17, 2018, http://www.worldfuturefund.org/wffmaster/Reading/Quotes/leninkeyquotes.htm.
[3] Karl Kautsky, „Terrorism and Communism: A Contribution to the Natural History of Revolution (1919)“, accessed November 17, 2018, https://www.marxists.org/archive/kautsky/1919/terrcomm/index.htm.
[4] Carey Goldberg, „'Red Saturday' Not Such a Celebration for Lenin“, Associated Press, April 21, 1990, https://apnews.com/0f88bdb24ea112b606c9c56bca69e9dd; Francis X. Clines, „Upheaval in the East; Soviet Congress Debates New Presidency“, The New York Times, March 13, 1990, https://www.nytimes.com/1990/03/13/world/upheaval-in-the-east-soviet-congress-debates-new-presidency.html.
[5] Brian Crozier, „The Rise and Fall of the Soviet Empire“ (Rocklin, CA: Prima Lifestyles, 2000).
[6] Stanislav Lunev, „Through the Eyes of the Enemy: The Autobiography of Stanislav Lunev“ (Washington, D.C.: Regnery Publishing, Inc., 1998), 80.
[7] „The KGB's Terrorist Footprints“, The Washington Post, September 23, 1981, https://www.washingtonpost.com/archive/politics/1981/09/23/the-kgbs-terrorist-footprints/16f129fd-40d7-4222-975c-6e39044768bf/?utm_term=.0f15a9d808da.
[8] Ion Mihai Pacepa, „Russian Footprints“, National Review, August 24, 2006, https://www.nationalreview.com/2006/08/russian-footprints-ion-mihai-pacepa/.
[9] Ion Mihai Pacepa and Ronald Rychlak, „Disinformation: Former Spy Chief Reveals Secret Strategies for Undermining Freedom, Attacking Religion, and Promoting Terrorism“ (Washington, D.C.: WND Books, 2013), Chapter 33.
[10] „A Sampling of Chinese Public Opinion Following the 9/11 Terrorist Attacks“, [〈911恐怖分子袭击事件之后：国内言论摘登〉] Modern China Studies [《當代中國研究》] (2001, Fourth Issue), http://www.mo-

dernchinastudies.org/us/issues/past-issues/75-mcs-2001-issue-4/596-911.html. [In Chinese]
[11] Paul Berman, „The Philosopher of Islamic Terror“, The New York Times Magazine, March 23, 2003, https://www.nytimes.com/2003/03/23/magazine/the-philosopher-of-islamic-terror.html.
[12] Raymond Ibrahim, „Ayman Zawahiri and Egypt: A Trip Through Time“, The Investigative Project on Terrorism: A Special Report, November 30, 2012, https://www.investigativeproject.org/3831/ayman-zawahiri-and-egypt-a-trip-through-time.
[13] Dale C. Eikmeier, „Qutbism: An Ideology of Islamic-Fascism“, Defense Technical Information Center, March 2007, accession number ADA485995, http://www.dtic.mil/docs/citations/ADA485995.
[14] Hassan Hassan, „The Sectarianism of the Islamic State: Ideological Roots and Political Context“ (Washington: Carnegie Endowment for International Peace, June 2016), 26, https://carnegieendowment.org/files/CP_253_Hassan_Islamic_State.pdf.
[15] Andrew McGregor, „Al-Qaeda's Egyptian Prophet: Sayyid Qutb and the War On Dschahiliya“, Terrorism Monitor 1, No. 3, May 4, 2005, https://jamestown.org/program/al-qaedas-egyptian-prophet-sayyid-qutb-and-the-war-on-jahiliya/.
[16] Robert R. Reilly, „The Roots of Islamist Ideology“ (London: Centre for Research into Post-Communist Economies, February 2006), 4, http://crce.org.uk/briefings/islamistroots.pdf.
[17] Berman, „The Philosopher of Islamic Terror“
[18] McGregor, „Al-Qaeda's Egyptian Prophet“, https://jamestown.org/program/al-qaedas-egyptian-prophet-sayyid-qutb-and-the-war-on-jahiliya/.
[19] A. E. Stahl, „'Offensive Dschihad' in Sayyid Qutb's Ideology“, International Institute for Counter-Terrorism, March 24, 2011, https://www.ict.org.il/Article/1097/Offensive-Dschihad-in-Sayyid-Qutb's-Ideology#gsc.tab=0.
[20] McGregor, „Al-Qaeda's Egyptian Prophet“
[21] Stahl, „'Offensive Dschihad' in Sayyid Qutb's Ideology“
[22] McGregor, „Al-Qaeda's Egyptian Prophet“
[23] Roxanne L. Euben, „Mapping Modernities, 'Islamic' and 'Western'“, in Border Crossings: Toward a Comparative Political Theory, ed. Fred Rein-

hard Dallmayr (Lanham, Md.: Lexington Books, 2013), 20.
[24] Vladimir Lenin, „What Is to Be Done?“ trans. Joe Fineberg and George Hanna, accessed November 17, 2018, https://www.marxists.org/archive/lenin/works/1901/witbd/.
[25] Glenn E. Robinson, „Dschihadi Information Strategy: Sources, Opportunities, and Vulnerabilities“, in Information Strategy and Warfare: A Guide to Theory and Practice, eds. John Arquilla and Douglas A. Borer (London: Routledge, 2007), 92.
[26] Ebd.
[27] Ebd.
[28] McGregor, „Al-Qaeda's Egyptian Prophet“
[29] „Impaling Leninist Qutbi Doubts: Shaykh Ibn Jibreen Makes Takfir Upon (Declares as Kufr) the Saying of Sayyid Qutb That Islam Is a Mixture of Communism and Christianity“, January 2, 2010, http://www.themadkhalis.com/md/articles/bguiq-shaykh-ibn-jibreen-making-takfir-upon-the-saying-of-sayyid-qutb-that-islam-is-a-mixture-of-communism-and-christianity.cfm.
[30] Damon Linker, „The Marxist Roots of Islamic Extremism“, The Week, March 25, 2016, http://theweek.com/articles/614207/marxist-roots-islamic-extremism.
[31] Chuck Morse, „Islamo-Communism: The Communist Connection to Islamic Terrorism“ (City Metro Enterprises, 2013), Introduction.
[32] Antero Leitzinger, „The Roots of Islamic Terrorism“, The Eurasian Politician, No. 5 (April–September 2002), http://users.jyu.fi/~aphamala/pe/issue5/roots.htm.
[33] Lawrence Wright, „The Looming Tower: Al-Qaeda and the Road to 9/11“ (New York: Knopf Publishing Group, 2006), 21.
[34] Dawn Perlmutter, „Investigating Religious Terrorism and Ritualistic Crimes“ (New York: CRC Press, 2004), 104.
[35] „The 9/11 Commission Report“, The National Commission on Terrorist Attacks Upon the United States, 55, https://www.9-11commission.gov/report/911Report.pdf.
[36] Michael Scheuer, „Through Our Enemies' Eyes: Osama bin Laden, Radical Islam, and the Future of America“, 2nd ed. (Washington: Potomac

Books, 2006), 114.

[37] Lawrence Wright, „The Looming Tower: Al-Qaeda and the Road to 9/11“ (New York: Knopf Publishing Group, 2006), 36.

[38] Lawrence Wright, „The Man Behind Bin Laden: How an Egyptian Doctor Became a Master of Terror“, The New Yorker, September 16, 2002, https://www.newyorker.com/magazine/2002/09/16/the-man-behind-bin-laden.

[39] Lawrence Wright, „The Terror Years: From Al-Qaeda to the Islamic State“ (New York: Vintage Books, 2016), 17.

[40] Wright, „The Looming Tower“, 36.

[41] Glenn E. Robinson, „The Four Waves of Global Dschihad, 1979–2017“, Middle East Policy 24, No. 3 (Fall 2017), 70, https://www.researchgate.net/publication/319160351_The_Four_Waves_of_Global_Dschihad_1979-2017.

[42] Robinson, „Dschihadi Information Strategy“, S. 88.

[43] Robinson, „The Four Waves of Global Dschihad“, S. 85.

[44] Anthony Bubalo and Greg Fealy, „Between the Global and the Local: Islamism, the Middle East, and Indonesia“, The Brookings Project on U.S. Policy Towards the Islamic World, No. 9 (October 2005), 7, https://www.brookings.edu/wp-content/uploads/2016/06/20051101bubalo_fealy.pdf.

[45] Robert Manne, „Sayyid Qutb: Father of Salafi Dschihadism, Forerunner of the Islamic State“, The ABC, November 7, 2016, http://www.abc.net.au/religion/articles/2016/11/07/4570251.htm.

[46] Joshua Sinai, „Mining the Roots of the 'Why and How' of Terrorism“, review of The Mind of the Islamic State: ISIS and the Ideology of the Caliphate, by Robert Manne, The Washington Times, October 31, 2017, https://www.washingtontimes.com/news/2017/oct/31/book-review-the-mind-of-the-islamic-state-by-rober/.

[47] Seth G. Jones, „A Persistent Threat: The Evolution of al Qa'ida and Other Salafi Dschihadists“ (Rand Corp, 2014), 64–65, https://www.rand.org/content/dam/rand/pubs/research_reports/RR600/RR637/RAND_RR637.pdf.

[48] „2011 Report on Terrorism“, The National Counterterrorism Center, 14, https://fas.org/irp/threat/nctc2011.pdf.

[49] „Country Reports on Terrorism 2016“, Bureau of Counterterro-

rism and Countering Violent Extremism, https://www.state.gov/j/ct/rls/crt/2016/272241.htm.

[50] Alex Nowrasteh, „Terrorism and Immigration: A Risk Analysis“, Cato Institute, September 13, 2016, https://object.cato.org/sites/cato.org/files/pubs/pdf/pa798_1_1.pdf.

[51] Shi Yanchun, [時延春] „Zhou Enlai and the Middle East“, [〈周恩來與中東〉] Party History in Review [《黨史縱橫》] (2006, First Issue), 7–8. http://waas.cssn.cn/webpic/web/waas/upload/2011/06/d20110602193952375.pdf [In Chinese]

[52] Party of European Socialists, accessed November 17, 2018, https://www.google.com/url?q=https://web.archive.org/web/20130503194245/http:/www.pes.eu/en/about-pes/pes-members/parties&sa=D&ust=1542506434796000&usg=AFQjCNHwfLae215sWQn58IVwbGPeL_Nojg.

[53] „U.S. Orders Closure of Palestine Information Office, Department Statement, September 15, 1987, Transcript“, US Department of State Bulletin, November 1987, https://web.archive.org/web/20090808192756/http://findarticles.com/p/articles/mi_m1079/is_n2128_v87/ai_6198831/.

[54] Andrea L. Stanton, Edward Ramsamy, Carolyn M. Elliott, Peter J. Seybolt, eds., Cultural Sociology of the Middle East, Asia, and Africa: An Encyclopedia“, Vol. 1 (Los Angeles: SAGE, 2012), 274.

[55] Stefan Aubrey, „The New Dimension of International Terrorism“ (Zürich: vdf Hochschulverlag AG an der ETH, 2004), 34.

[56] Ebd., 34–36.

[57] S. Frederick Starr, „Xinjiang: China's Muslim Borderland“, first ed. (London: Routledge, 2004), 149.

[58] John Hooper, „Claims that China Paid Bin Laden to See Cruise Missiles“, The Guardian, October 20, 2001, https://www.theguardian.com/world/2001/oct/20/china.afghanistan.

[59] Ted Galen Carpenter, „Terrorist Sponsors: Saudi Arabia, Pakistan, China“, The Cato Institute, November 16, 2001, https://www.cato.org/publications/commentary/terrorist-sponsors-saudi-arabia-pakistan-china.

[60] „China's Role in Osama bin Laden's 'Holy War' On America“, The Population Research Institute, 3, No. 23 (September 19, 2001), https://www.pop.org/chinas-role-in-osama-bin-ladens-holy-war-on-america/.

[61] Yitzhak Shichor, „The Great Wall of Steel: Military and Strategy in Xinjiang", in Xinjiang: China's Muslim Borderland, ed. S. Frederick Starr (London: Routledge, 2004), 158.
[62] Qiao Liang and Wang Xiangsui, Chao Xian Zhan (Unrestricted Warfare) (Beijing: Zhongguo shehui chubanshe, 2005), Chapters 2 and 5. [In Chinese], (John O. Edwards, „China's Military Planners Took Credit for 9/11", NewsMax, September 24, 2002, https://rense.com/general29/sdspl.htm.)
[63] „Chinese Firms Helping Put Phone System in Kabul", The Washington Times, September 28, 2001, https://www.washingtontimes.com/news/2001/sep/28/20010928-025638-7645r/.
[64] D. J. McGuire, „How Communist China Supports Anti-U.S. Terrorists", Association for Asian Research, September 15, 2005, http://www.asianresearch.org/articles/2733.html.
[65] Jamie Glazov, „United in Hate: The Left's Romance with Tyranny and Terror" (Los Angeles: WND Books, 2009), Chapter 14.
[66] Ebd.
[67] „Ward Churchill Profile", Discover the Networks, accessed November 17, 2018, http://www.discoverthenetworks.org/individualProfile.asp?indid=1835.
[68] Glazov, „United in Hate", Chapter 14.
[69] „Nicholas De Genova Profile", Discover the Networks, accessed November 17, 2018, http://www.discoverthenetworks.org/individualProfile.asp?indid=2189.
[70] Glazov, „United in Hate" Chapter 14.
[71] Ebd.
[72] Ebd.
[73] „Lynne Stewart Profile", Discover the Networks, accessed November 17, 2018, http://www.discoverthenetworks.org/individualProfile.asp?indid=861.
[74] David Horowitz, „Unholy Alliance: Radical Islam and the American Left" (Washington D.C.: Regnery Publishing, Inc., 2004), 37.

Kapitel 16

Pseudoreligion Ökologismus – der Kommunismus hinter dem Umweltschutz

Einführung

Die Erde ist das Lebensumfeld der Menschen, die ihnen Nahrung, Rohstoffe und Entwicklungsbedingungen bietet. Sie ermöglicht es den Menschen seit Tausenden von Jahren, zu gedeihen.

Die Menschheit lebt in einer engen Wechselwirkung mit der natürlichen Umgebung. Sowohl die traditionelle chinesische als auch die westliche Kultur unterstreichen die gutartige Symbiose zwischen Mensch und Natur. Wie der alte chinesische Philosoph Dong Zhongshu in „Üppiger Tau der Frühlings- und Herbstannalen" schreibt: „Alles auf Erden wurde zum Wohl des Menschen geschaffen". [1] Das bedeutet, es war die Absicht des Schöpfers, den Menschen Bedingungen zum Leben zu bieten, dass gleichzeitig alles auf der Erde von Menschen genutzt werden kann. Aber zugleich müssen die Menschen in ihrem Leben den Prinzipien des Himmels und der Erde folgen. Somit müssen sie alles in Maßen nutzen und die natürliche Umgebung, in der die Menschen leben sollen, aktiv erhalten und schützen.

Die traditionelle westliche Kultur besagt, dass der Schöpfer für die Menschen eine natürliche Umgebung bereitstellt und sie auffordert, diese zu verwalten. Daher sollte der Mensch die natürliche Umwelt schätzen und sinnvoll nutzen. In der Philosophie der traditionellen chinesischen Kultur herrschen zwischen allen Dingen ein Gleichgewicht sowie das Gebot, Schaden zu vermeiden. Die konfuzianische Doktrin von Maß und Mitte besagt: „Es ist das gleiche System von Gesetzen, durch das alle geschaffenen Dinge entstehen und jedes sich in seiner Ordnung und in seinem System entwickelt, ohne dass sie sich gegenseitig verletzen; dass die Natur ihren Weg ohne Konflikt oder Verwirrung finden kann." [2]

Die Chinesen aus alten Zeiten schätzten und schützten die Umwelt. In historischen Berichten aus der Zeit Yu des Großen heißt es: „In den drei Monaten des Frühlings brachten die Menschen keine Äxte in den Wald, damit der Wald gedeihen konnte. In den drei Sommermonaten legten die Menschen keine Netze in den Flüssen aus, damit die Fische sich fortpflanzen konnten." [3]

Zengzi, ein konfuzianischer Gelehrter, schrieb: „Holz konnte nur zur richtigen Jahreszeit geschlagen und Tiere nur geschlachtet werden, wenn dafür die rechte Zeit war." [4] Dies zeigt das traditionelle chinesische Konzept der Mäßigung in allen Dingen und der Wertschätzung und des Schutzes der natürlichen Umwelt.

Nach der industriellen Revolution verursachte die Umweltverschmutzung durch die Industrie schwere ökologische Schäden und die westlichen Gesellschaften begannen, sich dieser Problematik bewusst zu werden. Nach der Einführung von Umweltschutzgesetzen und -standards wurde die Umweltverschmutzung wirksam reduziert und die Umwelt erholte sich deutlich. Dabei stieg das öffentliche Bewusstsein für den Umweltschutz enorm und es wurde allgemein anerkannt, dass Umweltschutz ein notwendiges und angemessenes Ziel sei.

Wir müssen nun zwischen mehreren Ideen unterscheiden: Umweltschutz, Umweltbewegungen und Ökologismus. Umweltschutz ist, wie der Name schon sagt, der Schutz der Umwelt. Seit dem Beginn der menschlichen Zivilisation haben die Menschen die Notwendigkeit verstanden, die Umwelt zu schützen. Dies hatte nichts mit einer bestimmten politischen Ideologie zu tun.

Die Umweltbewegung ist eine soziale und politische Bewegung für Umweltfragen. Ihr vorrangiges Ziel ist, die Umweltpolitik, das öffentliche Denken und Handeln durch Massenbewegungen, den Einfluss der Medien und politische Agitation zu ändern. Ökologismus ist eine Philosophie und Ideologie, er verabsolutiert den Gedanken des Umweltschutzes und des harmonischen Zusammenwirkens der menschlichen Gesellschaft mit der natürlichen Ökologie. Die Motive für Umweltschutz und Ökologismus sind also nicht gleich. So wie sich im Kommunismus die Kommunisten durch die Übernahme von Massenbewegungen auszeichneten und sie zu ihrem Vorteil manipulierten, sehen wir hier, dass die Kommunisten seit Beginn des modernen Umweltbewusstseins die Umweltbewegung systematisch für ihre Absichten zweckentfremdend mitbenutzen.

Die Problematik hinter dem Ökologismus ist heute äußerst komplex: Die Bewegung hat mit sensationeller Rhetorik den aufrichtigen Wunsch der Menschen benutzt, die Umwelt zu schützen, um eine globale politische Bewegung zu schaffen. Viele Teilnehmer sind wohlmeinend, haben einen Sinn für Gerechtigkeit und sorgen sich wirklich um die Zukunft der Menschheit.

Was viele jedoch nicht erkennen, ist, wie die Kommunisten den Ökologismus benutzen, um sich als moralisch überlegen darzustellen und ihre eigene Agenda voranzutreiben. Auf diese Weise wird der Umweltschutz in hohem Maße politisiert, ins Extrem getrieben und sogar zu einer Pseudoreligion – aber ohne deren traditionelle moralische Grundlagen. Irreführende Propaganda und verschiedene politische Zwangsmaßnahmen gewinnen die Oberhand, wobei sie den Ökologismus in eine Art „Kommunismus light" verwandeln.

Dieser Artikel konzentriert sich darauf, wie der Ökologismus als Ideologie mit dem Kommunismus in Verbindung gebracht und wie die Umweltbewegung übernommen, manipuliert und in den Dienst des Kommunismus gestellt wurde, sowie die Auswirkungen, die das mit sich bringen wird, wenn es unkontrolliert so weitergeht.

1. Die kommunistischen Wurzeln des Ökologismus

Der Kommunismus traf auf vielen Gebieten komplizierte Vorbereitungen für die Zerstörung der Menschheit. Der aus Europa stammende Kommunismus begann gewaltsame Revolutionen und eroberte die Macht in den beiden Großmächten des Ostens – Russland und China. Das kommunistische Lager und die westliche Welt begannen im Kalten Krieg eine langwierige Auseinandersetzung. Nach dem Zusammenbruch der Sowjetunion und des Ostblocks in Osteuropa begannen die Kommunisten sowohl in den östlichen als auch in den westlichen Gesellschaften an Einfluss zu gewinnen und versuchen nun, eine streng kontrollierte Weltregierung einzurichten.

Um dieses Ziel zu erreichen, muss der Kommunismus einen „Feind" erschaffen oder benutzen, der die gesamte Menschheit bedroht. So will man die Öffentlichkeit auf der ganzen Welt einschüchtern, damit diese sowohl ihre individuelle Freiheit als auch ihre staatliche Souveränität abgibt. Zu diesem Zweck bietet es sich geradezu an, Panik auf der ganzen Welt hinsichtlich drohender Umweltkatastrophen heraufzubeschwören.

a) Die drei Phasen des Ökologismus

Die Entstehung und Entwicklung der Umweltbewegung ist untrennbar mit dem Kommunismus verbunden. Konkret durchlief ihre Entwicklung drei Stufen. [5] Die erste Etappe ist die theoretische Ausarbeitungsphase, ein Zeitraum, der mit der Veröffentlichung des „Kommunistischen Manifests" von Marx und Engels im Jahre 1848 begann und bis zum ersten „Earth Day" („Tag der Erde") im Jahr 1970 andauerte.

Zu Beginn dieser Phase betrachteten Marx und seine Schüler den Umweltschutz nicht als den Mittelpunkt ihres theoretischen Diskurses, doch der marxistische Atheismus und der Materialismus stimmten naturgemäß mit der Hauptttendenz des Ökologismus überein. Marx erklärte, der Kapitalismus lehne die Natur (das heißt die Umwelt) ab. Marx' Jünger entwickelten den Begriff „Ökosystem" und integrierten den Ökologismus stillschweigend in bestimmte Bereiche, in denen er reifen sollte.

In den letzten zehn Jahren dieser Phase, von 1960 bis 1970, erschienen in den Vereinigten Staaten zwei Bestseller: „Der stumme Frühling" (1962) und „Die Bevölkerungsbombe" (1968). Der Ökologismus trat unter dem Deckmantel des „Umweltschutzes" auf die öffentliche Bühne.

Das wichtigste Ereignis zu Beginn der zweiten Phase war der erste „Tag der Erde", der 1970 stattfand. Kurz darauf, 1972, veranstalteten die Vereinten Nationen in Stockholm die erste Konferenz über die Umwelt des Menschen. Zu diesem Zeitpunkt hatte sich rasant eine Reihe von Organisationen gebildet, und ihre Aktivitäten wuchsen. In den Vereinigten Staaten und in Europa setzten sie unter dem Deckmantel wissenschaftlicher Forschung, der Gesetzgebung, Versammlungen und so weiter die Regierungen durch Propaganda, Proteste und Aktivismus unter Druck.

Auf der Makroebene fungierte die Gegenkultur der 1960er

Jahre fast wie eine Militärparade kommunistischer Elemente im Westen. Sie betraten die Bühne, indem sie Bürgerrechts- und Antikriegsbewegungen übernahmen und gingen dann schnell zu anderen Formen des antikapitalistischen Kampfes über, darunter die Frauenbewegung, die Homosexuellen-Bewegung und vieles mehr.

Nach den 1970er Jahren, nachdem die Anti-Vietnam-Kriegsbewegung verebbt war, begannen die kommunistischen Konzepte ihren Prozess der Institutionalisierung, der als „langer Marsch durch die Institutionen" bezeichnet wurde. Dabei vereinnahmten sie den Feminismus und das Umweltbewusstsein – dies ist die eigentliche Ursache für den Aufstieg der umweltpolitischen Ideologie und Bewegung.

Eine der wichtigsten Kräfte, die in den 1970er Jahren das Banner des Ökologismus schulterten, waren die Hippies als Rückgrat der Gegenkultur. Tatsächlich war der Kommunismus im Begriff, sich nach dem Scheitern im Kalten Krieg unter dem Banner des Ökologismus neu zu verpacken – in der Absicht, den globalen Kommunismus unter einem anderen Namen einzuführen.

Die dritte Phase begann kurz vor Ende des Kalten Krieges. 1988 gründeten die Vereinten Nationen den Weltklimarat (IPCC, „Intergovernmental Panel on Climate Change") und das Konzept der globalen Erwärmung begann, den politischen Bereich zu erobern. Am Vorabend des Zusammenbruchs der Sowjetunion im Jahr 1990 fand in Moskau eine internationale Umweltkonferenz statt. In seiner Rede trat der Generalsekretär der Kommunistischen Partei der Sowjetunion, Michail Gorbatschow, für die Einrichtung eines internationalen Umweltüberwachungssystems ein. Er unterzeichnete einen Pakt zum Schutz „einzigartiger Umweltzonen", drückte seine Unterstützung für Umweltprogramme der Vereinten Nationen aus und forderte eine Folgekonferenz (die im Juni 1992 in Brasilien stattfand). [6]

Fast alle westlichen Umweltschützer akzeptierten diese Vorschläge. In diesem Stadium wurde die globale Erderwärmung für Umweltschützer zum Hauptfeind der Menschheit ernannt. Die Propaganda, die den Umweltschutz als Entschuldigung für eine Politik der Belastung benutzte, eskalierte schlagartig, und Anzahl und Umfang der Umweltgesetze und -vorschriften nahmen rasch zu.

Der Ökologismus ist zum wichtigsten Instrument geworden, um die Freiheit der Bürger auf der ganzen Welt zu beschneiden, den Nationen ihre Souveränität zu nehmen und die freien Gesellschaften des Westens einzuschränken und zu bekämpfen. Das Ergebnis war, dass nach dem Ende des Kalten Krieges die ehemaligen Kommunisten der Sowjetunion sowie die Kommunisten und ihre Sympathisanten im Westen begannen, von vorn anzufangen und sich der Umweltbewegung anschlossen. Das Umweltbewusstsein entwickelte sich auf der Weltbühne zu einer Kraft, die zunehmend kommunistisch eingefärbt wurde.

b) Ökologismus und Marxismus: die gleichen Wurzeln

Nach dem Verständnis der Menschen, die an orthodoxe Religionen des Ostens und Westens glauben, wurden die Menschen von Gott nach seinem Ebenbild erschaffen. Daher hat das menschliche Leben einen höheren Wert, einen höheren Zweck und eine höhere Würde als andere Formen des Lebens auf der Erde. Ebenso wurde die Natur von Gott erschaffen. Der Mensch hat die Pflicht, sich um die Natur zu kümmern; zur gleichen Zeit existiert die Natur für den Menschen – nicht umgekehrt.

In den Augen von Atheisten und Materialisten hat das menschliche Leben jedoch keine solche besondere Qualität. Engels schrieb in einem seiner Artikel: „Leben ist die Daseinsweise der albuminösen [d. h. proteinhaltigen] Körper." [7] Aus dieser Sicht ist das menschliche Leben nichts anderes als eine einzigartige Konfiguration von Proteinen, die sich in keiner Weise von Tieren oder Pflanzen unterscheidet. Daher ist es nur logisch, dass dem Menschen im Namen des Naturschutzes die Freiheit und sogar das Leben genommen werden kann.

Im Jahr 1862 kritisierte der deutsche Chemiker Justus von Liebig, ein Kollege von Marx, in einem Buch über organische Chemie britische Bauern, weil diese importierten Vogelkot als Düngemittel verwendeten. Die britische Landwirtschaft hatte von Vogelmist, einem effizienten Düngemittel, profitiert, und die Ernteerträge waren deutlich gestiegen. Mitte des 19. Jahrhunderts verfügten die Briten über eine große Anzahl hochwertiger Nahrungsquellen. Das Vogelkotgeschäft war Geschäftsleuten in verschiedenen Ländern, den britischen Bauern und der britischen Öffentlichkeit zugutegekommen.

Warum wollte Justus von Liebig diese Verfahrensweise verurteilen? Seine moralische Empörung war auf vier Gründe zurückzuführen. Erstens schade der Prozess des Sammelns von Vogelkot der Natur; zweitens nutzten Händler Arbeiter mit geringen Löhnen aus; drittens stimulierten hohe Erträge von Nahrungsmitteln das Bevölkerungswachstum, was wiederum mehr Nahrung erforderte und das Angebot der Natur überstieg; und viertens bedeuten mehr Menschen und Tiere mehr Gülle und Müll. [8]

Während Karl Marx das „Das Kapital" schrieb, studierte er sorgfältig das Werk von Justus von Liebig. Er lobte es dafür, dass es sich „aus der Sicht der Naturwissenschaften, der negativen, das heißt zerstörerischen Seite der modernen Landwirtschaft entwickelt hat". [9] Wie Justus von Liebig betrachtete Marx jede Anstrengung, Reichtum durch die Nutzung natürlicher Ressourcen zu schaffen, als einen Teufelskreis und schloss daraus, dass eine „vernünftige Landwirtschaft mit kapitalistischer Massenproduktion unvereinbar“ sei. [10]

Nachdem Lenin und seine bolschewistische Partei einen Putsch in Russland durchgeführt hatten, beschlossen sie schnell das „Dekret über Land und Boden“ und das „Dekret über die Wälder“, um Boden, Wälder, Gewässer, Bodenschätze, Tiere und Pflanzen zu verstaatlichen und die Öffentlichkeit daran zu hindern, all dies ohne Erlaubnis zu nutzen. [11]

In seinem Buch „Eco-Tyranny: How the Left‘s Green Agenda Will Dismantle America“ (auf Deutsch: „Öko-Tyrannei: Wie die grüne Agenda der Linken Amerika zerlegen wird“) schreibt der amerikanische Meteorologe und Schriftsteller Brian Sussman, dass die Ideen von Marx und Lenin sehr stark mit denen der heutigen Öko-Aktivisten übereinstimmen würden. Ihrer Ansicht nach habe niemand das Recht, aus Naturschätzen Nutzen zu ziehen: „Ob es nun darum geht, Wälder, Wale, Schnecken oder das Klima zu retten, alles geht auf den tief verwurzelten Glauben zurück, dass das Streben nach einem solchen Gewinn unmoralisch sei und, sollte es nicht verhindert werden, letztlich den Planeten zerstören werde.“ [12]

An dieser globalen Umweltbewegung ist eine große Anzahl von Philosophen, Politikern, Wissenschaftlern, Sozialaktivisten und Persönlichkeiten der Medien beteiligt. Dieser Text hat nicht genügend Raum, um in voller Länge ihre Gedanken, Reden und Handlungen aufzuzählen. Eine Person muss jedoch erwähnt werden: Maurice Strong, den Gründer des Umweltprogramms der Vereinten Nationen. Strong, ein Kanadier, organisierte 1972 die UNO-Konferenz über die menschliche Umwelt sowie die UN-Konferenz für Umwelt und Entwicklung im Jahre 1992 („Rio-Konferenz 1992“). Strong ist der Neffe von Anna Louise Strong, einer bekannten pro-kommunistischen Journalistin, die sich in China niederließ. Maurice Strong, der von seiner Tante stark beeinflusst worden war, bezeichnete sich selbst als „einen Sozialisten in der Ideologie und einen Kapitalisten in der Methodik“. [13]

Maurice Strong hatte einen wichtigen Platz in der globalen Umweltbewegung eingenommen. „Er teilt die Ansichten des radikalsten ökologisch orientierten Straßenprotestlers, aber anstatt sich bei einer Polizeibarrikade auf einer globalen Konferenz heiser zu schreien, ist er der Generalsekretär im Inneren und schwingt den Hammer." [14]

Die Ansichten der von Strong geführten Umweltbehörde der Vereinten Nationen scheinen fast identisch mit denen des Marxismus zu sein: „Privater Landbesitz ist ein wesentliches Instrument zur Vermögensbildung und trägt somit zur sozialen Ungerechtigkeit bei. Die öffentliche Kontrolle der Landnutzung ist daher unerlässlich." [15] Nach seiner Pensionierung ließ sich Maurice Strong in Peking nieder und starb 2015.

Natalie Grant Wraga, eine bereits verstorbene Expertin für die Sowjetunion, führte eine eingehende Studie zu diesem Thema durch und schrieb: „Der Schutz der Umwelt kann als Vorwand dienen, um eine Reihe von Maßnahmen zu ergreifen, die darauf abzielen, die industrielle Basis der entwickelten Länder zu untergraben. Er kann auch dazu dienen, Unzufriedenheit zu stiften, indem er den Lebensstandard senkt und kommunistische Werte vermittelt." [16] Tatsächlich stammt der Ökologismus nicht nur aus dem ehemaligen kommunistischen Block. Er geht tiefer und bezieht sich auf das übergeordnete Ziel des Kommunismus, die Freiheit auf der ganzen Welt zu untergraben.

c) Ökologischer Marxismus

An der Wende vom 19. zum 20. Jahrhundert entwickelten die britischen Wissenschaftler Ray Lankester und Arthur Tansley die Idee der Ökologie und des Ökosystems. Beide waren Fabian-Sozialisten, was eine Variante des Marxismus ist. Lankester war Zoologe und wurde in relativ jungen Jahren ein Freund von Marx. Als Marx älter war, ging Lankester in

Marx' Haus ein und aus und gehörte zu den wenigen, die an Marx' Beerdigung teilnahmen. Lankester schrieb einmal an Marx und sagte, dass er „Das Kapital" „mit dem größten Vergnügen und Gewinn" studiere. [17]

Während dieser Zeit war Arthur Tansley die wichtigste Persönlichkeit in der Ökologie und Botanik in England, und als erster Vorsitzender der „British Ecological Society" der Erfinder des Begriffs „Ökosystem". Während seines Studiums an der Universität London wurde Tansley stark von Lankester beeinflusst. [18]

Die ursprünglichen Verbindungen zwischen ökologischen Ideen und dem Marxismus scheinen sich in diesem Zusammenhang zwischen Lankester, Tansley und dem Marxismus herausgebildet zu haben – Ökologie und Ökologismus sind dabei natürlich nicht dasselbe. Bei der Ökologie geht es um die Beziehung zwischen Lebewesen und der Umwelt, während sich der Ökologismus mit ökologischen Katastrophen beschäftigt. Die Ökologie ist jedoch eng mit dem Ökologismus verbunden, da sie die theoretische Grundlage für die Definition von ökologischen Katastrophen bildet. Der Ökologische Marxismus, der aus der Ökologie abgeleitet wurde, ist ein weiterer Schritt weg von diesen Ideen.

Der Ökologische Marxismus fügt das Konzept der ökologischen Krisen als Ergänzung zu den marxistischen Argumenten über die Wirtschaftskrise des Kapitalismus hinzu. Er versucht, den vermeintlichen Konflikt zwischen der Bourgeoisie und dem Proletariat zu erweitern, indem er einen spezifischen Konflikt zwischen Produktion und Umwelt hinzufügt. Das ist die Theorie der doppelten Krise oder des doppelten Konflikts. In der marxistischen Theorie liegt der grundlegende Konflikt des Kapitalismus zwischen den Produktivkräften und den Produktionsbeziehungen, die als primärer Konflikt bezeichnet werden. Der sekundäre Konflikt findet zwischen der Produktionsumgebung (dem Ökosystem) und den Produktivkräften und -beziehungen der Produktion untereinander statt. In dieser Theorie führt der primäre Konflikt zur Wirtschaftskrise, während der sekundäre Konflikt zur ökologischen Krise führt. [19]

Die jahrzehntelange Entwicklung des Kapitalismus bewies dem Marxismus, dass seine Vorhersage, dass der Kapitalismus aufgrund der Wirtschaftskrise zusammenbrechen würde, falsch war. Im Gegenteil, der Kapitalismus gedeiht weiterhin. Als Reaktion darauf wurde der Gedanke der ökologischen Katastrophe zu einem Instrument des Kommunismus – da linke Wissenschaftler entdeckten, dass der Marxismus eine theoretische Grundlage für den Ökologismus sein könnte. Dies radikalisierte die Umweltbewegung und ihre Weltanschauung.

d) Ökologischer Sozialismus

Wie der Name schon sagt, ist der ökologische Sozialismus eine Ideologie, die Ökologie und Sozialismus verbindet. Kritiker bezeichneten ihn als „Wassermelone" – außen grün und innen rot –, um typische sozialistische Forderungen wie „soziale Gerechtigkeit" zu ökologischen Belangen hinzuzufügen – in einem vermeintlichen Versuch, die sozialistische Ideologie mit neuen Mitteln voranzutreiben.

Eine gute Illustration des ökologischen Sozialismus ist das „An Ecosocialist Manifesto" (auf Deutsch: „Ein internationales ökosozialistische Manifest"), welches 2001 von Joel Kovel und Michael Löwy veröffentlicht wurde. Kovel war mit seiner Kampagne, der US-Präsidentschaftskandidat der Grünen zu werden, nicht erfolgreich. Löwy ist Mitglied der Trotzkistischen Vierten Internationale. Im „Manifesto" heißt es, dass der Kapitalismus die ökologische Krise nicht lösen könne und durch den ökologischen Sozialismus ersetzt werde. Sie sehen den ökologischen Sozialismus nicht als einen Zweig des Sozialismus an, sondern als den neuen Namen des Sozialismus in der neuen Zeit. [20]

Im Jahr 2002 veröffentlichte Kovel ein Buch mit dem Titel „The Enemy of Nature: The End of Capitalism or the End of the World?" (auf Deutsch: „Der Feind der Natur: Das Ende des Kapitalismus oder das Ende der Welt?"). Das Buch ging auf die Theorie des ökologischen Sozialismus ein, kritisierte den Kapitalismus scharf und schlug eine Veränderung der aktuellen Situation mit radikalen Neuausrichtungen vor. [21]

e) Grüne Politik: Grün ist das neue Rot

Wenn der Ökologismus in die Politik eingeht, wird grüne Politik oder Ökopolitik geboren. Die in vielen Ländern der Welt ansässigen grünen Parteien sind das Ergebnis einer grünen Politik, die typischerweise über den Umweltschutz hinausgeht und Bereiche wie soziale Gerechtigkeit, Feminismus, Antikriegsaktivismus und Pazifismus umfasst. Die „Global Greens" sind zum Beispiel ein internationaler Verband, der mit den Grünen in Zusammenhang steht; seine Charta von 2001 ist massiv von der marxistischen Ideologie geprägt, einschließlich der starken Betonung einer angeblichen Gleichstellung von Mensch und Tier. [22]

Der Ökologismus wird in der Regel durch Sozialismus und Kommunismus vorangetrieben. Nach dem Fall der kommunistischen Regime in Russland und Osteuropa schlossen sich viele ehemalige Mitglieder der kommunistischen Parteien und die übrigen kommunistischen Kräfte zusammen oder gründeten grüne Parteien, was zur linken Ideologie der grünen Partei führte – daher der Begriff Grüne Linke.

Nach dem Kollaps der Kommunistischen Partei der Sowjetunion versuchte der ehemalige Sowjetführer Gorbatschow, wieder in die Politik einzutreten, scheiterte jedoch. Dann wurde er Umweltschützer und gründete die Organisation „Green

Cross International". Selbstverständlich lässt Gorbatschow kommunistische Faktoren in seine Umweltarbeit einfließen. Um die Umweltkrise zu stoppen, warb er zudem oft für die Gründung einer Weltregierung. [23]

Viele kommunistische Parteien im Westen sind direkt in Umweltschutzbewegungen eingebunden. Jack Mundey, einer der Gründer der australischen „Green Ban-Bewegung", ist Mitglied der Australischen Kommunistischen Partei. Seine Frau ist die nationale Vorsitzende der Australischen Kommunistischen Partei. [24]

f) Öko-Terrorismus

Aufgrund seiner linksgerichteten Einflüsse war der Ökologismus von Anfang an relativ radikal. Es gibt viele radikale Zweige, darunter Tiefenökologie, Ökofeminismus, Sozialökologie, Bioregionalismus und dergleichen. Einige dieser Zweige sind extrem radikal. Zu den bekanntesten gehören Gruppierungen wie „Earth First!" und „Earth Liberation Front" (auf Deutsch: etwa „Erde zuerst" und „Front zur Befreiung der Erde", auch ELF). Sie gehen direkt gegen Betriebe vor (mit Sprengstoff und Brandstiftung), um Aktivitäten zu stoppen, die sie für umweltschädlich halten – diese sind auch bekannt als Öko-Terrorismus.

Die Vereinigung „Earth First!" wurde 1979 gegründet und steht unter dem Motto „Keine Kompromisse bei der Verteidigung von Mutter Erde". Diese Gruppe agiert direkt gegen Ziele wie Abholzung, Dammbau und andere Projekte. Eine der bekannten Taktiken der Gruppierung sind die „tree sit" (Baumbesetzungen), wobei die Beteiligten unter Bäumen sitzen oder auf Bäume klettern, um das Abholzen zu verhindern. Diese Aktionen von „Earth First!" haben viele neue Mitglieder angezogen, darunter Linke, Anarchisten und andere, die gegen die Mainstream-Gesellschaft rebellieren wollen.

1992 gründeten einige der radikaleren Mitglieder einen Zweig namens „Earth Liberation Front“ und nutzten Brandanschläge als ihre Taktik. Gegen Ende des Jahres 2000 wurden neun Luxusvillen auf Long Island über Nacht komplett niedergebrannt. Die wichtigste Rechtfertigung war, dass diese Villen in einem natürlichen Wald gebaut worden waren. Nach der Brandstiftung hat die „Earth Liberation Front“ den Slogan „Wenn du es baust, werden wir es niederbrennen!“ herausgegeben.

Im Jahr 2005 gab das FBI bekannt, dass die „Earth Liberation Front“ die größte terroristische Bedrohung in den Vereinigten Staaten sei. Es wird vermutet, dass sie in über 1.200 kriminelle Vorfälle verwickelt war, die Dutzende von Millionen US-Dollar an Sachschäden verursacht hatten. [25] Ihre Aktionen haben längst die Grenzen des normalen politischen Protestes oder der Meinungsfreiheit überschritten. Die kommunistische Ideologie hat den Hass ausgenutzt, um einige Umweltschützer in Öko-Terroristen zu verwandeln, die sich nicht von anderen Terroristen unterscheiden.

g) Greenpeace: Keine friedliche Geschichte

Greenpeace wurde 1971 gegründet und ist die größte Umweltorganisation der Welt – mit Büros in vierzig Ländern und Einnahmen in Höhe von über 350 Millionen US-Dollar. Greenpeace ist auch eine der radikalsten Umweltorganisationen.

Greenpeace-Mitbegründer Paul Watson, der die Organisation 1977 verließ, sagte: „Das Geheimnis des Erfolgs von David McTaggart [dem ehemaligen Vorsitzenden] ist das Geheimnis des Erfolgs von Greenpeace. Es spielt keine Rolle, was wahr ist, es spielt nur eine Rolle, was die Menschen für wahr halten. [...] Du bist das, als was dich die Medien bezeichnen. [Greenpeace] wurde zu einem Mythos und einer mythenerzeugenden Maschinerie.“ [26]

Patrick Moore, ein anderer Mitbegründer von Greenpeace, engagierte sich für den Umweltschutz. Später kündigte er dort seine Arbeit, weil er feststellte, dass die Organisation „einen scharfen Ruck nach links machte". [27] Sie entwickelte sich zu einer extremistischen Organisation mit einer politischen Agenda, wie zum Beispiel der Feindseligkeit gegenüber der gesamten Industrieproduktion. Sie spiegelt zudem eine Agenda wider, die mehr auf Politik als auf solider Wissenschaft basiert. [28]

Die Strategie radikaler Umweltorganisationen wie Greenpeace ist, alle notwendigen Mittel einzusetzen, um ihre Ziele zu erreichen. In diesem einen Punkt steht der radikale Ökologismus im Einklang mit dem Kommunismus. Im Jahr 2007 brachen sechs Greenpeace-Mitglieder in ein britisches Kohlekraftwerk ein, um Störungen zu verursachen. Sie wurden auf Sachbeschädigung von rund 30.000 Britischen Pfund verklagt. Sie gaben ihren Versuch zu, das Kraftwerk abzuschalten, behaupteten aber, dass sie dies getan hätten, um noch größeren Schaden zu vermeiden (eine Umweltkrise durch Treibhausgase). Das Gericht stimmte schließlich zu, dass ihre Handlungen als harmlos einzustufen waren.

Zuvor hatte Greenpeace bereits viele solcher Gerichtsprozesse gewonnen, dazu gehörten Beschädigungen von Kernkraftwerken, Automobilfirmen und Produktionsanlagen für Kampfflugzeuge. [29] Die Grenze zwischen gesetzmäßiger und illegaler Taktik wird mit einer solchen Logik einfach aufgehoben.

Der traditionelle Marxismus-Leninismus nutzt das Versprechen einer möglichen Utopie, um Mord, Brandstiftung und Raub zu legitimieren. Ebenso warnen Kommunisten unter dem Banner des Ökologismus vor Umweltkrisen, um gewalttätige und illegale Taktiken zu legitimieren.

Im obigen Beispiel hatten Greenpeace-Mitglieder die Geschworenen erfolgreich davon überzeugt, ihre kriminellen Motive als legitim zu akzeptieren. Dies zeigt, dass in der Gesellschaft eine große Gruppe von Menschen dazu verleitet werden kann, falsche und unzutreffende Argumente anzunehmen. All dies ist Teil der Abkehr von universellen Werten und ein Zeichen für den moralischen Verfall der Gesellschaft.

2. Der Mythos der Einigkeit über den Klimawandel

Der Klimawandel ist ein heißes Thema in der heutigen Gesellschaft. Die öffentliche Debatte zu diesem Thema ist ungewöhnlich aktiv, mit unterschiedlichen Meinungen aus den Medien, der Öffentlichkeit und der Politik. Das am häufigsten gehörte Argument ist, dass die Emission von Treibhausgasen durch den Menschen zu einer globalen Erwärmung geführt hat, die als ursächlich für gefährliche Wetterereignisse betrachtet wird. Die Anhänger dieser Theorie behaupten, dass diese Schlussfolgerung durch wissenschaftliche Konsensbildung erreicht wurde oder bereits wissenschaftlich abgesichert sei. Für einige Umweltschützer gelten Menschen, die diese Schlussfolgerung ablehnen, nicht nur als wissenschaftsfeindlich, sondern auch als Anti-Humanisten.

Die oben genannten Greenpeace-Mitglieder, die das Kraftwerk beschädigt haben, wurden von ihrer Straftat freigesprochen, weil ein berühmter Experte, der für diesen „Konsens" eintrat, für sie aussagte. Er behauptete, dass die Menge der vom Kraftwerk jeden Tag emittierten Treibhausgase zum Aussterben von bis zu vierhundert Arten führen würde und so weiter.

Hat die wissenschaftliche Gemeinschaft wirklich einen Konsens erreicht? Der pensionierte Meteorologieprofessor Richard Lindzen vom Massachusetts Institute of Technology erläuterte in einem Artikel seine Ansicht, dass die Klimawissenschaften in der Tat noch nicht gefestigt seien. [30]

Steven Koonin, ehemaliger Unter-Staatssekretär für Wissenschaft des US-Energieministers und derzeitiger Professor der New York University, schrieb in seinem Artikel „Climate Science Is Not Settled“: „Wir sind sehr weit entfernt von dem Wissen, welches für eine gute Klimapolitik notwendig ist.“ In einem weiteren Essay erinnerte Koonin die Leser daran: „Die Öffentlichkeit ist sich der intensiven Debatten in der Klimaforschung weitgehend nicht bewusst. [31] Bei einem kürzlich abgehaltenen nationalen Treffen der Mitarbeiter von Forschungslaboren habe ich beobachtet, wie mehr als 100 aktive Forscher der Regierung sowie von Universitäten sich gegenseitig herausfordern, um die menschlichen Auswirkungen von der natürlichen Variabilität des Klimas zu trennen. Es ging nicht um Nuancen, sondern um grundlegende Aspekte unseres Verständnisses [des Klimas], wie das Erkennen und – unerwartete – Absinken des globalen Meeresspiegelanstiegs in den letzten zwei Jahrzehnten.“ [32]

Im Allgemeinen ist die Oberflächentemperatur der Erde seit 1880 insgesamt gestiegen, und Kohlendioxid und andere Treibhausgase, die vom Menschen in die Atmosphäre abgegeben werden, haben eine wärmeerzeugende Wirkung auf die Welt. Bei diesen grundlegenden Fragen gehen die Wissenschaftler in ihrer Meinung nicht auseinander. Die wichtigsten Fragen, die von den Wissenschaftlern heiß diskutiert werden, sind jedoch diese: Ist die Erwärmung in erster Linie auf menschliche Aktivitäten oder auf natürliche Faktoren zurückzuführen? Wie warm wird die Welt am Ende des 21. Jahrhunderts sein? Hat die Menschheit die Fähigkeit, vorherzusagen, wie sich das Klima in Zukunft verändern wird? Wird die Erwärmung eine Katastrophe verursachen?

Aus einer anderen Perspektive scheint die wissenschaftliche Gemeinschaft jedoch eine Art Konsens erreicht zu haben oder die Wissenschaft vom Klimawandel bis zu einem gewissen Grad gefestigt zu haben, denn die Stimmen derjenigen, die sich dem sogenannten Konsens widersetzen, erscheinen selten in den Medien oder akademischen Zeitschriften.

Der Physiker Michael Griffin, ein ehemaliger NASA-Administrator, sagte in einem Interview mit *National Public Radio* im Jahr 2007: „Ich habe keinen Zweifel daran, dass die Globalisierung – dass ein Trend zur globalen Erwärmung besteht. Ich bin mir nicht sicher, ob es berechtigt ist zu sagen, dass es ein Problem ist, mit dem wir ringen müssen. Wenn man davon ausgeht, dass es ein Problem ist, geht man davon aus, dass der Zustand des Erdklimas heute das optimale Klima ist, das beste Klima, das wir haben oder jemals hatten, und dass wir Maßnahmen ergreifen müssen, um sicherzustellen, dass es sich nicht ändert."

„Vor allem glaube ich nicht, dass es in der Macht der Menschen liegt, dafür zu sorgen, dass sich das Klima nicht ändert, wie die Millionen Jahre Geschichte gezeigt haben, und zweitens möchte ich wohl fragen, welchen Menschen – wo und wann – das Privileg gewährt werden soll, zu entscheiden, dass dieses besondere Klima, das wir heute hier haben, im Moment das beste Klima für alle übrigen Menschen ist. Ich denke, das ist eine ziemlich arrogante Position, die die Leute einnehmen wollen." [33]

Obwohl Griffin versuchte, die Demut auszudrücken, die Menschen gegenüber der Wissenschaft haben sollten, stieß er sofort auf heftige Kritik der Medien und einiger Klimawissenschaftler, die seine Bemerkungen sogar ignorant nannten. Am nächsten Tag war er unter enormem Druck gezwungen, sich zu entschuldigen. [34]

Einige Monate später, in einem weiteren Interview, kommentierte Griffin: „Ich persönlich denke, dass die Menschen in der Diskussion über den Klimawandel überfordert sind, sodass es fast nicht mehr legitim ist, ihn als fachliches Thema zu betrachten. Es hat fast einen religiösen Status erlangt, was ich bedauerlich finde." Anhand Griffins Sicht des „wissenschaftlichen Konsens" sehen wir, dass die sogenannte Einigkeit über den Klimawandel in Wirklichkeit nicht Teil des wissenschaftlichen Prozesses war. Er war der Meinung, dass der wissenschaftliche Fortschritt das Ergebnis einer Debatte ist: „Man entwickelt seine Theorien, veröffentlicht seine Daten, entwickelt sein Konzept weiter und andere widerlegen es oder versuchen es zumindest. Der wissenschaftliche Konsens entwickelt sich auf diese Weise." [35] Der Einsatz aller Mittel und Wege, um die wissenschaftliche Debatte selbst zu ersticken, verletzt den Geist der Wissenschaft.

Aufgrund seines hervorragenden Rufs und seiner Position auf seinem Gebiet trat Professor Lennart Bengtsson, Mitglied der britischen Royal Meteorological Society und ehemaliger Direktor des Europäischen Zentrums für mittelfristige Wettervorhersage, der Denkfabrik „Global Warming Policy Foundation" (GWPF) bei. Infolgedessen stand er unter intensiver Aufsicht und dem Druck seiner Kollegen auf der ganzen Welt. Zwei Wochen später musste er zurücktreten.

In seinem Rücktrittsgesuch schrieb Bengtsson: „Ich bin in den letzten Tagen einem so enormen Gruppenzwang aus aller Welt ausgesetzt worden, der für mich fast unerträglich geworden ist. Wenn das so weitergeht, werde ich meine normale Arbeit nicht verrichten können und mich sogar um meine Gesundheit und Sicherheit sorgen. [...] Kollegen ziehen ihre Unterstützung zurück, andere Kollegen ziehen sich aus der gemeinsamen Urheberschaft zurück etc. [...] Ich hätte nie etwas Ähnliches [zur Zeit von Senator McCarthy] in einer so ursprünglichen friedlichen Gemeinschaft wie der Meteorologie erwartet. Anscheinend hat es sich in den letzten Jahren verändert." [36]

Bengtssons Beobachtung war richtig: Diese „Transformation in den letzten Jahren" war das Ergebnis einer kommunistischen Ideologie und Kampftaktik, die das Gebiet der Meteorologie in Besitz nahm.

In Wirklichkeit hat der angebliche wissenschaftliche Konsens über den Klimawandel die Theorie des Klimawandels in ein Dogma verwandelt. Der Klimawandel ist auch ein entscheidender Grundsatz des heutigen Ökologismus – heilig und unverletzlich. Die Wissenschaftler, Medien und Umweltaktivisten, die diesen Grundsatz akzeptieren, arbeiten zusammen, um Angst vor drohenden Katastrophen zu verbreiten. Diese Doktrin ist ein wichtiges Instrument der Bewegung des Umweltschutzes, um die Öffentlichkeit zu verschrecken – damit diese einer politischen Agenda gehorcht. Durch den Prozess der Etablierung und Festigung dieses Dogmas werden die Techniken des kommunistischen politischen Kampfes, einschließlich Betrugs, Mobbings, öffentlicher Demütigungen, Call-Outs (Empörungskultur) und offener Konflikte, sichtbar.

a) Eine kurze Geschichte des „Konsenses" in der Klimawissenschaft

1988 wurde das „Intergovernmental Panel on Climate Change" (IPCC, „Weltklimarat") gegründet. Eine seiner wichtigen Aufgaben war es, die vorliegenden wissenschaftlichen Forschungen etwa alle fünf Jahre zu bewerten und eine verbindliche Erklärung zum Klimawandel abzugeben. Dies sollte einen wissenschaftlichen Konsens zu Klimafragen schaffen und die wissenschaftliche Grundlage für die politische Arbeit bilden. [37] Ein Bericht des Weltklimarats enthält oft eine Liste von Tausenden von Erstautoren, Mitautoren und Gutachtern. Daher werden die Schlussfolgerungen in den Berichten des Weltklimarats oft als Konsens von Tausenden der besten Wissenschaftler der Welt bezeichnet.

1992 erklärte die Klimarahmenkonvention der Vereinten Nationen (UNFCCC), ihr Ziel sei es, die Stabilisierung der Treibhausgaskonzentrationen in der Atmosphäre auf einem Niveau zu erreichen, das eine gefährliche anthropogene Störung des Klimasystems verhindert. Man muss feststellen, dass auf diese Weise bereits angenommen wurde, dass der Klimawandel vom Menschen verursacht wurde und gefährlich sei. Später wurde der Weltklimarat damit beauftragt, menschliche Einflüsse auf das Klima, gefährliche Umwelt- und sozioökonomische Folgen des Klimawandels zu ermitteln. [38]

Wenn die Klimarahmenkonvention der Vereinten Nationen von vornherein davon ausgeht, dass Menschen die Schuldigen an einem gefährlichen Klimawandel sind, hat sie die Richtung dessen, was der Weltklimarat herausfinden sollte, eingeschränkt. Wenn der Klimawandel nicht gefährlich wäre oder nicht allein durch die Industrie verursacht würde, dann wäre keine politische Steuerung erforderlich, und es gäbe keinen Grund für die Existenz des Weltklimarats. Solche Interessenkonflikte schränkten auch den Fokus der Untersuchungen des Weltklimarats ein. [39]

Berichte des Weltklimarats entfernen Aussagen über Unsicherheitsfaktoren

Kurz bevor der Weltklimarat 1995 seinen Zweiten Sachstandsbericht veröffentlichte, erhielt Dr. Frederick Seitz, ein weltbekannter Physiker, ehemaliger Präsident der National Academy of Sciences und Präsident der New Yorker Rockefeller University, eine Kopie des Berichts. Seitz entdeckte später, dass der Inhalt des Berichts nach der wissenschaftlichen Überprüfung und vor der Drucklegung weitgehend verändert wurde. Alle Unsicherheiten an einem durch menschliche Aktivitäten verursachten Klimawandel wurden beseitigt.

Seitz' Artikel im *Wall Street Journal* lautete: „In meinen mehr als 60 Jahren als Mitglied der amerikanischen Wissenschaftsgemeinschaft habe ich noch nie eine bestürzendere Verfälschung des Begutachtungsprozesses erlebt als die Ereignisse, die zu diesem IPCC-Bericht führten." [40]

Einige der gelöschten Aussagen waren: [41]

- „Keine der oben genannten Studien hat klare Beweise dafür geliefert, dass wir die beobachteten [Klima-]Veränderungen auf die spezifische Ursache des Anstiegs der Treibhausgase zurückführen können."
- „Keine Studie hat bisher positiv den gesamten oder einen Teil des bisher beobachteten Klimawandels auf anthropogene [vom Menschen verursachte] Ursachen zurückgeführt."
- „Alle Behauptungen über eine positive Erkennung eines signifikanten Klimawandels werden wahrscheinlich umstritten bleiben, bis die Unsicherheiten in der natürlichen Gesamtvariabilität des Klimasystems verringert sind."

Obwohl der Weltklimarat IPCC später behauptete, dass alle Änderungen von den Autoren genehmigt wurden, zeigen die Veränderungen, wie die Berichterstattung des IPCC von der Politik beeinflusst wurde. Der Evaluierungsbericht enthält keine eigenen Forschungsergebnisse, sondern fasst meist bestehende Untersuchungen zusammen. Da die bestehende Forschung so viele verschiedene Ansichten aufzeigt, distanzierte sich der Weltklimarat einfach von den gegensätzlichen Ansichten. Somit konnte er einen „Konsens" erzielen, wie er sich diesen vorstellte.

Im April 2000 hieß es im Dritten Bewertungsbericht des Weltklimarats in seinem Entwurf: „Es gibt einen erkennbaren menschlichen Einfluss auf das globale Klima." In der im Oktober desselben Jahres veröffentlichten Version heißt es: „Es ist wahrscheinlich, dass steigende Konzentrationen anthropogener Treibhausgase in den letzten 50 Jahren erheblich zur Erwärmung beigetragen haben." Im letzten, offiziellen Fazit war die Aussage noch eindringlicher: „Der größte Teil der in den letzten 50 Jahren beobachteten Erwärmung dürfte auf den Anstieg der Konzentration der Treibhausgase zurückzuführen sein."

Als der Sprecher des Umweltprogramms der Vereinten Nationen, Tim Higham, nach den wissenschaftlichen Grundlagen der rhetorischen Veränderungen gefragt wurde, war seine Antwort ehrlich: „Es gab keine neue Wissenschaft, aber die Wissenschaftler wollten eine klare und starke Botschaft an die Politik vermitteln." [42]

Anders ausgedrückt: Die Klimarahmenkonvention der Vereinten Nationen hat dem Weltklimarat eine Hausaufgabe erteilt und die gewünschte Antwort klar gemacht. Der Weltklimarat lieferte anschließend wie gefordert.

Der Bericht des Weltklimarats hat den „Katastrophen-Konsens" überbewertet

Paul Reiter, Professor am Pasteur-Institut in Frankreich, ist ein führender Experte für Malaria und andere durch Insekten übertragene Krankheiten. Er stimmte dem Bericht des Weltklimarats nicht zu und sah sich gezwungen, damit zu drohen, eine Klage gegen den Weltklimarat einzuleiten – um seinen Namen von der Liste der zweitausend Spitzenwissenschaftler zu streichen, die den Bericht gebilligt haben sollen. Er sagte, dass der Weltklimarat IPCC „es so aussehen lässt, als ob alle Spitzenwissenschaftler einverstanden wären, aber das ist nicht wahr." [43]

In seiner Stellungnahme vor dem Senat der Vereinigten Staaten am 25. April 2006 sagte Reiter: „Ein ärgerlicher Aspekt der Debatte ist, dass diese falsche ‚Wissenschaft' in öffentlichen Foren von einflussreichen ‚Experten'-Gremien unterstützt wird. Ich beziehe mich insbesondere auf den Weltklimarat IPCC. Alle fünf Jahre veröffentlicht diese in den Vereinten Nationen ansässige Organisation einen ‚Konsens der besten Wissenschaftler der Welt' zu allen Aspekten des Klimawandels. Abgesehen von dem zweifelhaften Prozess, nach dem diese Wissenschaftler ausgewählt werden, ist ein solcher Konsens Gegenstand der Politik, nicht der Wissenschaft." [44]

Umweltschützer haben die Vorstellung propagiert, dass durch Insekten übertragene Krankheiten wie Malaria bei anhaltender Klimaerwärmung verheerende Auswirkungen haben werden, was auch ein Hauptargument des Weltklimarats ist. Wie *Bloomberg* am 27. November 2007 erklärte: „Die globale Erwärmung wird Millionen Menschen mehr von Malaria und Dengue-Fieber bedrohen, so ein Bericht der Vereinten Nationen, der eine dringende Überprüfung der Gesundheitsgefahren durch den Klimawandel fordert." [45] Reiter erkennt diesen schlichten Ansatz zwischen Klimaerwärmung und Ausbreitung von Infektionskrankheiten jedoch nicht an.

Er verweist darauf, dass Malaria nicht auf tropische Gebiete beschränkt ist. In den 1920er Jahren kam es in der ehemaligen Sowjetunion zu einem massiven Malariaausbruch, einen weiteren gab es in der Stadt Archangelsk in der Nähe des Polarkreises, wo es dreißigtausend Malariafälle mit zehntausend Toten gab. [46] Laut einem Bericht aus dem Jahr 2011 in *Nature* fanden Wissenschaftler heraus, dass die Malariaübertragung durch Moskitos mit zunehmender Temperatur langsamer wird. [47] Dies bestätigt die Meinung von Reiter.

Der Rückzug eines anderen Wissenschaftlers aus dem Weltklimarat IPCC zeigt auch, dass dieser den sogenannten „Katastrophenkonsens" als Teil seiner Geschäftskultur genutzt hat. Christopher Landsea, Hurrikanforscher bei der U.S. Oceanic and Atmospheric Administration und einer der führenden Autoren des Vierten Sachstandsberichts des Weltklimarats, zog sich im Januar 2005 aus dem Weltklimarat zurück. In einem offenen Brief schrieb er: „Ich persönlich kann nicht in gutem Glauben weiterhin zu einem Prozess beitragen, der meiner Meinung nach sowohl durch vorgefasste Agenden motiviert als auch wissenschaftlich unsolide ist." Er forderte den IPCC auf zu bekräftigen, dass sich der Bericht an Wissenschaftlichkeit ausrichte und nicht an Sensationsmache. [48]

Landsea stimmt nicht mit dem Hauptautor des IPCC-Berichts über den Zusammenhang zwischen Hurrikanen und Klimawandel überein. Der Hauptautor des Weltklimarats (der kein Experte für Hurrikanforschung ist) betonte, dass die Erwärmung des Klimas zu schwereren Hurrikanen führen würde – ohne dass solide Fakten vorliegen, die seine Behauptung stützen. Landsea wies darauf hin, dass frühere Studien gezeigt haben, dass historische Aufzeichnungen eine solche Korrelation nicht bestätigen konnten; theoretisch ist sie, selbst wenn eine Korrelation besteht, unbedeutend und vernachlässigbar.

David Deming, ein Geologe und Geophysiker an der University of Oklahoma, sammelte die historischen Temperaturdaten für Nordamerika für die vergangen 150 Jahre durch das Studium von Eiskernen und veröffentlichte seinen Forschungsartikel in „Science". Befürworter des Klimakonsens betrachteten Deming dann als einen Vertreter des Konsenses. In einer Anhörung des US-Senats sagte Deming, dass ein Hauptautor des Weltklimarats ihm eine E-Mail geschickt hat, in der er schrieb: „Wir müssen die mittelalterliche Wärmeperiode loswerden." [49] Die mittelalterliche Wärmeperiode bezieht sich auf die Klimaerwärmung der nordatlantischen Region zwischen etwa 950 und 1150 n. Chr. – das Ausradieren dieser Periode in der historischen Kurve des Klimawandels würde die Behauptung verstärken, dass die heutige Erwärmung beispiellos ist.

Es gibt viele solcher Vorfälle. In seinem Buch „Red Hot Lies, How Global Warming Alarmists Use Threats, Fraud, and Deception to Keep You Misinformed" (auf Deutsch etwa: „Rote Heiße Lügen – Wie die Panikmacher der globalen Erwärmung Drohungen, Betrug und Fälschungen nutzen, um Sie falsch zu informieren") listete Christopher C. Horner, ein leitender amerikanischer Forscher am Competitive Enterprise Institute, viele der ursprünglichen IPCC-Autoren auf, die sich den Schlussfolgerungen des Weltklimarats und seinen politisierten Maßnahmen widersetzen. [50] Sie haben vernünftige Fragen zu den zugrunde liegenden Daten gestellt und den sogenannten „Konsens" des Weltklimarats infrage gestellt. Im aktuellen akademischen und medialen Umfeld wurden ihre Stimmen jedoch ausgegrenzt.

b) Das Dogma in der wissenschaftlichen Gemeinschaft etablieren

Die Schaffung und Stärkung des angeblichen „Konsens" über den Klimawandel ist ein wichtiger Schritt bei der Nutzung des Ökologismus, um die Öffentlichkeit zu manipulieren, das Gefühl der Katastrophe zu steigern und menschliche Werte zu verzerren. Wenn das gelingt, führt dies tatsächlich zur Errichtung einer globalen Superregierung – also des Kommunismus. Der Prozess hat sich zwar hauptsächlich in der wissenschaftlichen Gemeinschaft abgespielt, wurde aber durch die Zusammenarbeit von Medien, Regierung und akademischen Institutionen unterstützt.

Sobald ein Wissenschaftler – unabhängig von seinem akademischen Ansehen – öffentlich Zweifel an dem Dogma des „Konsens" äußert, steht er sofort unter enormem Druck seiner Kollegen und akademischen Institutionen. Dies zwingt ihn, sich zu fügen. Menschen, die in einer kommunistischen totalitären Gesellschaft gelebt haben, haben ähnliche Erfahrungen gemacht. Der einzige Unterschied besteht darin, dass sie das Dogma der Kommunistischen Partei infrage gestellt haben.

David Bellamy ist ein bekannter britischer Umweltaktivist und Vorsitzender der Royal Society of Wildlife Trusts. Aber als er öffentlich erklärte, dass er nicht an das Dogma des „Konsens" über die Theorie der globalen Erwärmung glaubt, gab die Organisation eine Erklärung heraus, die ihre Unzufriedenheit ausdrückte. [51] Dann gab er den Vorsitz ab, und Umweltschützer, die ihn zuvor respektierten, begannen zu vermuten, dass er den Verstand verloren hatte oder Gelder von dem Konzern „Big Oil" bekam. [52]

Henk Tennekes, ehemaliger Direktor der Royal Dutch Meteorological Society, wurde entlassen, weil er das Dogma zum Klimawandel nicht unterstützte. Ebenso wurde der Direktor der Weltorganisation für Meteorologie, Aksel Winn-Nielsen, von IPCC-Offiziellen als „ein Werkzeug der Industrie" verleumdet. Nachdem die italienischen Forscher Alfonso Sutera und Antonios die Theorie der anthropogenen Klimaerwärmung infrage gestellt hatten, erhielten sie keine Forschungsmittel mehr. [53]

In seinem Buch „Climate of Extreme: Global Warming Science They Don't Want You to Know" (auf Deutsch etwa: „Klima der Extreme: Die Wissenschaft der globalen Erwärmung will nicht, dass Sie es wissen") listet Patrick J. Michaels, ehemaliger Präsident der American Association of State Climatologists und Klimaforscher an der University of Virginia, zahlreiche Beispiele von Umweltschützern auf, die wissenschaftliche Abweichler unterdrücken, bis sie ihren angeblichen „Konsens" erreichen. Weil er darauf bestand, dass das Klima nicht zu einer Katastrophe führen würde, war seine Haltung unvereinbar mit dem Dogma des „Konsenses". Eines Tages teilte ihm der Gouverneur mit, dass er sich als staatlicher Klimatologe nicht zum Thema der globalen Erwärmung äußern dürfe. Er entschied sich schließlich für den Rücktritt.

Ein anderer staatlicher Klimatologe, George Taylor von der Oregon State University, stieß auf das gleiche Problem. Schließlich wurde auch er zum Rücktritt gezwungen. Dr. David Legates, ehemaliger Direktor des Center for Climate Studies an der University of Delaware, ist staatlicher Klimatologe in Delaware. Er wurde ebenfalls vom Gouverneur angewiesen, als staatlicher Klimatologe nicht über das Thema globale Erwärmung zu sprechen. Der Klimatologie-Assistent des Staates Washington, Mark Albright, wurde entlassen, weil er einem Journalisten und den Bürgern zur Beantwortung von Fragen eine E-Mail über die gesamte Serie der Schneefallrate für die Cascade Mountains schickte, anstatt Teilaufzeichnungen (die eine Erwärmung zu zeigen scheinen) auszuwählen – obwohl er von seinem Chef gewarnt wurde. [54]

Im Mittelpunkt der Diskussion steht hier das Fachgebiet der Klimatologen, nämlich klimawissenschaftliche Fragen und nicht staatspolitische Fragen. In kommunistischen Ländern ist eine grobe politische Einmischung in die Forschung üblich. In den westlichen Ländern wird die akademische Freiheit in der Umweltpolitik eingeschränkt.

Eine akademische Forschung, die Zweifel an dem Dogma des „Konsenses" aufkommen lässt, ist in wissenschaftlichen Zeitschriften selten zu finden. Dabei handelt es sich um ein Phänomen, das in den 1990er Jahren begann. Michaels sagte im Dokumentarfilm „The Greenhouse Conspiracy" von *Channel 4* im Jahr 1990, dass es, wenn der Standpunkt einer Person politisch inakzeptabel ist, Probleme geben wird. Seine Arbeit wurde von mehr als einer wissenschaftlichen Zeitschrift abgelehnt. Als er einen Zeitschriftenredakteur nach dem Warum fragte, bekam er die Antwort, dass seine Arbeit einen höheren Bewertungsstandard erfüllen muss als andere.

Laut dem Bericht des Weltklimarats aus dem Jahr 1990 bestand das damalige Verständnis darin, dass das Ausmaß der globalen Erwärmung dem natürlichen Klimawandel entspricht. Obwohl Michaels' Standpunkt sich von dem vieler anderer unterschied, konnte er daher nicht als besonders ketzerisch angesehen werden. Das Ziel, einen falschen „Konsens" zu erreichen, war jedoch bereits festgelegt, und jeder musste sich dem beugen.

Die Kürzung der staatlichen Finanzierung hat wesentlich zur Bildung und Festigung des angeblichen „Konsenses" beigetragen. Die Hypothese, dass der Mensch die globale Erwärmung verursacht und Katastrophen herbeigeführt hat, hat die Klimaforschung in die Lage versetzt, bei der Gestaltung der Politik beratend mitzuwirken. Daher wird die Forschung, die diese Hypothese unterstützt, natürlich mit einem hohen Anteil an Forschungsmitteln gefördert und eine große Anzahl von wissenschaftlichen Artikeln veröffentlicht. Umgekehrt hindert ein erzwungener „Konsens“ die Wissenschaftler daran, in andere Richtungen zu untersuchen und zu forschen.

Dr. William Gray, ein renommierter Professor, war ein Pionier der amerikanischen Hurrikanforschung. Er kritisierte das Dogma der Klimatheorie und stellte daraufhin plötzlich fest, dass seine Anträge auf Forschungsförderung immer wieder abgelehnt wurden. Der Grund bestand darin, dass seine angedachte Forschungsarbeit kein Schwerpunkt ist. [55]

Im März 2008 veranstalteten viele Wissenschaftler, die an dem „Konsens“-Dogma zu Klimafragen zweifelten, eine private akademische Veranstaltung in New York. Diese Wissenschaftler berichteten, dass sie bei der Veröffentlichung ihrer Forschungsergebnisse in wissenschaftlichen Zeitschriften auf verschiedene Hindernisse gestoßen sind. Der Meteorologe Joseph D’Aleo, ehemaliger Vorsitzender des Committee on Weather Analysis and Forecasting der American Meteorological Society, sagte, dass einige seiner Kollegen es aus Angst vor einer Entlassung nicht wagten, an dem Treffen teilzunehmen. Er glaubte, dass es „sehr wahrscheinlich eine stille Mehrheit“ von Wissenschaftlern der Klimatologie, Meteorologie und verwandten Wissenschaften gab, die die Position des „Konsens“ nicht unterstützten. [56]

Professorin Judith Curry, ehemalige Dekanin der School of Earth and Atmospheric Sciences am Georgia Institute of Technology, berichtete in einer Stellungnahme des Senats im Jahr 2015, dass ein Wissenschaftler der NASA zu ihr sagte: „Ich war bei einem kleinen Treffen von Wissenschaftlern, die mit der NASA verbunden sind. Unser Top-Manager informierte mich, dass ihm von seinem NASA-Chef gesagt wurde, dass wir nicht versuchen sollten, Papiere zu veröffentlichen, die den aktuellen Behauptungen über die globale Erwärmung widersprechen. Ansonsten würde er (der NASA-Chef) Kopfschmerzen bekommen, weil er sich darum kümmern müsste, der ‚unerwünschten' Publicity entgegenzuwirken." [57]

Curry sagte weiter in ihrer Aussage: „Ein Klimawissenschaftler, der eine Aussage über die Unsicherheiten oder den Umfang des Zweifels in der Klimadebatte macht, wird als Verweigerer oder ‚Berufsskeptiker' eingestuft, dessen Motive als ideologisch oder durch die Finanzierung aus der Ölindustrie motiviert angesehen werden. Meine eigenen Erfahrungen bei der öffentlichen Diskussion über die Frage, wie die Unsicherheiten durch den IPCC gekennzeichnet sind, haben dazu geführt, dass ich als ‚Klima-Ketzerin' bezeichnet werde, die sich gegen die eigenen Kollegen gewandt hat. […] Der Druck auf die Klimawissenschaftler, sich an den sogenannten 'Konsens' zu halten, ist enorm. Dieser Druck kommt nicht nur von Politikern, sondern auch von Fördereinrichtungen, Universitäten und Fachgesellschaften sowie von Wissenschaftlern selbst, die grüne Aktivisten und Befürworter sind. Die Bestätigung dieses ‚Konsenses' betrifft stark die Interessen der Geldpolitik, des Ansehens und der Macht der Behörden." [58]

Dr. Curry ist Mitglied der American Meteorological Society und Mitglied des Climate Research Committee des National Research Council. Trotz ihres akademischen Erfolgs entschied sie sich für eine vorzeitige Pensionierung. Sie war nicht bereit, weiterhin unter diesem Druck zu leben. Weil sie den „Konsens" des Weltklimarats IPCC in den letzten Jahren infrage gestellt hatte, wurde sie als „Anti-Wissenschaftlerin" als „Verleumderin" und so weiter sowohl von den Medien als auch von anderen Wissenschaftlern und einem Senator stigmatisiert. Ein Mitglied des Kongresses schickte sogar einen Brief an den Dekan des Georgia Institute of Technology, um Currys Ansichten und Motive infrage zu stellen. [59] Sie sagte, ein weiterer Grund für den vorzeitigen Ruhestand sei, dass sie der Meinung sei, dass sie Studenten und Nachwuchswissenschaftlern nicht sagen könne, wie man „dem Wahnsinn im Bereich der Klimawissenschaften entgegenwirken kann". [60]

Roger Pielke jr., Professor an der University of Colorado, hat mit Curry an Fragen des Klimawandels gearbeitet. Er war ursprünglich am Cooperative Institute for Research in Environmental Sciences (CIRES) der Universität tätig. Obwohl er den meisten der Schlussfolgerungen des „Konsenses" der IPCC zustimmte, war er einem ähnlichen Druck ausgesetzt, weil er darauf hinwies, dass die Daten nicht die Aussage belegten, dass extreme Wetterereignisse wie Hurrikane, Tornados und Dürren durch den Klimawandel beeinflusst würden. Schließlich wechselte er zum Sports Governance Center der University of Colorado. [61]

Dr. Pielke wies darauf hin, dass Currys Erfahrung zeigt, dass „eine Festanstellung keine Garantie für die akademische Freiheit ist". [62] Es ist kein Wunder, dass Joanne Simpson, eine Akademikerin der American Academy of Engineering und herausragende ehemalige NASA-Atmosphärenforscherin, ihre Skepsis gegenüber dem „Konsens" nach der Pensionierung zum Ausdruck brachte: „Da ich keiner Organisation mehr angehöre und keine Mittel mehr bekomme, kann ich ganz offen sprechen." Sie sagte: „Als Wissenschaftlerin bleibe ich skeptisch." [63]

c) Wissenschaftler sind sich nicht einig über den „Konsens"

Wie bereits erwähnt, haben Wissenschaftler unterschiedliche Ansichten darüber, ob menschliche Aktivitäten der Hauptfaktor für den Klimawandel sind und wie sich der Klimawandel in Zukunft entwickeln wird. Für dieses breite Meinungsspektrum gibt es viele Gründe. Erstens ist der Klimawandel ein sehr breites und komplexes Thema, welches viele Bereiche wie Astronomie, Meteorologie, Ökologie, Photochemie, Spektroskopie, Ozeanographie und weitere umfasst. Das Klima umfasst viele interagierende Teilsysteme, wie beispielsweise die Erdatmosphäre, die Hydrosphäre, die Biosphäre und die Lithosphäre. Es gibt viele physikalische, chemische und biologische Prozesse, die noch lange nicht gut verstanden werden.

Betrachtet man die geologische Geschichte, so durchläuft die Erde immer einen Klimawandel, einschließlich häufiger Episoden von globaler Erwärmung. Vor mehr als 3.000 Jahren, während der Shang-Dynastie Chinas, war die Zentralebene (Teil der nordchinesischen Ebene) einst eine subtropische Landschaft. Die Menschen jagten Elefanten, wie mehrfach in der Orakelknochenschrift der damaligen Zeit festgehalten wurde. Die durchschnittliche Jahrestemperatur wird auf rund 2 Grad Celsius höher geschätzt als heute. In der Tang-Dynastie (626-907) gab es eine weitere Periode der Erwärmung. Im Kaiserpalast von Chang'an im heutigen Nordwesten Chinas wurden Zitrusfrüchte angebaut. [64] Im Westen bauten die Europäer kostbare Kathedralen in einer Zeit der mittelalterlichen Erwärmung, die von etwa 950 bis 1250 andauerte. [65]

Geologischen Aufzeichnungen zufolge erlebte die Nordhalbkugel auch vor etwa 11.270 Jahren eine rasante Erwärmung, als die Durchschnittstemperatur innerhalb weniger Jahre schnell um etwa 4 °C anstieg. Eine weitere bekannte Erwärmung ereignete sich gegen Ende der Jüngeren Dryas-Periode vor etwa 11.550 Jahren, als die Temperatur über Jahrzehnte um etwa 10 °C anstieg. [66] Die Ursachen dieser Klimaveränderungen sind immer noch Gegenstand der Debatte unter den Wissenschaftlern.

Wenn wir nicht in der Lage sind, die Gründe für den Klimawandel in der Vergangenheit zu erklären, dann ist es auch sehr schwierig, die Ursachen des Klimawandels in der heutigen Zeit zu erklären. Historische Ursachen für Klimaveränderungen in der Vergangenheit können heute immer noch am Werk sein. Viele Wissenschaftler sind der Meinung, dass wir das Thema mit Demut behandeln und bereit sein sollten, die Grenzen unseres Wissens anzuerkennen.

Der renommierte Wissenschaftler Dr. Freeman Dyson, Mitglied der Nationalen Akademie der Wissenschaften der Vereinigten Staaten und Mitglied der Royal Society, glaubt, dass die moderne Wissenschaft den Klimawandel nicht versteht: „Der fragwürdigste dieser Glaubensgrundsätze ist die Vorstellung, dass die Wissenschaft vom Klimawandel geklärt und begriffen worden ist. Die größten aller Klimaänderungen waren die Eiszeiten, die halb Nordamerika und Europa mit kilometerdicken Eisflächen bedeckt hatten. Eiszeiten sind in der Vergangenheit immer wieder aufgetreten, und wir stehen kurz davor, dass eine weitere beginnt. Eine neue Eiszeit wäre eine Katastrophe, die weitaus größer wäre als alles, was wir vor der Klimaerwärmung fürchten müssten. Es gibt viele Theorien über Eiszeiten, aber kein wirkliches Verständnis. Solange wir die Eiszeiten nicht verstehen, verstehen wir den Klimawandel nicht." [67]

Aufgrund der Komplexität der Klimafragen ist es jedoch nicht möglich, unter kontrollierten Laborbedingungen Experimente durchzuführen und Theorien zu überprüfen. Wissenschaftler, die in der Klimatologie forschen, verlassen sich heute auf digitale Klimamodelle.

Die Haupterkenntnisse aus dem Bericht des Weltklimarats IPCC, wonach der Mensch die Hauptursache für die globale Erwärmung ist, stammen aus Simulationen zum Klimawandel. Spekulationen darüber, wie stark die Temperatur am Ende des 21. Jahrhunderts steigen wird, sind ebenfalls das Ergebnis solcher Simulationen. Die katastrophalen Folgen des Klimawandels basieren ebenfalls auf Spekulationen mithilfe der computergestützten Modelle.

Doch diese Modelle haben ihre eigenen Grenzen, viele Wissenschaftler haben Bedenken hinsichtlich ihrer Zuverlässigkeit. Professorin Judith Curry glaubt, dass natürliche Faktoren, die bei der Modellierung des Klimawandels nicht berücksichtigt werden, eine große Rolle spielen. [68] In einem Artikel, der im Bulletin der American Meteorology Society veröffentlicht wurde, schrieb sie, dass der IPCC die Unsicherheit der Modellrechnungen weitgehend ignoriert habe. [69]

Einige der Faktoren in Klimamodellen lassen sich entweder aus Unkenntnis der Schlüsselprozesse des Klimawandels oder mangels Rechenleistung nicht realistisch darstellen. Die Forscher übernehmen die Parametrisierung, die das Modell vereinfacht, indem sie unvollständige Daten für Prozesse wie die Bildung von Wolken (einschließlich ihrer Wechselwirkung mit Wasserdampf), Niederschlagsprozesse, Wechselwirkungen zwischen Wolken und Sonnenstrahlung sowie chemische und physikalische Prozesse der Aerosole (die flüssigen oder festen kleinen Partikel in der Atmosphäre) und dergleichen verwenden. [70] All dies führt zu einer signifikanten Ungenauigkeit des Modells.

Wasserdampf ist das häufigste und wichtigste Treibhausgas in der Atmosphäre, aber da er je nach Zeitraum und Standort stark variiert, ist auch die entsprechende Schwankungsbreite groß. [71] In verschiedenen Höhenlagen variiert der Treibhauseffekt des Wasserdampfes; die Fehlerbreite der Satelliten-Messwerte der vertikalen Verteilung des Wasserdampfes kann zwischen 15 und 40 Prozent betragen. [72]

Wolken in tieferen Lagen haben eine starke Kühlwirkung durch Reflexion des Sonnenlichts, halbtransparente Cirren (Eiswolken) in höheren Lagen eine wärmende Wirkung. Einige Aerosole, wie beispielsweise vulkanische Aerosole, blockieren das Sonnenlicht und erzeugen Kühlung, während andere, wie Rußpartikel, Strahlung absorbieren und Wärme erzeugen. Aerosole können zur Wolkenbildung führen, was eine indirekte Kühlung bewirkt. Auch die räumliche und geografische Verteilung von Aerosolen und Wolken und die optischen Eigenschaften variieren stark auf dem Planeten. Andere Faktoren wie das Wachstum und der Verfall der Pflanzenwelt beeinflussen auch die Änderungen der Albedo (ein Maß für das solare Rückstrahlvermögen der Erde).

Diese wichtigen Prozesse führen entweder wegen ausreichender Beobachtungsergebnisse oder aufgrund des unzureichenden Verständnisses der Wissenschaftler derzeit zu einem hohen Grad an Freiraum (Beliebigkeit) bei der Parametrisierung von Klimamodellen, was deren Unsicherheit stark erhöht. Diese Unsicherheiten treiben einen Großteil der Zweifel an der Gültigkeit der Modelle an. Beispielsweise sorgen Treibhausgase wie Kohlendioxid für einen direkten Strahlungsantrieb der Erde von etwa 2,5 Watt pro Quadratmeter [73], während die Erde etwa 1366 Watt [74] Strahlungsenergie der Sonne pro Quadratmeter erhält. Die zwei Tausendstel der Veränderung der Albedo, die durch die Ungenauigkeiten bei der Modellierung der Wolken- oder Aerosolaktivität verursacht werden, reichen aus, um die angenommene Rolle der Treibhausgase zu überschreiten.

Willie Soon, Wissenschaftler der Harvard-Universität, und andere glauben, dass Klimamodelle nicht geeignet sind, um über zukünftige Klimaänderungen zu spekulieren. [75] Der Princeton-Physiker Freeman Dyson nannte die Parametrisierung im Modell einen „Pfusch-Faktor“, da diese Parameter künstlich eingestellt werden können. Er denkt, dass wir aus dem Modell lernen können, aber wir können es nicht nutzen, um Vorhersagen zu treffen: „Dann hat man also eine Formel. [...] Aber wenn man es für ein anderes Klima verwendet, wenn man doppelt so viel Kohlendioxid hat, gibt es keine Garantie, dass das richtig ist. Es gibt keine Möglichkeit, es zu testen.“ [76] Dr. Dyson kritisierte den Weltklimarat IPCC, weil er die Rolle der Sonne im Klimasystem weitgehend ignoriert habe. Er glaubt, dass die Sonne und nicht der Mensch der wichtigste Einflussfaktor für den Klimawandel ist.

Der israelische Wissenschaftler Nir J. Shaviv schrieb ab 2002 eine Reihe von Arbeiten, in denen er argumentierte, dass aufgrund des Zusammenhangs zwischen der Ausdehnung der von Satelliten beobachteten Wolkendecke und der Menge der kosmischen Strahlung die Eiszeiten der Erde mit der kosmischen Strahlung in Beziehung stehen. Er kam zu dem Schluss, dass letzteres zu einem Klimawandel geführt hat. Gleichzeitig sagte er, dass Veränderungen in der Sonneneinstrahlung die gleiche (wenn nicht sogar eine größere) Rolle spielen wie menschliche Aktivitäten beim Anstieg der globalen Durchschnittstemperaturen im zwanzigsten Jahrhundert. Er glaubt, dass vom Menschen verursachte Treibhausgase eine geringere Rolle bei der globalen Erwärmung spielen, als allgemein angenommen wird. [77]

Es gibt einige grundlegende Veränderungen im Klima selbst, die noch nicht vollständig verstanden sind und sich daher einer korrekten Darstellung in den digitalen Klimamodellen entziehen. Die bestehenden Klimamodelle können das Phänomen El Niño nicht richtig beschreiben, geschweige denn vorhersagen. [78] Seit den höchsten Temperaturen im Holozän vor 7.000 Jahren bis 9.000 Jahren ist die globale Temperatur um 0,5 °C bis 1 °C gesunken, aber die Berechnungen des Modells zeigen, dass sie in den letzten 11.000 Jahren um 0,5 bis 1 °C gestiegen ist. Die Tatsache, dass der Kohlendioxidgehalt in den letzten 6.000 bis 7.000 Jahren gestiegen ist, zeigt, dass das Modell nur auf die Erwärmungseffekte von Treibhausgasen reagiert. [79] Im Allgemeinen können die Modelle unter den verschiedenen Faktoren, die den Wandel des Klimasystems beeinflussen, nur die Auswirkungen der Erwärmung durch Treibhausgase widerspiegeln, während die Abkühlung durch andere Faktoren nicht präzise wiedergegeben wird.

Darüber hinaus war der beobachtete Temperaturanstieg zwischen 1998 und 2013 fast unverändert. Hans von Storch, ein deutscher Klimawissenschaftler und Professor an der Universität Hamburg, sagte im Jahr 2013:

„Wir stehen vor einem Rätsel. Die jüngsten CO2-Emissionen sind sogar noch stärker gestiegen, als wir befürchtet haben. Infolgedessen hätten wir nach den meisten Klimamodellen in den letzten zehn Jahren einen Temperaturanstieg um etwa 0,25 Grad Celsius (0,45 Grad Fahrenheit) sehen müssen. Das ist nicht passiert. Tatsächlich betrug der Anstieg in den letzten 15 Jahren nur 0,06 Grad Celsius (0,11 Grad Fahrenheit) – ein Wert, der sehr nahe bei null liegt."

Von Storch glaubt, dass dies bedeutet, dass das Modell die Rolle von Kohlendioxid wahrscheinlich überschätzt oder die Auswirkungen natürlicher Klimaänderungen unterschätzt hat. [80]

Auch bei der Betrachtung der internen Prozesse des Klimasystems gibt es Differenzen zwischen den Wissenschaftlern. Dr. Richard Lindzen (Mitglied der American Academy of Sciences) glaubt, dass es im Klimasystem einen Selbstregulierungsmechanismus gibt, der die Erwärmungseffekte von Treibhausgasen deutlich mindert. Er schrieb in einem Fachbeitrag im Jahr 2001, dass tropische, in großer Höhe befindliche Cirren (Eiswolken, die Sonnenlicht durchlassen, aber die von der Oberfläche ausgehenden Infrarotstrahlen blockieren und einen Treibhauseffekt haben) in negativer Weise mit der Temperatur der Meeresoberfläche korrelieren – wenn die Temperatur steigt, nimmt die Wolkendecke ab. Dadurch kann die Erdoberfläche Wärme ungehindert durch Infrarotstrahlung an den Weltraum abgeben. Dieser selbstregulierende Mechanismus wird mit der Pupille des menschlichen Auges verglichen (die sich je nach Lichteinwirkung anpasst) und gleicht den Treibhauseffekt erheblich aus. [81] Lindzens Theorie ist immer noch Gegenstand der Diskussion.

Der ehemalige NASA-Wissenschaftler Roy Spencer von der University of Alabama fasste Satellitendaten und -beobachtungen zusammen und legte verschiedene Erkenntnisse über die Rolle der Wolkendecke vor. Er wies darauf hin, dass das bestehende Klimamodell die beobachtete Wolkenbildung und -abgabe als Funktion von Temperaturänderungen behandelt, aber die tatsächliche Situation genau das Gegenteil ist. Es ist die Veränderung des Wolkenvolumens, die Temperaturänderungen bewirkt – was zu der Schlussfolgerung führt, dass der Effekt der Erwärmung durch Treibhausgase viel geringer ist als derjenige, der durch das bestehende Klimamodell vorhergesagt wird. [82]

Die Wissenschaftler haben unterschiedliche Ansichten darüber, wie die beobachteten meteorologischen Daten interpretiert werden sollen und wie zuverlässig die Daten sind. Professor John Christy, Direktor des Earth Science Systems Research Center an der University of Alabama, ist einer der führenden IPCC-Autoren. Er analysierte die Störungen von atmosphärischen Grenzschichten durch Gase, durch urbane Flächen in der Nähe des meteorologischen Observatoriums, durch Städtewachstum und Flächenentwicklung (beispielsweise landwirtschaftliche Aktivitäten). Es wird angenommen, dass die zunehmende menschliche Aktivität die aufgezeichnete Oberflächentemperatur erhöht hat.

In den Aufzeichnungen der vergangenen hundert Jahre, die den Anstieg der Oberflächentemperatur zeigen, steigt die niedrigste Temperatur in der Nacht schneller als die höchste Temperatur am Tag. Christy glaubt, dass die Ausweitung der menschlichen Aktivitäten vor Ort und nicht der Anstieg der Treibhausgase dieses Phänomen erklären kann. [83]

Es gibt unter den Wissenschaftlern auch Meinungsverschiedenheiten über die Auswirkungen eines sich erwärmenden Klimas. Beispielsweise bezeugte Professor David Russell Legates, Direktor des Zentrums für Klimaforschung an der Universität von Delaware, 2014 im US-Senat: „Mein Gesamtfazit ist, dass Dürren in den Vereinigten Staaten in kälteren Zeiten häufiger und intensiver sind. Daher rechtfertigt die historische Aufzeichnung nicht die Behauptung, dass die globale Erwärmung sich wahrscheinlich negativ auf die landwirtschaftlichen Aktivitäten auswirken wird.“ [84]

Dr. William Happer, der ehemalige Vizekanzler der Princeton Universität, bestätigte im US-Senat, dass der aktuelle Kohlendioxidpegel auf einem historischen Tiefstand ist und dass höhere Kohlendioxidwerte Pflanzen und landwirtschaftlichen Kulturen zugutekommen würden – eine Tatsache, die vom Weltklimarat ignoriert wird. Dr. Happer leitete in den 1990er Jahren die Energieforschung des US-Ministeriums für Energie und ist der Begründer eines eigenen Klimamodells. Er glaubt, dass der von den derzeitigen Klimamodellen vorhergesagte Temperaturanstieg viel größer ist als der beobachtete, da das Modell die Unbeständigkeit des Klimasystems überschätzt. [85]

d) Warum Umweltwissenschaftler Katastrophenszenarien vorantreiben

Ein leitender Wissenschaftler des Weltklimarats IPCC sagte einmal: „Wenn wir in Zukunft eine gute Umweltpolitik wollen, brauchen wir eine Katastrophe. Es ist wie die Sicherheit im öffentlichen Verkehr. Der einzige Weg, damit Menschen ihr Verhalten ändern, ist, wenn es einen Unfall gegeben hat.“ [86]

Obwohl er später erklärte, dass er sich nicht für die Erfindung von Daten aussprach, war seine Botschaft klar: Katastrophen sind der zentrale Antrieb von Maßnahmen und politischen Entscheidungen.

Die Verknüpfung der globalen Erwärmung mit extremen Wetterereignissen ist zu einer beliebten Methode geworden, um die Intensität der Klimaprobleme zu übertreiben. Auch wissenschaftliche Hypothesen, die dem populären Trend entsprechen, sind kontinuierlich aufgetaucht. Anfang 2014 erlebte Nordamerika beispielsweise einen extrem kalten Winter.

Eine Theorie über die Ursachen des strengen Winters war, dass die globale Erwärmung zum Schmelzen des Nordpols führte, was wiederum die Route des Jetstreams veränderte. Infolgedessen würde die extrem kalte Luftmasse vom Nordpol nach Süden geleitet, was zu häufigeren Kälteeinbrüchen im Süden führt. Eine solche, gegen jede Intuition laufende, Hypothese wurde von den Medien und Umweltschützern unterstützt: Selbst extreme Kälte wird durch die globale Erwärmung verursacht, behaupteten sie. Tatsächlich zeigen langfristige meteorologische Aufzeichnungen, dass die Häufigkeit extremer Kälte in Nordamerika eher zurückgegangen ist als umgekehrt.

Im Jahr 2014 veröffentlichten fünf prominente Meteorologen einen gemeinsamen Brief im *Science Magazine,* um diese Tatsache zu veranschaulichen. Sie erklärten, dass es in den frühen 1960er Jahren, Ende der 1970er Jahre (insbesondere 1977) und 1983, als die Eisschicht am Nordpol viel dicker und umfangreicher war als heute, eine wesentlich strengere Kälte gab als 2014. In den letzten fünfzig bis hundert Jahren ist es Fakt, dass die Häufigkeit von extrem kaltem Wetter abgenommen hat. [87]

John Wallace, Professor für Atmosphärenforschung erklärte: „Wie es scheint, ist es nicht so einfach, einen Zusammenhang zwischen extremen Wetterereignissen und dem Klimawandel herzustellen. Die Aussagekraft der statistischen Schlussfolgerungen ist durch den Stichprobenumfang begrenzt. [...] Selbst wenn die Zusammenhänge statistisch bedeutend sind wie bei Hitzewellen: Je extremer das Ereignis, desto kleiner ist der relative Beitrag der globalen Erwärmung zur beobachteten Anomalie. [...] Die Einschränkungen durch den Stichprobenumfang wären kein so schwerwiegendes Problem, wenn die Faktoren, die extreme Wetterereignisse mit dem Klimawandel in Verbindung bringen, gut bekannt wären – aber leider sind sie es nicht.“ [88]

Im November 2017 veröffentlichte Steve Koonin, der zweite vom US-Energieministerium bestätigte Unterstaatssekretär für Wissenschaft, im *Wall Street Journal* einen Meinungsbeitrag mit dem Titel „A Deceptive New Report on Climate" (auf Deutsch: Ein trügerischer neuer Bericht über das Klima). Er kritisierte den Sonderbericht der US-Regierung über die Klimawissenschaften, weil dieser die Katastrophenmentalität mit einer falschen Darstellung über den steigenden Meeresspiegels verstärkt habe. [89]

Im Sonderbericht des Weltklimarats heißt es, dass der Meeresspiegel seit 1993 doppelt so stark gestiegen wäre wie im Laufe des 20. Jahrhunderts. Der Bericht ignorierte jedoch die Tatsache, dass die jüngste Steigerungsrate des Anstiegs mit der des frühen zwanzigsten Jahrhunderts vergleichbar war, als menschliche Aktivitäten kaum Auswirkungen auf die Umwelt hatten. Diese Information auszulassen, ist irreführend. In der Zusammenfassung des Berichts heißt es, dass seit Mitte der 1960er Jahre die Hitzewellen in den Vereinigten Staaten häufiger geworden wären. Die im Bericht enthaltenen Daten zeigen jedoch, dass die Häufigkeit der Hitzewellen heute nicht stärker ist als in den 1900er Jahren.

Ähnliche Panikmache zeigte sich auch im Nationalen Klimabewertungsbericht 2014 der US-Regierung, der eine erhöhte Intensität der Wirbelstürme nach 1980 betonte, aber die Aufzeichnungen über längere Zeiträume ignorierte. Die National Oceanic and Atmospheric Administration (NOAA) hat kürzlich erklärt, dass sie keine Beweise für Auswirkungen auf die Schwere von Hurrikanen infolge menschlicher Aktivitäten finden konnte. [90]

Tatsächlich traten die Hitzewellen am häufigsten in den 1930er Jahren auf, nicht im 21. Jahrhundert. Der Hitzewellenindex der U.S. Umweltbehörde zeigt, dass vier Jahre in den 1930er Jahren einen jährlichen Hitzewellenindex von 0,45 hatten, während das bisher heißeste Jahr im 21. Jahrhundert einen Index von rund 0,3 aufweist. [91] Die Treibhausgasemissionen lagen in den 1930er Jahren nur bei zehn Prozent gegenüber dem 21. Jahrhundert. [92]

Professor Mike Hulme, Direktor des Tyndall Zentrums für Klimawandelforschung (Tyndall Centre for Climate Change Research) im Vereinigten Königreich, sagte:

„In den letzten Jahren wurde in diesem Land ein neues Umweltphänomen geschaffen – das Phänomen des ‚katastrophalen Klimawandels'. Es scheint, als ob der bloße ‚Klimawandel' nicht schlimm genug wäre, und so muss alles jetzt ‚katastrophal' sein, um sich Aufmerksamkeit zu verdienen. [...] Warum sind es nicht nur Aktivisten, sondern auch Politiker und Wissenschaftler, welche die Sprache von Angst, Terror und Katastrophe offen mit der beobachtbaren physikalischen Realität des Klimawandels verwechseln und die sorgfältige Absicherung, die die Prognosen der Wissenschaft umgibt, aktiv ignorieren?" [93]

Der verstorbene Stephen H. Schneider war ein Verfechter der Klimatheorie des „Konsenses" und koordinierender Hauptautor in der Arbeitsgruppe II des Dritten Bewertungsberichts des Zwischenstaatlichen Ausschusses für Klimaänderungen (Weltklimarat, IPCC). Bei der Untersuchung von Hulme's Bedenken gab er zu:

„Wir brauchen eine breite Unterstützung, um die Fantasie der Öffentlichkeit anzuregen. Dazu gehört natürlich auch, dass man in den Medien viel Beachtung findet. Also müssen wir beängstigende Szenarien anbieten, vereinfachte, dramatische Aussagen machen und kaum Zweifel äußern, die wir haben könnten."

Er glaubte, dass Wissenschaftler zwischen „effektiv und ehrlich sein" wählen müssten, obwohl er ergänzte, dass er sich beides wünschte. [94]

Die angebliche Klimakrise hat viel Aufsehen erregt. Dahinter stehen finstere Kräfte, die nicht nur den Weg für eine Weltregierung ebnen, sondern auch die Forschungsethik in der wissenschaftlichen Gemeinschaft zerstören wollen. Die Klimatologie ist ein junges Fach mit nur wenigen Jahrzehnten Geschichte. Doch ihre Hypothesen über die globale Erwärmung wurden vorzeitig als Tatsache angesehen. Die Medien bringen die globale Erwärmung in den Schlagzeilen, um die Ungenauigkeiten der zugrunde liegenden Wissenschaft zu vertuschen. Regierungen investieren Mittel in die Erforschung der Hypothese der globalen Erwärmung und ignorieren gleichzeitig andere Erkenntnisse. Im Prozess der Etablierung und Bestätigung des „Konsenses“ und seiner Stärkung wird die Natur des Kommunismus von Kampf und Hass offenbart.

Während Wissenschaftler „Konsens“ herstellen, bezeichnen Medien und Politiker diesen „Konsens“ über den katastrophalen Klimawandel als „wissenschaftlich erwiesen“ und verbreiten ihn weltweit als unangreifbare Lehre. Die Denkweise bei diesem Thema ist weitgehend einheitlich und hat in den Köpfen der Menschen verworrene Vorstellungen von Gut und Böse hervorgebracht.

Die bereits erwähnte Einstellung von Verfahren wegen Öko-Terrorverbrechen durch Greenpeace vor Gericht in Großbritannien basierte genau auf dem „Konsens“, dass Treibhausgase eine Klimakatastrophe verursachen. Die Vielzahl von Vorschriften und Richtlinien, die auf diesem Dogma basieren, werden die Welt ins Chaos stürzen. Die alte Welt mit allen Mitteln zu zerstören, ist eine gängige Taktik des Kommunismus. Diese Maßnahmen sollen alle den Weg zu einer falschen Lösung – einer globalen Regierung – durch eine erfundene Krise ebnen, um angeblich die Erde und die Menschheit zu retten.

3. Ökologismus: eine weitere Form des Kommunismus

In den vergangenen Jahrzehnten, als sich die offen agierenden kommunistischen Kräfte zurückgezogen hatten und die politischen und wirtschaftlichen Probleme der kommunistischen Regime aufgedeckt wurden, hat der Kommunismus an den Umweltschutz angedockt, um seine Agenda voranzutreiben.

a) Politische Infiltration: Aufbau einer Weltregierung

Eine wichtige Methode, die der Kommunismus zur Etablierung seiner Macht einsetzt, ist die Nutzung der Regierung, um den Menschen ihr Eigentum und ihre Freiheit zu entziehen und die Staatsmacht unendlich zu erweitern. Es ist sehr schwierig, eine solche Methode in der demokratischen westlichen Welt in die Praxis umzusetzen. Das „Umweltbewusstsein" (der Ökologismus) bietet dem Kommunismus jedoch eine magische Waffe. Im Namen des „Umweltschutzes" werden die Menschen ihrer Rechte beraubt.

Erstens werden umweltpolitische Ideologien zur Umverteilung des Reichtums genutzt. Traditionell haben kommunistische Staaten den Reichtum durch Revolutionen neu verteilt. Im Laufe der Jahre wurde dieser Ansatz jedoch immer schwieriger durchzusetzen. Deshalb haben Umweltschützer indirekte Strategien entwickelt, welche die Menschen zwingen, ihre Freiheit und ihr Eigentum schleichend aufzugeben, um eine Umwelttragödie zu verhindern. Die Gruppe „Friends of the Earth" erklärt: „Eine Antwort auf den Klimawandel muss im Mittelpunkt eine Umverteilung von Reichtum und Ressourcen haben." [95] Ein führender grüner Denker der Universität von Westminster sagte, dass „Rationierung der einzige Weg ist, um den unkontrollierten Klimawandel zu verhindern", und „[Rationierung von Kohlenstoff] muss den Menschen auferlegt werden, ob sie es wollen oder nicht", denn „Demokratie ist ein weniger wichtiges Ziel als der Schutz des Planeten vor dem Tode des Lebens, dem Ende des Lebens auf ihm". [96]

Im „Kampf gegen den Klimawandel" war Großbritannien das erste Land, das das Konzept der individuellen Emissionsgutscheine eingeführt hat. Ein britischer Wissenschaftler betrachtete dies als „die Einführung einer zweiten Währung, bei der jeder die gleiche Berechtigung hat – Vermögensumverteilung durch den Kauf von CO2-Zertifikaten von einer Person, die weniger gut situiert ist“. [97]

Diejenigen, die in der Sowjetunion oder im kommunistischen China gelebt haben, können diese Art der CO2-Rationierung leicht als eine weitere Methode zum Aufbau eines totalitären Systems erkennen. In China wurden früher Lebensmittelgutscheine für den Kauf von Lebensmitteln wie Speiseöl, Getreide und Kleidung verwendet. Durch die Rationierung der Nahrung wurde einerseits der Reichtum neu verteilt, andererseits erhielt die Zentralregierung die uneingeschränkte Kontrolle über Reichtum und Freiheit.

Umweltideologien werden zweitens auch eingesetzt, um die individuelle Freiheit einzuschränken. In den Ländern des Westens, die auf eine Tradition der persönlichen Freiheit stolz sind, ist es äußerst schwierig, dass die Menschen von selbst ihre Rechte aufgeben und unzählige Einschränkungen im Privatleben akzeptieren. Um die Menschen dazu zu zwingen, ihre Freiheit und ihre Rechte aufzugeben, wurde eine imaginäre Umweltkatastrophe zu einem geeigneten Mittel. „Globale Erwärmung“ und „die letzten Tage auf der Erde“ wurden zu den zugkräftigsten Slogans für Umweltschützer. Die in Australien ansässige „Carbon Sense Coalition“ bot die folgende Zusammenstellung von Vorschlägen an, um Menschen dazu zu nötigen, ihr Verhalten im Namen der Bewältigung der globalen Erwärmung zu ändern:

- Verbot von offenen Kaminen und dickbauchigen Öfen
- Verbot von Glühbirnen
- Verbot von abgefülltem Wasser
- Verbot von Privatfahrzeugen in einigen Gebieten

- Verbot von Plasmabildschirmen
- Neue Flughäfen verbieten
- Erweiterungen bestehender Flughäfen verbieten
- Verbot des Standby-Modus für Geräte
- Verbot der Kohleverstromung
- Verbot der elektrischen Warmwasseraufbereitung
- Verbot von Urlaub mit dem Auto
- Verbot von verlängerten Wochenenden (drei Tage)
- Besteuerung von Babys
- Besteuerung von großen Autos
- Steuerpflichtige Supermarkt-Parkplätze
- Müllsteuer
- Besteuerung von Zweitwohnungen
- Besteuerung von Zweitwagen
- Besteuerung von Ferienflügen
- Stromsteuer zur Förderung von Solarstrom
- Besteuerung von Ausstellungsräumen für große Autos
- Öko-Steuer für Autos in den Städten
- Genehmigungspflicht für die Fahrt mit dem Auto über die Stadtgrenze hinaus
- Einschränkung der Auswahl bei (Haushalts-)Geräten
- Vergabe von CO2-Zertifikaten an jede Person
- Festlegung von Standards für die Kraftstoffeffizienz
- Untersuchung, wie die Methanproduktion von Norwegens Elchen reduziert werden kann.
- Entfernung weißer Linien auf Straßen, damit Autofahrer vorsichtiger fahren [98].

Drittens kann der Ökologismus genutzt werden – und wird auch genutzt –, um die Bedeutung und Autorität der Zentralregierung zu erweitern. Verschiedene westliche Länder haben nicht nur riesige Umweltschutzbehörden, sondern nutzen die Umwelt auch als Vorwand, um neue Regierungsbehörden zu gründen und die Autorität bestehender Behörden zu erweitern. Alle Behörden haben die bürokratische Tendenz zur Selbsterhaltung und Expansion, und Umweltbehörden bilden da keine Ausnahme. Sie missbrauchen die ihnen zur Verfügung stehende Macht, um Geschichten über Umweltkatastrophen in der Öffentlichkeit zu verbreiten, damit sie noch mehr Mittel erhalten und ihre Positionen innerhalb der Regierungsstruktur sichern können. Letztendlich sind es die Steuerzahler, die die Rechnung bezahlen.

Die Stadt San Francisco richtete die Stelle eines Klimabeauftragten der Stadt mit einem Jahresgehalt von 160.000 US-Dollar ein. Selbst der ärmste Bezirk Londons (Tower Hamlets) leistet sich 58 offizielle Positionen im Zusammenhang mit dem Klimawandel. [99] Die Logik ist die gleiche wie bei den an Universitäten und in Unternehmen vorgeschriebenen Beauftragten zur „Förderung der Vielfalt".

Ökologismus kann benutzt werden, um zu suggerieren, dass die Demokratie veraltet ist – und um die Einrichtung einer multinationalen oder gar globalen totalitären Regierung voranzutreiben. Umweltschützer behaupten, dass die Demokratie die kommende Umweltkrise nicht bewältigen könne. Um die anstehenden Herausforderungen zu meistern, müssen wir stattdessen totalitäre oder autoritäre Regierungsformen oder zumindest einige Aspekte davon übernehmen. [100]

Die Autorin Janet Biehl fasste diese Art von Mentalität treffend zusammen indem sie sagte, dass „eine ‚Ökodiktatur' notwendig ist", [101] aus der offensichtlichen Notwendigkeit heraus, dass keine freie Gesellschaft sich selbst das antun würde, was die grüne Agenda verlangt.

Paul Ehrlich, einer der Begründer der Öko-Ideologie, schrieb in dem Buch „How to Be a Survivor: A Plan to Save Spaceship Earth" (auf Deutsch etwa: „Wie man zum Überlebenden wird: Ein Plan zur Rettung des Raumschiffs Erde"):

1. „Sowohl in den hochentwickelten Ländern als auch in den unterentwickelten Ländern muss die Bevölkerungskontrolle eingeführt werden.
2. Die hochentwickelten Länder müssen zurückentwickelt werden.
3. Die unterentwickelten Länder müssen halbwegs entwickelt sein.
4. Es müssen Verfahren zur Überwachung und Regulierung des Weltsystems eingerichtet werden, um ein kontinuierliches Gleichgewicht zwischen Bevölkerung, Ressourcen und Umwelt zu erhalten.“ [102]

Praktisch bedeutet dies, dass nur eine globale totalitäre Regierung jemals so viel Macht erlangen kann, keine regional begrenzte Regierung oder Organisation könnte dies erreichen. In der Tat bedeutet dies, das „Umweltbewusstsein“ zu benutzen, um für eine totalitäre Weltherrschaft zu plädieren.

Am Ende legt das umweltpolitische Programm nahe, dass das kommunistische System überlegen ist und verherrlicht den kommunistischen Totalitarismus. Da das Bevölkerungswachstum zu mehr Ressourcenverbrauch, mehr CO2-Emissionen und mehr Müll führt, plädieren Umweltschützer für eine Bevölkerungskontrolle oder gar Bevölkerungsreduktion. Dies hat viele Umweltschützer im Westen veranlasst, die Geburtenkontrolle der Kommunistischen Partei Chinas zu unterstützen.

Reuters schätzte in einem Bericht, dass das Regime der KP Chinas aufgrund der in den 1980er Jahren umgesetzten Ein-Kind-Politik in der Lage war, seine Bevölkerung auf 1,3 Milliarden zu begrenzen; ohne die Obergrenze hätte die chinesische Bevölkerung 1,6 Milliarden erreicht. Der Verfasser des Berichts stellte fest, dass die Politik der Kommunistischen Partei Chinas den Nebeneffekt hatte, zu einer Verringerung der globalen CO2-Emissionen beizutragen. Was der Autor ignorierte, war die Vernichtung von Hunderten von Millionen

Menschenleben durch Zwangsabtreibungen und das große Leid, das den betroffenen Familien zugefügt wurde.

Eines der größten Probleme, welche die Umwelt betreffen, ist die Schadstoffbelastung, einschließlich der Luft- und Wasserverschmutzung. Das Wirtschaftsmodell der KP Chinas verbraucht Energie in erstaunlicher Geschwindigkeit und macht China zum größten Umweltverschmutzer der Welt, mit der schlimmsten Luftverschmutzung in den Großstädten und starker Wasserverschmutzung. Das Wasser der meisten Flüsse in China ist nicht mehr ohne Risiko trinkbar und massiv verschmutzt. Staubstürme aus China ziehen über das Meer nach Korea und Japan. Sie überqueren sogar den Pazifik und erreichen die amerikanische Westküste.

Logischerweise sollten echte Umweltschützer das kommunistische China zum Hauptziel ihrer Kritik machen, aber seltsamerweise loben viele Umweltschützer die KP Chinas und betrachten sie sogar als Hoffnung für den Umweltschutz. Die News-Seite der Kommunistischen Partei USA, *People's World,* berichtet ausführlich über Umweltnachrichten. Das Hauptthema dieser Berichte ist, dass die Umweltpolitik der Regierung Trump das Land und sogar die Welt zerstören würde, während die Kommunistische Partei Chinas die Kraft für ihre Rettung wäre. [103]

Der ehemalige Präsident der Tschechischen Republik Václav Klaus, ein Ökonom, schrieb in dem Buch „Der blaue Planet in grünen Fesseln: Was ist bedroht: Klima oder Freiheit?“:

„Der Ökologimus ist eine Bewegung, die die Welt radikal verändern will, unabhängig von den Folgen (auf Kosten von Menschenleben und strengen Einschränkungen der individuellen Freiheit). Sie will die Menschheit, das menschliche Verhalten, die Struktur der Gesellschaft, das Wertesystem verändern – einfach alles!“ [104]

Václav Klaus glaubt, dass die Einstellung der Umweltschützer zur Natur analog zum marxistischen Ansatz der Wirtschaft ist: „Ziel ist es in beiden Fällen, die freie, spontane Evolution der Welt (und der Menschheit) durch die optimale, zentrale oder – mit dem heutigen modischen Adjektiv – globale Planung der Welt-Entwicklung zu ersetzen. Ähnlich wie im Falle des Kommunismus ist dieser Ansatz utopisch und würde zu völlig anderen Ergebnissen als den beabsichtigten führen. Wie andere Utopien kann auch diese nie verwirklicht werden, und die Bemühungen, sie zu verwirklichen, können nur durch Einschränkungen der Freiheit, durch das Diktat einer kleinen, elitären Minderheit über die überwältigende Mehrheit, durchgeführt werden." [105]

„Diese Ideologie belehrt Erde und Natur, und unter den Slogans ihres Schutzes – ähnlich wie die alten Marxisten – will sie die freie und spontane Evolution der Menschheit durch eine Art zentrale (jetzt globale) Planung der ganzen Welt ersetzen." [106]

Aus diesen Gründen wendet sich Klaus entschieden gegen Versuche, die Sache des Umweltschutzes zu nutzen, um eine nationale Regierung oder gar eine globale Regierung zur Unterwerfung der Öffentlichkeit aufzubauen.

b) Den Kapitalismus beschuldigen

Eines der Ziele des Kommunismus ist, den Kapitalismus zu stürzen. Der Ökologismus behandelt den Kapitalismus als den natürlichen Feind der Umwelt, sodass er einen gemeinsamen Feind mit dem Kommunismus teilt. Als der Kommunismus Rückschläge in den Arbeiterbewegungen der entwickelten westlichen Länder hinnehmen musste, wechselte er die Strategie und übernahm die umweltpolitische Bewegung. Aus einem normalen Aktivismus für den Umweltschutz wurde ein Aktivismus, der darauf abzielte, den Kapitalismus zu besiegen.

Die kommunistische Lehre beschrieb ursprünglich eine Utopie, einen „Himmel auf Erden", um arme Menschen zur

Revolte und zum Sturz des bestehenden Gesellschaftssystems anzuregen. Unter dem Deckmantel des Umweltbewusstseins verfolgte der Kommunismus einen ähnlichen Ansatz, aber die darin beschriebene Vision ist genau das Gegenteil: An die Stelle der wunderbaren Arbeiter-Utopie tritt stattdessen eine beängstigende Dystopie, eine Vision einer „Hölle auf Erden". Nach diesem Szenario wird in hundert Jahren das Überleben der Menschheit durch globale Erwärmung, Erdrutsche, Tsunamis, Dürren, Überschwemmungen und Hitzewellen gefährdet sein.

Die Zielpersonen dieser Bewegung sind nicht die Armen, sondern die Reichen, von denen verlangt wird, dass sie ihren derzeitigen Lebensstil aufgeben. Aber es muss staatlich eingegriffen werden, um die Menschen zu zwingen, ihr Leben mit Komfort und Bequemlichkeit aufzugeben. Eine reguläre Regierung ist dafür eindeutig nicht genug, also steht eine bevollmächtigte UNO oder eine andere globale Regierung in der Verantwortung. Wenn die Bewegung nicht in die Gänge kommen sollte, könnte man die Vision einer drohenden ökologischen Krise weiter hochspielen, indem Panik und Ängste geschürt werden. Diese sind notwendig, um die Öffentlichkeit und die Regierungen dazu zu bringen, die gewaltsame Umsetzung einer radikalen Umweltpolitik zu akzeptieren und damit das Ziel zu erreichen, den Kapitalismus zu zerstören und den Kommunismus durchzusetzen.

Nach den ursprünglichen Lehren des Kommunismus ist der erste Schritt nach der Machtergreifung, den Wohlhabenden ihren Reichtum zu entziehen. Das Ziel ist angeblich, ihn an die Armen zu verteilen. In Wirklichkeit bleiben die Armen arm, während der gesamte Reichtum in den Händen der korrupten Beamtenschicht liegt. Der zweite Schritt beinhaltet den Aufbau einer staatlich kontrollierten Wirtschaft und die Abschaffung des Privateigentums. Das zerstört die Volkswirtschaft und reduziert jeden auf ein Leben in Not und Elend.

Betrachten wir nun die Ziele des Ökologismus. Erstens fordert er, dass wohlhabende Länder den ärmeren Ländern Hilfe leisten – also den Reichtum auf globaler Ebene neu verteilen. In Wirklichkeit bleiben die armen Länder arm, denn das Geld, das für ihre Entwicklung bestimmt war, landet in der Regel in den Taschen der korrupten Funktionäre dieser Länder.

Zweitens befürworten ökologistisch gesinnte Vertreter und Juristen die Stärkung der Regierung und das Ersetzen von Marktmechanismen durch die zentralisierte Planwirtschaft, indem sie alle möglichen drakonischen Formen der Umweltpolitik einsetzen, um das normale Funktionieren des Kapitalismus zu behindern. Dies zwingt die Unternehmen, ihre Standorte zu schließen oder sie ins Ausland zu verlagern, was die Wirtschaft des Landes belastet. Mit diesen auf den Markt zielenden Methoden versucht die Umweltbewegung, den Kapitalismus zu lähmen. In diesem Sinne ähnelt der Ökologismus sehr stark den Lehren des klassischen Kommunismus. Um es deutlich zu sagen: Ökologismus ist nur Kommunismus mit einem anderen Namen und würde verheerende Auswirkungen auf die Welt haben.

Der Schwerpunkt des Ökologismus liegt darauf, die Angst vor zukünftigen Katastrophen zu verbreiten und so die Öffentlichkeit und die Regierungen als Geiseln zu nehmen. Aber viele jener Menschen, die diese Weltuntergangspanik aktiv fördern, leben selbst ein luxuriöses Leben, verbrauchen viel Energie und hinterlassen einen großen CO2-Fußabdruck. Offensichtlich glauben sie nicht, dass eine Katastrophe unmittelbar bevorsteht.

Um eine Krisenmentalität zu nutzen, insbesondere den „gemeinsamen Feind“ der „globalen Erwärmung“ zu nutzen, um verschiedene Kräfte gegen den Kapitalismus zu vereinen, ist es für Umweltschützer unerlässlich geworden, die Natur der angeblichen Krise zu betonen und zu übertreiben.

Der einfachste Weg besteht darin, eine große, massive Angst vor der Nutzung der billigsten Energiequellen zu erzeugen, das heißt der fossilen Brennstoffe – Kohle, Öl, Erdgas – und auch der Kernenergie. Umweltschützer haben es vor Jahrzehnten geschafft, dass sich die Menschen vor der Kernenergie fürchten, und jetzt versuchen sie, den Menschen Angst vor der Nutzung fossiler Brennstoffe zu machen – indem sie behaupten, dass fossile Brennstoffe zu einer katastrophalen globalen Erwärmung führen.

Drakonische Umweltvorschriften sind zu wichtigen Instrumenten bei der Bekämpfung des Kapitalismus, insbesondere der kapitalistischen Wirtschaft, geworden und haben sich als Jobkiller erwiesen. Grüne Konjunkturprogramme, Programme für saubere Energien, neue Verordnungen für Kraftwerke, strengere Fahrzeugvorschriften, das Pariser Abkommen usw. werden alle im Namen der Vermeidung der globalen Erwärmung gefördert.

In Wirklichkeit ist die Klimawissenschaft jedoch gar nicht zu dem Ergebnis gekommen, dass die globale Erwärmung durch menschliche Aktivitäten verursacht oder dass die globale Erwärmung definitiv zu einer Katastrophe führen wird. Wenn natürliche Ursachen für den Klimawandel verantwortlich sind, dann dient all diese Politik der Regierung nur dazu, die wirtschaftliche Entwicklung zu behindern und wird gleichzeitig der Menschheit keinen Nutzen bringen.

Unter dem Einfluss des Ökologismus erhöhen die Menschen auch blind die Grenzwerte für die Abgasnormen von Autos und verbieten verschiedene Stoffe und Chemikalien ohne jegliche wissenschaftliche Grundlage. Das bedeutet natürlich höhere Herstellungskosten und weniger Gewinn, gefolgt von mehr Arbeitslosigkeit und der Auslagerung der Industrie in Entwicklungsländer, in denen die Kosten niedriger sind. Selbst die Anhänger des Ökologismus müssen zugeben, dass eine Erhöhung der Kraftstoffeffizienz aller Autos auf 54,5 Meilen pro Gallone (4,3 Liter pro 100 Kilometer) bis zum Jahr 2025 das Ausmaß der globalen Erwärmung höchstens um 0,02 °C bis zum Jahr 2100 reduzieren würde. [107]

Dies würde praktisch nichts zur Verringerung der globalen Erwärmung beitragen. Verschiedene Auflagen von zweifelhafter Wirksamkeit haben aber Millionen von Arbeitnehmern ihren Arbeitsplatz gekostet und der verarbeitenden Industrie, den Forschungseinrichtungen, der Innovationskraft und der internationalen Wettbewerbsfähigkeit in den westlichen Ländern einen schweren Schlag versetzt.

Branchen, die sich aus den Forderungen des Ökologismus ergeben, werden im Wesentlichen durch staatliche Subventionen angetrieben und folgen nicht der Marktnachfrage. Produkte in die Massenproduktion zu bringen, bevor man echte Durchbrüche in der Forschung gemacht hat, ist sehr unpraktisch. Diese „grünen" Unternehmen können kaum im Geschäftsleben bleiben, geschweige denn den Arbeitsmarkt stimulieren. Im Zuge der Globalisierung ziehen zudem auch viele dieser Unternehmen ins Ausland und verursachen Verluste für ihre Herkunftsländer.

Die Befürworter des Umweltschutzes setzen sich mit Begeisterung für grüne Energie und eine zukunftsorientierte Solar- und Windenergieerzeugung ein. Leider wird die Verschmutzung, die mit der Erzeugung von Ökostrom einhergeht, entweder unterschätzt oder einfach unsichtbar gemacht. Bei der Herstellung von Solarmodulen entsteht als Nebenprodukt das tödliche Gift Siliziumtetrachlorid. Ein Bericht der *Washington Post* zitiert Ren Bingyan, Professor an der School of Material Sciences der Hebei Industrial University: „Das Land, in dem du es deponierst oder begräbst, wird unfruchtbar sein. An diesem Ort wachsen keine Gräser oder Bäume. [...] Es ist wie Dynamit – es ist giftig, es ist umweltschädlich. Der Mensch kann und darf es nie berühren." [108]

Die Herstellung von Solarmodulen verbraucht enorme Mengen an konventioneller Energie, einschließlich Kohle und Erdöl. Man kann mit Recht sagen, dass grüne Energie die Erde nicht grün, sondern verschmutzt hinterlasst.

Nach dem Pariser Abkommen müssen die Industrieländer bis 2025 jedes Jahr 100 Milliarden US-Dollar bereitstellen, um den Entwicklungsländern bei der Verbesserung ihrer Energieversorgung und Industrietechnologie zu helfen. 75 Prozent der Mittel unter den über hundert Unterzeichnerstaaten müssen allein die Vereinigten Staaten aufbringen. Gleichzeitig müssen die Vereinigten Staaten bis zum Jahr 2025 ihre Treibhausgasemissionen um 26 bis 28 Prozent unter das Niveau von 2005 senken. Das bedeutet, dass die Vereinigten Staaten ihre Emissionen jedes Jahr um 1,6 Milliarden Tonnen reduzieren sollten.

Was China betrifft, das Land, das die Vereinigten Staaten überholt hat, um nun der größte Umweltverschmutzer der Welt zu werden, erlaubt das Pariser Abkommen dem Land, bis 2030 einen Höchststand bei den Kohlendioxidemissionen zu erreichen. [109]

In einer Erklärung zum Pariser Klimaabkommen sagte Präsident Trump: „Die Einhaltung der Bestimmungen des Pariser Abkommens und der damit verbundenen schwerwiegenden Energiebeschränkungen für die Vereinigten Staaten könnte Amerika bis 2025 laut einer Studie der National Economic Research Associates bis zu 2,7 Millionen Arbeitsplätze kosten. [...]

Nach dieser gleichen Studie würde die Einhaltung der von der vorherigen Regierung eingegangenen Verpflichtungen bis 2040 die Produktion in folgenden Sektoren einschränken: Papier um 12 Prozent, Zement um 23 Prozent, Eisen und Stahl um 38 Prozent, Kohle um 86 Prozent, Erdgas um 31 Prozent. Die Kosten für die Wirtschaft würden zu diesem Zeitpunkt fast drei Billionen US-Dollar an verlorenem BIP und 6,5 Millionen Arbeitsplätze in der Industrie betragen, während die Haushalte 7.000 US-Dollar weniger Einkommen und in vielen Fällen noch viel weniger als das hätten.“ [110]

Mit dem Aufstieg der Umweltbewegung erfuhren die kommunistischen Länder einen Durchbruch in ihrem Kampf gegen den Westen. Unzumutbare Vorschriften und Vereinbarungen ersticken Industrien, Wirtschaft und Technologie in den westlichen kapitalistischen Ländern. Dies behindert die USA in ihrer Rolle als weltweite Führungsmacht der freiheitlichen Grundordnung, als Weltpolizei und Bastion des Westens im Kampf gegen den Kommunismus.

Es wird nicht geleugnet, dass die Umwelt geschützt werden muss. Das Ziel des Umweltschutzes sollte jedoch der Menschheit als der höchsten Lebensform dienen. Die Notwendigkeit des Umweltschutzes sollte mit den Bedürfnissen der Menschheit in Einklang gebracht werden. Umweltschutz nur um seiner selbst willen ist übertrieben und bringt der Menschheit großes Leid – während er vom Kommunismus vereinnahmt wird. Der heutige Ökologismus kümmert sich nicht um das Gleichgewicht und ist zu einer extremistischen Ideologie geworden. Zweifellos haben viele Umweltschützer gute Absichten. Aber in ihrem Kampf, die Ressourcen des Staates für ihre Sache zu mobilisieren und zu bündeln, passen sie sich dem Kommunismus an.

c) Unterdrückung oppositioneller Stimmen in den Medien

Im Juni 2009 strahlte *ABC's* „Good Morning America“ (GMA) eine besondere Episode aus, die die Zukunft vorstellen und Vorhersagen über die Auswirkungen der „globalen Erwärmung“ auf die Erde und die Menschheit im nächsten Jahrhundert machen soll. In dem Programm behauptete ein Experte, dass im Jahr 2015 der Meeresspiegel rapide ansteigen würde, was dazu führte, dass New York City vom Meer überflutet würde. Ein Befragter sagte, dass es zu diesem Zeitpunkt „ein Feuer geben würde, das sich über Hunderte von Meilen erstreckt“, ein Liter Milch 12,90 US-Dollar kosten würde und ein Liter Benzin 9 US-Dollar. Die in der Show dargestellten Standpunkte waren so übertrieben, dass ein Moderator der

Show nicht umhinkonnte, zu fragen, ob all das in der Realität überhaupt möglich wäre.

In Wirklichkeit ist dies nicht die Hauptfrage, die die Medien zu beachten haben. Der Ökologismus nutzt das „Krisenbewusstsein“, um die Öffentlichkeit in Bewegung zu bringen, doch „Krisenbewusstsein“ und Ungewissheit sind zwei verschiedene Konzepte. Wie können Dinge, die von der Wissenschaft noch nicht bestätigt wurden, eine Krisenstimmung rechtfertigen? Daher nutzt der Ökologismus das Motto des Schutzes der Zukunft der Menschheit, um verschiedene Stimmen zu unterdrücken und unter dem Vorwand eines wissenschaftlichen Konsenses einen öffentlichen Konsens zu erzielen.

Der dänische Ökonom Bjørn Lomborg schrieb in seinem Buch „The Skeptical Environmentalist: Measuring the Real State of the World“ (auf Deutsch: „Der skeptische Umweltschützer: Wie sich die menschlichen Lebensgrundlagen wirklich entwickeln“), dass die Klimaerwärmung durch menschliche Handlungen verursacht wurde. Er glaube jedoch, dass die menschliche Anpassungsfähigkeit und der technologische Fortschritt das Auftreten von Katastrophen verhindern würden. Da dies nicht dem umweltpolitischen Dogma der vom Menschen verursachten Klimakatastrophe entsprach, wurde er anschließend von Menschen aus vielen verschiedenen Branchen kritisiert.

Der Vorsitzende des UN-Klimarats verglich Lomborg mit Hitler. Der dänische Ausschuss, der die Redlichkeit wissenschaftlicher Veröffentlichungen prüft, teilte nach einer Untersuchung mit, dass Lomborg sich „wissenschaftlicher Unredlichkeit“ schuldig gemacht habe (spätere staatliche Untersuchungen bewiesen jedoch, dass Lomborg unschuldig ist). Seine Konkurrenten versuchten, die Entscheidung des Ausschusses zu nutzen, um ihn aus seiner Position als Direktor des „Danish Environmental Assessment Institute“ (auf Deutsch etwa: Dänisches Institut für Umweltbewertung) zu drängen. Am Bahnhof waren die Leute nicht einmal bereit, auf dem gleichen Bahnsteig wie Lomborg zu stehen. Ein Umweltschützer warf einen Kuchen nach ihm. [111]

In seinem Buch „The Great Global Warming Blunder: How Mother Nature Fooled the World's Top Climate Scientists" (auf Deutsch: „Der große Irrglaube der globalen Erwärmung: Wie Mutter Natur die weltbesten Klimawissenschaftler täuschte"), fasste Dr. Roy Spencer, ein Klimatologe und ehemaliger NASA-Satellitenspezialist, eine Liste von vierzehn Propaganda-Techniken zusammen, die von Umweltschützern verwendet werden. Darunter befinden sich: Panik auslösen, an Autorität appellieren, Herdenmentalität, Siegessicherheit, persönliche Angriffe, Sensationslust und Gerüchte erschaffen. [112]

Im Jahr 2006 schrieb der britische Journalist Brendan O'Neill den Artikel „A Climate of Censorship" (auf Deutsch: „Ein Klima der Zensur"). Dieser Text beschreibt die Unterdrückung von Meinungen und spöttische Rhetorik, mit der Menschen in vielen Ländern konfrontiert sind, wenn sie es wagen, an der gängigen Theorie zum Klimawandel zu zweifeln. [113] So sagte beispielsweise ein britischer Diplomat in einer öffentlichen Rede, dass diejenigen, die am Klimawandel zweifeln, von den Medien nicht anders behandelt werden sollten als Terroristen, und dass man ihnen keine Gelegenheit geben solle, zu sprechen.

O'Neill weist darauf hin, dass die Skeptiker der Theorie des Klimawandels als „Leugner" (engl.: „Deniers") bezeichnet werden. Dazu gehören verschiedene Gruppen von Menschen: Etliche, die die Klimaerwärmung anerkennen und glauben, dass wir damit umgehen können, bis hin zu denen, die die Erwärmung als wissenschaftliches Phänomen völlig ablehnen. Die Wirksamkeit dieses Etiketts ist beträchtlich. Charles Jones, ein pensionierter englischer Professor an der Universität von Edinburgh, sagte, dass der Begriff „Leugner" dazu bestimmt ist, Skeptiker auf das gleiche Niveau der moralischen Verdorbenheit zu bringen wie Holocaust-Leugner.

Laut O'Neill behaupten einige Leute sogar, dass Skeptiker der Theorie des Klimawandels Komplizen eines zukünftigen Öko-Holocaust wären und in Zukunft mit Prozessen im Nürnberger Stil konfrontiert würden.

Ein bekannter Umweltschriftsteller schrieb: „Wir sollten Kriegsverbrecherprozesse mit diesen Schwachköpfen (den Skeptikern der Theorie der Klimaerwärmung) durchführen – wie eine Klimaversion des Nürnberger Prozesses." Ein Autor kommentierte dies: „Nur in autoritären Ländern habe ich diese Art der Verurteilung von Gedanken oder Reden gehört. [...] Eine Gruppe von Menschen zu dämonisieren und ihre Rede als giftig und gefährlich zu beschreiben, ist nur einen Schritt davon entfernt, eine noch rigorosere Zensur durchzuführen." [114] Dieses Urteil ist richtig. Die Einschränkung des Rechtes, selbst zu denken, ist eine der Möglichkeiten, wie der Kommunismus Menschen vom Konzept von Gut und Böse trennt, welches auf universellen Werten basiert.

Ein Professor für Astronomie in Harvard veröffentlichte einen Beitrag, der die Rolle der Sonne beim Klimawandel auf der Grundlage historischer Temperaturaufzeichnungen in der Vergangenheit der Erde erörterte. Da dies das Dogma infrage stellte, dass der Mensch der Verursacher des Klimawandels sei, bezeichnete eine ökologisch orientierte Website ihn als „versuchten Massenmörder" und alle anderen Dissidenten als „Verbrecher". [115]

Beispiele dieser Art sind zu zahlreich, um sie alle zu berücksichtigen. Ein hoher Beamter einer großen Umweltgruppe warnte, dass die Medien zweimal darüber nachdenken sollten, bevor sie die Ansichten von Skeptikern des Klimawandels verbreiten, denn „die Verbreitung solcher Fehlinformationen würde Schaden anrichten". [116]

Der britische Außenminister sagte in einer Rede, dass Skeptiker der globalen Erwärmung nicht das Recht haben sollten, ihre Ideen zu äußern – so wie man Terroristen nicht erlaube, in den Medien zu erscheinen. [117] Mainstream-Kolumnisten in Australien beginnen, die Anklage von Leugnern des Klimawandels wegen „Verbrechen gegen die Menschlichkeit" in Betracht zu ziehen. Auf einem Gipfeltreffen, an dem wichtige australische Politiker, darunter der Premierminister, teilnahmen, wurde der Vorschlag unterbreitet, den Übeltätern die Staatsangehörigkeit zu entziehen. Eine andere Idee war, die australischen Bürger noch einmal zu überprüfen und die Staatsbürgerschaft nur für diejenigen auszustellen, die sich als „klimafreundlich" erwiesen haben. [118]

Einige haben sogar versucht, mit juristischer Gewalt die Stimmen der Gegner der Hypothese der Klimaerwärmung zu beseitigen. Im Jahr 2015 schickten zwanzig Wissenschaftler einen Brief an den US-Präsidenten und den Generalstaatsanwalt. In diesem baten sie, den „Racketeer Influenced and Corrupt Organizations Act" zu nutzen, um Unternehmen und Organisationen mit ungewöhnlichen Ansichten zum Klimawandel zu untersuchen. Dies stellt einen Versuch dar, die Meinungsfreiheit mithilfe der Gesetzgebung zu behindern. [119]

Im Jahr 2016 bildeten die Generalstaatsanwälte mehrerer Staaten eine Koalition, um zu untersuchen, ob die traditionellen Energieunternehmen Investoren und die Öffentlichkeit über „die Auswirkungen des Klimawandels" irreführen und wenn ja, sie strafrechtlich zu verfolgen. Wie von der „Heritage Foundation" hervorgehoben, verstoßen solche Anschuldigungen und Untersuchungen gegenüber Personen, die eine andere Meinung vertreten, gegen den 1. Zusatzartikel der Verfassung der Vereinigten Staaten und unterdrücken die Debatte über wichtige politische Themen. [120]

d) Bürgergruppen, die für eine Straßenrevolution manipuliert werden

Massenbewegungen sind eine der Strategien des Kommunismus, um seinen Einfluss auf Nationen und die Welt zu verbreiten. Viele Umweltverbände mobilisieren eine große Anzahl von Menschen, um Umweltschutzkampagnen durchzuführen. Sie haben Regierungsinstitutionen und UN-Organisationen beeinflusst und sie in ihren Besitz genommen, um unangemessene Vereinbarungen und Vorschriften zu formulieren und durchzusetzen. Sie haben auch gewalttätige Zwischenfälle verursacht, um die Öffentlichkeit zum Schweigen zu bringen.

Wie der radikale Linke Saul Alinsky sagte, ist es notwendig, die wahren Ziele einer Bewegung zu verbergen und Menschen in großem Maßstab zu mobilisieren, um lokale, temporäre, plausible oder gutartige Ziele zu unterstützen. Wenn sich die Menschen an diese moderaten Formen des Aktivismus gewöhnen, ist es relativ einfach, sie dazu zu bringen, auch für radikalere Ziele einzutreten. „Denken Sie daran: Wenn Sie Menschen für etwas koordinieren, das so allgemein ausgearbeitet wurde wie die Umweltverschmutzung, dann ist ein gut organisiertes Volk unterwegs. Von dort aus ist es ein kurzer und natürlicher Schritt zur politischen Infiltration, zur Infiltration des Pentagons“, sagte Alinsky. [121]

Am ersten „Earth Day“ (auf Deutsch: „Tag der Erde“) im Jahre 1970 nahmen mehr als 20 Millionen US-Amerikaner an Straßenprotesten zu diesem Thema teil. Die Geburtenkontrolle war zur bevorzugten Methode geworden, um der Umweltzerstörung zu begegnen. Zu dieser Zeit beschlossen viele linke Gruppierungen in den Vereinigten Staaten, dorthin zu gehen, wo die Menschen waren. Sie beteiligten sich an der Umweltbewegung und befürworteten den Sozialismus als Mittel zur Begrenzung des Bevölkerungswachstums.

Eine Vielzahl von linken Gruppen nutzt den Ökologismus als ideologische Verpackung, um Straßenaktionen durchzuführen, die für eine Revolution plädieren. Wenn die Vereinigten Staaten zum Beispiel ein „People’s Climate Movement“ (auf Deutsch: eine „Volksklimabewegung“) haben, kann man daraus schließen, dass dieses ein Produkt der kommunistischen Parteien ist. Die beteiligten Organisationen sind unter anderem die Kommunistische Partei der USA, der „Sozialismus in Aktion", die „Maoistische Amerikanische Revolutionäre Kommunistische Partei", die „Ökologische Gesellschaft", die „Sozialistischen Arbeiter", der „Alternative Sozialismus", der „Amerikanische Demokratische Sozialismus", der „Freie Sozialismus" und so weiter. Sie veranstalteten zusammen die „People's Climate Rally" und die „People's Climate Parade". Zu den Parolen dieser Kundgebungen gehörten „Institutioneller Wandel statt Klimawandel", „Der Kapitalismus tötet die Vereinigten Staaten", „Der Kapitalismus zerstört die Umwelt", „Der Kapitalismus zerstört den Planeten" und „Kämpfen für eine sozialistische Zukunft". [122]

Diese Gruppen, mit einem Meer aus roten Flaggen, zogen durch viele Großstädte der Vereinigten Staaten, darunter Washington, D.C.. [123] Mit immer mehr kommunistischen und sozialistischen Elementen zur Stärkung des Ökologismus hat der „grüne Frieden" einen vollständigen Wandel zur roten Revolution durchlaufen.

e) Die neue Religion des Anti-Humanismus

Abgesehen davon, dass der Ökologismus als politische Bewegung instrumentalisiert wird, haben kommunistische Einflüsse das Umweltbewusstsein zu einem Anti-Humanismus-Kult gemacht.

Michael Crichton, der Autor von „Jurassic Park", sagte einmal, dass der Ökologismus heute eine der mächtigsten Religionen in der westlichen Welt zu sein scheint. Er glaubt, dass das Umweltbewusstsein die typischen Eigenschaften einer Religion besitzt:

„Es gibt ein anfängliches Eden, ein Paradies, einen Zustand der Gnade und der Einheit mit der Natur, es gibt einen Fall von der Gnade in einen Zustand der Verschmutzung durch das Essen vom Baum der Erkenntnis, und als Ergebnis unserer Handlungen kommt ein Tag des Gerichts für uns alle. Wir sind alle Energiesünder, zum Sterben verdammt, es sei denn, wir suchen die Erlösung, die jetzt Nachhaltigkeit genannt wird. Nachhaltigkeit ist Erlösung in der Kirche der Umwelt.“ [124]

Crichton ist der Ansicht, dass alle Glaubensbekenntnisse des Ökologismus eine Frage des Glaubens sind.

„Es geht darum, ob du ein Sünder oder ein Erlöster sein wirst. Ob du nun einer der Menschen auf der Seite der Erlösung oder auf der Seite des Untergangs sein wirst. Ob du einer von uns oder einer von ihnen sein wirst.“ [125]

Diese Ansicht wurde von einer Reihe von Wissenschaftlern anerkannt. William Cronon, ein einflussreicher Umwelthistoriker in den Vereinigten Staaten, glaubt, dass der Ökologismus eine neue Religion ist, weil er eine komplexe Reihe von ethischen Anforderungen vorschlägt, mit denen menschliches Verhalten beurteilt werden kann. [126]

Der renommierte Wissenschaftler und Quantenmechaniker Freeman Dyson, der zuvor zitiert wurde, sagte in einem Artikel in der New York Book Review 2008, dass „eine weltweite säkulare Religion“ des Umweltbewusstseins „den Sozialismus als führende säkulare Religion ersetzt hat“. Diese Religion besagt, „dass die Verwüstung des Planeten mit Abfallprodukten unseres luxuriösen Lebens eine Sünde ist und dass der Weg der Gerechtigkeit darin besteht, so sparsam wie möglich zu leben“. Die Ethik dieser neuen Religion, so erläuterte er, werde den Kindern in Kindergärten, Schulen und Hochschulen auf der ganzen Welt vermittelt. [127]

Viele Umweltschützer lassen sich von diesem Thema nicht abbringen. Rajendra Pachauri, der ehemalige Chef des Weltklimarats IPCC, der nach einem Skandal infolge sexueller Belästigung zurückgetreten ist, erklärte in seinem Rücktrittsschreiben, dass das Umweltbewusstsein „seine Religion ist“. [128]

Mit der zunehmenden Ideologisierung und Religiosität des Ökologismus wurde dieser gegenüber abweichenden Ansichten immer intoleranter. Der ehemalige tschechische Präsident Klaus glaubt, dass die Umweltbewegung heute mehr von Ideologie als von Wissenschaft getrieben werde; es handle sich vielmehr um eine Quasi-Religion, die darauf abziele, die bestehende Gesellschaft zu zerstören. Diese neue Religion beschreibe ebenso wie der Kommunismus ein wunderbares Bild von Utopia – das bedeute, mit menschlicher Weisheit die natürliche Umgebung zu planen und die Welt zu retten. Diese „Erlösung“ basiert auf dem Kampf gegen die bestehende Zivilisation. Zum Beispiel sagte der Vorstandsvorsitzende des Beratungsgremiums der University for Peace (UPEACE) der Vereinten Nationen und Architekt des Kyoto-Protokolls:

„Ist es nicht die einzige Hoffnung für den Planeten, dass die industrialisierten Zivilisationen zusammenbrechen?“ [129]

Klaus fasste zusammen: „Wenn wir die Argumentation der Umweltschützer ernst nehmen, stellen wir fest, dass es sich bei ihnen um eine anti-humane Ideologie handelt.“ Er stimmte mit dem Biologen Ivan Brezina überein, wonach der Ökologismus keine rationale, wissenschaftliche Antwort auf die ökologische Krise ist, sondern auf eine umfassende Verneinung der Zivilisation hinausläuft. [130]

Ökologismus schürt den Hass zwischen den Menschen, indem es Menschen mit unterschiedlichen Ansichten angreift –, und zwar im Namen des Umweltschutzes. In diesem Hass und Extremismus steckt ein radikaler Anti-Humanismus. Der kanadische politische Kritiker Mark Steyn erklärt, dass den Umweltschützern zufolge gilt: „Wir sind die Umweltverschmutzung; Sterilisation ist die Lösung. Der beste Weg, unseren Kindern eine nachhaltigere Umwelt zu hinterlassen, ist, keine zu haben.“ Er nennt das Beispiel von Toni Vernelli, einer Britin, die eine Abtreibung vornehmen und sich sterilisieren ließ, weil sie glaubte, Kinder zu haben, sei schlecht für die Umwelt. [131]

Dieses Denken betrachtet den Menschen als Hauptverantwortlichen für die Zerstörung der Natur. Es räumt der natürlichen Umwelt oberste Priorität ein – weit über die heilige Position des Menschen hinaus. Dies gilt auch für die Kontrolle der menschlichen Fruchtbarkeit und entzieht dem Menschen sein Existenzrecht. Diese Sichtweise unterscheidet sich nicht vom Kommunismus und ist im Kern gegen den Menschen gerichtet. Diese neue Religion ersetzt den traditionellen Glauben, dass der Mensch Herr über die Erde ist. Diese Kombination aus Religiosität, Totalitarismus, der erzwungenen Einheit von Ideen und der antikapitalistischen Revolution kann den Schutz der Natur durch den Menschen nicht garantieren. Im Gegenteil, sie wird die bestehende Zivilisation, die bestehenden Freiheiten und die bestehende Ordnung zerstören, beispiellose Panik und Chaos erzeugen und die Menschheit auf einen falschen Weg führen. Dies ist das wahre Konzept der kommunistischen Einflüsse hinter dem Umweltschutz.

Fazit: Um der Umweltkrise zu entkommen, lasst uns die Gottheiten ehren und die Tradition wiederherstellen

Gott schuf die Menschheit und die schöne und gedeihende Erde. Dies ist eine Umgebung, in der Menschen leben und sich vermehren. Der Mensch hat das Recht, die Ressourcen der Natur zu nutzen, und gleichzeitig die Pflicht, die natürlichen Ressourcen zu pflegen und die Umwelt zu schonen. Seit Jahrtausenden beachtet der Mensch die Warnungen der Götter aus alter Zeit und lebt im Einklang mit der Natur.

Die Umweltprobleme, die in der heutigen Zeit entstanden sind, sind letztlich das Ergebnis der Verschlechterung des menschlichen Herzens. Dieser moralische Verfall wurde durch die Macht von Wissenschaft und Technologie noch verstärkt. Die verschmutzte natürliche Umwelt ist nur eine äußere Manifestation der inneren moralischen Verschmutzung der Menschheit. Um die Umwelt zu reinigen, muss man damit beginnen, das Herz zu reinigen.

Der Anstieg des ökologischen Bewusstseins resultiert aus dem menschlichen Instinkt der Selbsterhaltung. Das ist natürlich und verständlich, aber es ist auch zu einem Schwachpunkt geworden, der vom kommunistischen Gespenst ausgenutzt werden kann. Der Kommunismus macht mobil, um eine große Panik hervorzurufen, für ein verzerrtes Wertesystem einzutreten, den Menschen ihre Freiheit zu nehmen, zu versuchen, die Regierungsmacht auszudehnen und sogar eine Weltregierung durchzusetzen. Die Annahme des Angebots des Kommunismus in dieser alternativen Form – um die Umwelt zu retten –, bedeutet eine Versklavung der Menschheit und ermöglicht ihre Zerstörung.

Ein obligatorisches politisches Programm ist weder die Antwort auf die Umweltprobleme, mit denen wir konfrontiert sind, noch ist die Abhängigkeit von moderner Technologie ein Ausweg. Um die Krise zu lösen, müssen wir ein tieferes Verständnis des Universums und der Natur sowie der Beziehung zwischen Mensch und Natur erlangen und gleichzeitig einen rechtschaffenen moralischen Zustand bewahren. Die Menschheit muss ihre Traditionen wiederherstellen, die Moral verbessern und auf den von Gottheiten angelegten Weg zurückkehren. Auf diese Weise werden die Menschen ganz natürlich göttliche Weisheit und Segen erhalten. Eine wunderschöne Natur voller Leben wird wiederhergestellt. So werden Klarheit und Wohlstand von Himmel und Erde den Menschen für immer begleiten.

Quellen zu Kapitel 16

[1] Dong Zhongshu, Luxuriant Dew of the Spring and Autumn Annals, Images for the regulation of dress, 14.董仲舒:《春秋繁露•服制象》，第十四，https://ctext.org/chun-qiu-fan-lu/fu-zhi-xiang/zh. The line in question appears both as „天之生物也，以养人" and „天地之生萬物也以養人." [In Chinese]
[2] Confucius, The Universal Order or Conduct of Life, a Confucian Catechism, „Being a Translation of One of the Four Confucian Books, Hitherto Known as the Doctrine of the Mean" (The Shanghai Mercury, Limited, 1906), 68. https://bit.ly/2T74Dsb
[3] Lost Book of Zhou. Da Jujie.《逸周書•大聚解》, https://ctext.org/lost-book-of-zhou/da-ju/zh. [In Chinese]
[4] The Classic of Rights. Zhai Yi.《禮記•祭儀》，https://ctext.org/text.pl?node=61379&if=gb&show=parallel. [In Chinese]
[5] Rupert Darwall, „The Age of Global Warming: A History" (London: Quartet Books Limited, 2013), Chapter 1.
[6] Wes Vernon, „The Marxist Roots of the Global Warming Scare", Renew America, June 16, 2008, https://web.archive.org/web/20100724052619/http://www.renewamerica.com:80/columns/vernon/080616.
[7] Frederick Engels, „Notes and Fragments", Dialectics of Nature, 1883, accessed December 28, 2018, https://www.marxists.org/archive/marx/works/1883/don/ch07g.htm.
[8] Brian Sussman, „Eco-Tyranny: How the Left's Green Agenda Will Dismantle America" (Washington, D.C.: WND Books, 2012), 8–9.
[9] Ebd., 10.
[10] Ebd., 11.
[11] Ebd., 14–15.
[12] Ebd., 11.
[13] Grace Baumgarten, „Cannot Be Silenced" (WestBow Press, 2016), Available: http://j.mp/2HgHJoq
[14] Wes Vernon, „The Marxist Roots of the Global Warming Scare", Renew America, June 16, 2008, https://web.archive.org/web/20100724052619/http://www.renewamerica.com:80/columns/vernon/080616.

[15] Sussman, Eco-Tyranny, 35.

[16] Vernon, „The Marxist Roots"

[17] Lewis S. Feuer, „The Friendship of Edwin Ray Lankester and Karl Marx: The Last Episode in Marx's Intellectual Evolution", Journal of the History of Ideas 40 (4): 633–648.

[18] John Bellamy Foster, „Marx's Ecology in Historical Perspective", International Socialism Journal 96, Winter 2002, http://pubs.socialistreviewindex.org.uk/isj96/foster.htm.

[19] James O'Connor, „Capitalism, Nature, Socialism: A Theoretical Introduction", Capitalism, Nature, Socialism 1, no. 1 (1988): 11–38, http://www.vedegylet.hu/okopolitika/O%27Connor%20-%20Capitalism,%20Nature,%20Socialim.pdf.

[20] Joel Kovel and Michael Löwy, „The First Ecosocialist Manifesto", September 2001, http://green.left.sweb.cz/frame/Manifesto.html.

[21] Joel Kovel, „The Enemy of Nature: The End of Capitalism or the End of the World?" (London: Zed Books, 2002).

[22] Kevin Andrews, „The Ideological Drive Behind the Greens", ABC News, November 11, 2010, http://www.abc.net.au/news/2010-11-12/the_ideological_drive_behind_the_greens/41010.

[23] Mikhail Gorbachev, „We Have a Real Emergency", The New York Times, December 9, 2009, http://www.nytimes.com/2009/12/10/opinion/10iht-edgorbachev.html, and "What Role for the G-20?" The New York Times, April 27, 2009, http://www.nytimes.com/2009/04/28/opinion/28iht-edgorbachev.html.

[24] „Jack Mundey", Sydney's Aldermen, http://www.sydneyaldermen.com.au/alderman/jack-mundey/.

[25] Noel Moand, „A Spark That Ignited a Flame: The Evolution of the Earth Liberation Front", in Igniting a Revolution: Voices in Defense of the Earth, eds. Steven Best and Anthony J. Nocella, II (Oakland, Calif.: AK Press, 2006), 47.

[26] Leslie Spencer, Jan Bollwerk, and Richard C. Morais, „The Not So Peaceful World of Greenpeace", Forbes, November 1991, https://www.heartland.org/_template-assets/documents/publications/the_not_so_peaceful_world_of_greenpeace.pdf.

[27] Ted Thornhill, „Humans Are NOT to Blame for Global Warming, Says Greenpeace Co-founder, as He Insists There Is 'No Scientific Proof' Climate Change Is Manmade", Daily Mail, February 27, 2014, http://www.dailymail.co.uk/sciencetech/article-2569215/Humans-not-blame-global-warming-says-Greenpeace-founder-Patrick-Moore.html#ixzz2vgo2btWJ.
[28] Patrick Moore, „Why I Left Greenpeace", The Wall Street Journal, April 22, 2008, https://www.wsj.com/articles/SB120882720657033391.
[29] John Vidal, „Not Guilty: The Greenpeace Activists Who Used Climate Change as a Legal Defence", The Guardian, Sept 10, 2008, https://www.theguardian.com/environment/2008/sep/11/activists.kingsnorthclimatecamp.
[30] Richard Lindzen, „The Climate Science Isn't Settled", The Wall Street Journal, November 30, 2009, https://www.wsj.com/articles/SB100014240527487039394045745674239170254OO.
[31] Steven E. Koonin, „Climate Science Is Not Settled", The Wall Street Journal, September 19, 2014, https://www.wsj.com/articles/climate-science-is-not-settled-1411143565.
[32] Steven Koonin, „A 'Red Team' Exercise Would Strengthen Climate Science", The Wall Street Journal, April 20, 2017, https://www.wsj.com/articles/a-red-team-exercise-would-strengthen-climate-science-1492728579.
[33] „NASA Administrator Not Sure Global Warming a Problem", Space Daily, May 30, 2007, http://www.spacedaily.com/report/NASA_Administrator_Michael_Griffin_Not_Sure_Global_Warming_A_Problem_999.html.
[34] Alicia Chang, „NASA Chief Regrets Remarks on Global Warming", NBC News, June 5, 2007, http://www.nbcnews.com/id/19058588/ns/us_news-environment/t/nasa-chief-regrets-remarks-global-warming/.
[35] Rebecca Wright, Sandra Johnson, Steven J. Dick, eds., NASA at 50: Interviews with NASA's Senior Leadership (Washington, D.C.: National Aeronautics and Space Administration, 2009), 18.
[36] „Lennart Bengtsson Resigns: GWPF Voices Shock and Concern at the Extent of Intolerance Within the Climate Science Community", The Global Warming Policy Foundation, May 5, 2014, http://www.thegwpf.org/lennart-bengtsson-resigns-gwpf-voices-shock-and-concern-at-the-extent-of-intolerance-within-the-climate-science-community/.
[37] Judith Curry, „Climate Change: No Consensus on Consensus", CAB

Reviews Vol 8, No 001, 2013, 1–9.

[38] Judith A. Curry, „Statement to the Committee on Science, Space and Technology of the United States House of Representatives“, Hearing on Climate Science: Assumptions, Policy Implications and the Scientific Method, March 29, 2017, https://docs.house.gov/meetings/SY/SY00/20170329/105796/HHRG-115-SY00-Wstate-CurryJ-20170329.pdf.

[39] Ebd.

[40] Frederick Seitz, „Major Deception on Global Warming“, The Wall Street Journal, June 12, 1996, https://www.wsj.com/articles/SB834512411338954000.

[41] Ebd.

[42] Larry Bell, „The New York Times' Global Warming Hysteria Ignores 17 Years of Flat Global Temperatures“, Forbes, August 21, 2013, https://www.forbes.com/sites/larrybell/2013/08/21/the-new-york-times-global-warming-hysteria-ignores-17-years-of-flat-global-temperatures/.

[43] Christopher C. Horner, Red Hot Lies: How Global Warming Alarmists Use Threats, Fraud, and Deception to Keep You Misinformed (New York: Simon and Schuster, 2008), 319; quote attributed to Brendan O'Neill, „Apocalypse My Arse“, Spiked Online, March 9, 2007, https://www.spiked-online.com/2007/03/09/apocalypse-my-arse/, accessed January 19, 2019.

[44] Paul Reiter, „Malaria in the Debate on Climate Change and Mosquito-Borne Disease“, Hearing Before the Subcommittee on Global Climate Change and Impacts of the Committee on Commerce, Science, and Transportation, United States Senate, April 25, 2006, https://www.commerce.senate.gov/pdf/reiter-042606.pdf.

[45] Ebd.

[46] Ebd.

[47] Zoë Corbyn, „Global Warming Wilts Malaria“, Nature, December 21, 2011, https://www.nature.com/news/global-warming-wilts-malaria-1.9695.

[48] James Tylor, „Climate Scientist Quits IPCC, Blasts Politicized 'Preconceived Agendas'“, The Heartland Institute, April 1, 2005, https://www.heartland.org/news-opinion/news/climate-scientist-quits-ipcc-blasts-politicized-preconceived-agendas?source=policybot.

[49] Horner, Red Hot Lies, 108; David Deming, „Statement to the U.S. Senate Committee on Environment and Public Works“, Full Committee Hearing on Climate Change and the Media, December 6, 2006, https://www.youtube.com/watch?v=u1rjooBoltw.

[50] Horner, Red Hot Lies, 329.

[51] Jonathan Leake, „Wildlife Groups Axe Bellamy as Global Warming 'Heretic'“, Times Online, May 15, 2005, https://web.archive.org/web/20080906161240/http://www.timesonline.co.uk/tol/news/uk/article522744.ece.

[52] Christopher C. Horner, Red Hot Lies, 110–111.

[53] Ebd.

[54] Patrick J. Michaels and Robert C. Balling Jr., Climate of Extremes: Global Warming Science They Don't Want You to Know (Washington, D.C.: Cato Institute, 2009), x–xiii.

[55] Christopher C. Horner, Red Hot Lies, 73.

[56] „Climate Skeptics Reveal 'Horror Stories' of Scientific Suppression“, U.S. Senate Committee on Environment and Public Works Press Releases, March 6, 2008, https://www.epw.senate.gov/public/index.cfm/press-releases-all?ID=865dbe39-802a-23ad-4949-ee9098538277

[57] Judith A. Curry, „Statement to the Subcommittee on Space, Science and Competitiveness of the United States Senate“, Hearing on „Data or Dogma? Promoting Open Inquiry in the Debate over the Magnitude of Human Impact on Climate Change“, December 8, 2015, https://curryja.files.wordpress.com/2015/12/curry-senate-testimony-2015.pdf.

[58] Ebd.

[59] Ebd.

[60] Scott Waldman, „Judith Curry Retires, Citing 'Craziness' of Climate Science“, E&E News, January 4, 2017, https://www.eenews.net/stories/1060047798.

[61] Rich Lowry, „A Shameful Climate Witch Hunt“, National Review Online, February 27, 2015, https://www.nationalreview.com/2015/02/shameful-climate-witch-hunt-rich-lowry/.

[62] Waldman, „Judith Curry Retires“

[63] „U. S. Senate Minority Report: More Than 650 International Scientists

Dissent Over Man-Made Global Warming Claims. Scientists Continue to Debunk 'Consensus' in 2008", U.S. Senate Environment and Public Works Committee Minority Staff Report (Inhofe), Dec 11, 2008, https://www.epw.senate.gov/public/_cache/files/8/3/83947f5d-d84a-4a84-ad5d-6e2d71db52d9/01AFD79733D77F24A71FEF9DAFCCB056.senateminorityreport2.pdf.

[64] Zhu Kezhen, Preliminary Research on Climate Change Throughout Five Thousand Years of Chinese History (Kaoguxuebao, First Issue, 1972), 168–189. [In Chinese].

[65] Martin Durkin, The Great Global Warming Swindle (documentary film, 2007), Channel 4 (U.K.), March 8, 2007.

[66] Takuro Kobashi, et. al., „4 ± 1.5° C Abrupt Warming 11,270 Years Ago Identified From Trapped Air in Greenland Ice", Earth and Planetary Science Letters 268 (2008): 397–407.

[67] Freeman Dyson, „Misunderstandings, Questionable Beliefs Mar Paris Climate Talks", The Boston Globe, December 3, 2015, https://www.bostonglobe.com/opinion/2015/12/03/freeman-dyson-misunderstandings-questionable-beliefs-mar-paris-climate-talks/vG30BrbmcZlv2m22DTNjMP/story.html.

[68] Scott Waldman, „Judith Curry Retires, Citing 'Craziness' of Climate Science", E&E News, January 4, 2017, https://www.eenews.net/stories/1060047798.

[69] J. A. Curry and P. J. Webster, „Climate Science and the Uncertainty Monster", Bulletin of American Meteorology Society 92, no. 12:1667–1682, https://www.ipcc.ch/report/sixth-assessment-report-working-group-i/&sa=D&ust=1548963679247000&usg=AFQjCNFxE-YxHXT-38XQNgcrWpv6Tj2b_fg.

[70] IPCC, „Working Group I: The Physical Science Basis", IPCC Fourth Assessment Report: Climate Change 2007, https://www.ipcc.ch/publications_and_data/ar4/wg1/en/ch8s8-2-1-3.html.

[71] Ebd.

[72] Mark W. Shephard et al., „Comparison of Tropospheric Emission Spectrometer Nadir Water Vapor Retrievals with in situ measurements", Journal of Geophysical Research 113, no D15S24,

doi:10.1029/2007JD008822.
[73] „Climate Change“, APS Physics, American Physical Society Web Page, https://www.aps.org/policy/reports/popa-reports/energy/climate.cfm.
[74] „Solar Constant“, Encyclopedia Britannica Web page, https://www.britannica.com/science/solar-constant.
[75] Willie Soon, et al., „Modeling Climatic Effects of Anthropogenic Carbon Dioxide Emissions: Unknowns and Uncertainties“, Climate Research 18 (2001): 259–275.
[76] Michael Lemonick, „Freeman Dyson Takes on the Climate Establishment“, Yale Environment 360, June 4, 2009, https://e360.yale.edu/features/freeman_dyson_takes_on_the_climate_establishment.
[77] Nir J. Shaviv, „Celestial Driver of Phanerozoic Climate?“ Geological Society of America Today 13, no. 7: 4–10, July 2003, https://www.geosociety.org/gsatoday/archive/13/7/pdf/i1052-5173-13-7-4.pdf.
[78] J. Emile-Geay et al., „Links between Tropical Pacific Seasonal, Interannual and Orbital Variability during the Holocene“, Nature Geoscience 9 (2) (2016): 168–173.
[79] Zhengyu Liu et al., „The Holocene Temperature Conundrum“, PNAS 111, no. 34 (August 26, 2014).
[80] Hans von Storch, „Why Is Global Warming Stagnating?", Der Spiegel, June 20, 2013, http://www.spiegel.de/international/world/interview-hans-von-storch-on-problems-with-climate-change-models-a-906721.html.
[81] Richard S. Lindzen et. al., „Does the Earth Have an Adaptive Infrared Iris?", Bulletin of the American Meteorological Society 82 (2001): 417–432, https://doi.org/10.1175/1520-0477(2001)082%3C0417:DTEHAA%3E2.3.CO;2.
[82] Roy Spencer and William D. Braswell, „Potential Biases in Feedback Diagnosis from Observational Data: A Simple Model Demonstration“, Journal of Climate, 21 (21): 5624–5628, November 1, 2008.
[83] John R. Christy, Written Report to Senate Commerce, Science and Transportation Committee, November 14, 2007, https://www.nsstc.uah.edu/users/john.christy/christy/ChristyJR_CST_071114_written.pdf.
[84] David Russell Legates, „Statement to the Environment and Public Works Committee

of the United States Senate", U.S. Senate, July 3, 2014, https://www.epw.senate.gov/public/_cache/files/a/a/aa8f25be-f093-47b1-bb26-1eb4c4a-23de2/01AFD79733D77F24A71FEF9DAFCCB056.6314witnesstestimonylegates.pdf.

[85] William Happer, „Data or Dogma? Promoting Open Inquiry in the Debate Over the Magnitude of Human Impact on Earth's Climate", Hearing of the U.S. Senate Subcommittee on Space, Science and Competitiveness (U.S. Senate Committee on Commerce, Science and Transportation), December 8, 2015, https://www.commerce.senate.gov/public/_cache/files/c8c53b68-253b-4234-a7cb-e4355a6edfa2/FA9830F15064FED0A5B-28BA737D9985D.dr.-william-happer-testimony.pdf.

[86] Sir John Houghton, „Moral Outlook: Earthquake, Wind and Fire", Sunday Telegraph, October 9, 1995.

[87] Jason Samenow, „Scientists: Don't Make 'Extreme Cold' Centerpiece of Global Warming Argument", The Washington Post, February 20, 2014, https://www.washingtonpost.com/news/capital-weather-gang/wp/2014/02/20/scientists-dont-make-extreme-cold-centerpiece-of-global-warming-discussions/?noredirect=on&utm_term=.3600e477f052.

[88] John Michael Wallace, „The Misplaced Emphasis on Extreme Weather in Environmental Threat Communication", The Washington Post, March 14, 2014, https://www.washingtonpost.com/news/capital-weather-gang/wp/2014/03/14/the-misplaced-emphasis-on-extreme-weather-in-environmental-threat-communication/?utm_term=.bf84802d4613.

[89] Steven E. Koonin, „A Deceptive New Report on Climate", The Wall Street Journal, November 2, 2017, https://www.wsj.com/articles/a-deceptive-new-report-on-climate-1509660882.

[90] Ebd.

[91] „Climate Change Indicators: High and Low Temperatures", United States Environmental Protection Agency, https://www.epa.gov/climate-indicators/climate-change-indicators-high-and-low-temperatures.

[92] Judith A. Curry, „Statement to the Subcommittee on Space, Science and Competitiveness of the United States Senate", Hearing on „Data or Dogma? Promoting Open Inquiry in the Debate Over the Magnitude of Human Impact on Climate Change", December 8, 2015, https://curryja.

files.wordpress.com/2015/12/curry-senate-testimony-2015.pdf.
[93] Mike Hulme, „Chaotic World of Climate Truth", BBC, November 4, 2006, http://news.bbc.co.uk/2/hi/science/nature/6115644.stm.
[94] Roy W. Spencer, „Climate Confusion: How Global Warming Leads to Bad Science, Pandering Politicians and Misguided Policies that Hurt the Poor (New York: Encounter Books, 2008), Chapter 5.
[95] Christopher C. Horner, „Red Hot Lies: How Global Warming Alarmists Use Threats, Fraud, and Deception to Keep You Misinformed" (Washington. D.C.: Regnery Publishing, 2008), 214.
[96] Horner, Red Hot Lies, 215.
[97] Horner, Red Hot Lies, 211.
[98] Horner, Red Hot Lies, 212–213.
[99] Horner, Red Hot Lies, 227.
[100] David Shearman and Joseph Wayne Smith, „The Climate Change Challenge and the Failure of Democracy" (Westport, Conn.: Praeger, 2007).
[101] Horner, Red Hot Lies, 219–220.
[102] Paul Ehrlich, as quoted in Václav Klaus, „Blue Planet in Green Shackles: What Is Endangered: Climate or Freedom?" (Washington, D.C.: Competitive Enterprise Institute, 2008), 14.
[103] John Bachtell, „China Builds an 'Ecological Civilization' While the World Burns", People's World, August 21, 2018, https://www.peoplesworld.org/article/china-builds-an-ecological-civilization-while-the-world-burns/.
[104] Klaus, Blue Planet in Green Shackles, 4.
[105] Klaus, Blue Planet in Green Shackles, 7–8.
[106] Klaus, Blue Planet in Green Shackles, 100.
[107] John Fund, „Rollback Obama's CAFE Power Grab, Give Car Consumers Freedom", National Review, May 23, 2018, https://www.nationalreview.com/corner/fuel-standards-cafe-epa-rolls-back/.
[108] Ariana Eunjung Cha, „Solar Energy Firms Leave Waste Behind in China", The Washington Post, March 9, 2008, http://www.washingtonpost.com/wp-dyn/content/article/2008/03/08/AR2008030802595.html?referrer=emailarticle&noredirect=on.
[109] The Paris Agreement on Climate Change, Natural Resources Defense Council (NRDC), December 2015, IB: 15-11-Y, https://www.nrdc.org/

sites/default/files/paris-climate-agreement-IB.pdf.

[110] Donald J. Trump, „Statement by President Trump on the Paris Climate Accord“, The White House, June 1, 2017, https://www.whitehouse.gov/briefings-statements/statement-president-trump-paris-climate-accord/.

[111] Horner, Red Hot Lies, 117.

[112] Roy W. Spencer, „The Great Global Warming Blunder: How Mother Nature Fooled the World's Top Climate Scientists“ (New York: Encounter Books, 2010), 31.

[113] Brendan O'Neill, „A Climate of Censorship“, The Guardian, November 22, 2006, https://www.theguardian.com/commentisfree/2006/nov/22/aclimateofcensorship.

[114] O'Neill, „A Climate of Censorship“

[115] Ebd.

[116] O'Neill, „A Climate of Censorship“

[117] Ebd.

[118] Horner, Red Hot Lies, 107.

[119] Hans von Spakovsky and Nicolas Loris, „The Climate Change Inquisition: An Abuse of Power that Offends the First Amendment and Threatens Informed Debate“, The Heritage Foundation, October 24, 2016, https://www.heritage.org/report/the-climate-change-inquisition-abuse-power-offends-the-first-amendment-and-threatens.

[120] Ebd.

[121] Saul Alinsky, „Tactics“, Rules for Radicals: A Practical Primer for Realistic Radicals (New York: Vintage Books, 1971).

[122] „Climate Movement Drops Mask, Admits Communist Agenda“, PJ Media, September 23, 2014, https://pjmedia.com/zombie/2014/9/23/climate-movement-drops-mask-admits-communist-agenda/.

[123] „People's Climate March: Thousands Rally to Denounce Trump's Environmental Agenda“, The Guardian, April 29, 2017, https://www.theguardian.com/us-news/2017/apr/30/peoples-climate-march-thousands-rally-to-denounce-trumps-environmental-agenda.

[124] Michael Crichton, „Crichton: Environmentalism Is a Religion“, Hawaii Free Press, April 22, 2018, http://www.hawaiifreepress.com/ArticlesMain/tabid/56/ID/2818/Crichton-Environmentalism-is-a-religion.aspx.

[125] Ebd.

[126] Robert H. Nelson, „New Religion of Environmentalism“, Independent Institute, April 22, 2010, http://www.independent.org/news/article.asp?id=5081.

[127] Joel Garreau, „Environmentalism as Religion“, The New Atlantis, Summer 2010, https://www.thenewatlantis.com/docLib/20100914_TNA-28Garreau.pdf.

[128] Damian Carrington, „IPCC Chair Rajendra Pachauri Resigns“, The Guardian, February 24, 2015, https://www.theguardian.com/environment/2015/feb/24/ipcc-chair-rajendra-pachauri-resigns.

[129] Michael Whitcraft, „A Lot of Hot Air: A Review of Václav Klaus’ Recent Book: Blue Planet in Green Shackles“, Free Republic, June 13, 2008, http://www.freerepublic.com/focus/f-news/2030948/posts.

[130] Ebd.

[131] Horner, Red Hot Lies, 228.

Kapitel 17

Globalisierung – ein Kernstück des Kommunismus

Einleitung

Ab der Renaissance trat die Menschheitsgeschichte in eine Zeit dramatischer Veränderungen ein. Die Industrielle Revolution, die zum Ende des achtzehnten Jahrhunderts begann, steigerte die Produktivität erheblich. Die nationalen Machtverhältnisse in jedem Land durchliefen enorme Veränderungen und die Struktur der globalen Ordnung veränderte sich radikal. Gleichzeitig erfuhren auch die sozialen Strukturen, das Denken und die religiösen Traditionen dramatische Veränderungen. Die orthodoxen Glaubensrichtungen wurden schwächer, die menschliche Moral begann sich zu verschlechtern, die Gesellschaften gerieten in Unordnung. Das menschliche Verhalten verlor zunehmend die universellen Standards für die Beurteilung von Gut und Böse. Diese historischen Bedingungen waren die Geburtsstunde des Kommunismus.

Nach der bolschewistischen Revolution in Russland 1917 versuchte die Kommunistische Internationale, bekannt als die Dritte Internationale, die kommunistische Revolution in alle Welt zu exportieren. Die Kommunistische Partei der Vereinigten Staaten wurde 1919 gegründet. Die Kommunistische Partei Chinas (KP Chinas) wurde 1921 gegründet. In den späten 1920er und frühen 1930er Jahren beflügelte eine weltweite Wirtschaftskrise die kommunistischen Ideologen weiter. Die politischen und wirtschaftlichen Konzepte der Welt erfuhren einen Linksruck. Die Sowjetunion fasste Fuß und die KP Chinas nutzte die Gelegenheit zu ihrer Entfaltung.

1949, mehr als ein Jahrzehnt später, usurpierte die Kommunistische Partei Chinas das Land China. Der gewalttätige Kommunismus stieg auch dort auf. Die Sowjetunion und die KP Chinas hatten zusammen Dutzende von Ländern und ein Drittel der Weltbevölkerung erobert und bildeten einen Konfrontationsblock gegen die westliche Welt. Der darauffolgende Kalte Krieg dauerte ein halbes Jahrhundert.

Während der gewalttätige Kommunismus die gesamte Menschheit bedrohte, ignorierten die meisten Menschen in der westlichen freien Welt die gewaltfreien kommunistischen Faktoren, die sich in ihren eigenen Gesellschaften unauffällig entwickelten. Neben der Unterwanderung durch die Sowjetunion durchdrangen alle möglichen parakommunistischen Ideologien und Bewegungen innerhalb des Westens die Regierung, die Geschäftswelt sowie Bildungs- und Kulturkreise. Dazu gehören unter anderem die „vollwertigen" Kommunisten, die Fabian Society und die Sozialdemokraten. Die Fabian Society ist eine britische Denkfabrik, die 1884 gegründet wurde. Die Labour-Party geht auf sie zurück. Ihr Motto ist die konstante Beeinflussung der Gesellschaft, wie sie in Deutschland als „langer Marsch durch die Institutionen" ihren Ausdruck fand.

Die Gegenkulturbewegung im Westen in den 1960er Jahren sowie die Kulturrevolution Chinas wurden durch kommunistische Elemente hervorgerufen. Nach den 1970er Jahren starteten rebellische Jugendliche im Westen den „langen Marsch durch die Institutionen", einen Versuch, die traditionelle Kultur von innen heraus zu untergraben und die soziale und kulturelle Führung zu übernehmen. In etwas mehr als einem Jahrzehnt erzielten sie dabei gewaltige Erfolge.

Nach dem Fall der Berliner Mauer und dem Zerfall der Sowjetunion jubelten einige Menschen über das Ende dieser Phase der Geschichte und das vermeintliche Ende der kommunistischen Ideologie, während andere sich Sorgen wegen eines möglichen Zusammenpralls der Zivilisationen machten. Aber nur wenige erkannten, dass der Kommunismus bei seinem Versuch, die Welt zu kontrollieren, neue Formen und Gestalten annahm. Das neue Motto lautet Globalisierung.

Mit der Industriellen Revolution und der Entwicklung von Wissenschaft und Technologie sind die Wanderungsbewegungen und Veränderungen in Wirtschaft, Politik, Wissenschaft und Technologie sowie Kultur viel häufiger geworden. Heute haben moderne Telekommunikations-, Transport-, Computer- und digitale Netzwerke die seit Jahrtausenden bestehenden geografischen Schranken und Grenzen aufgehoben. Die Welt scheint klein geworden zu sein, und die Wechselwirkungen und der Austausch zwischen den Ländern sind beispiellos. Die Welt ist mehr und mehr zu einer Einheit geworden. Diese Stärkung der globalen Zusammenarbeit ist ein natürliches Ergebnis der technologischen Entwicklung, der Ausweitung der Produktion und der Migration. Diese Art der Globalisierung ist das Ergebnis eines natürlichen historischen Prozesses.

Es gibt jedoch eine andere Art der Globalisierung, die das Ergebnis kommunistischer Ideologien ist, die den natürlichen historischen Prozess der Globalisierung ausnutzen, um die Menschheit zu untergraben. Diese zweite Form der Globalisierung ist Gegenstand dieses Kapitels.

Die Essenz der durch den Kommunismus kontrollierten Globalisierung besteht im Wesentlichen in der schnellen und weitreichenden Verbreitung der schlimmsten Aspekte sowohl kommunistischer als auch nicht-kommunistischer Regime. Zu den Mitteln der Verbreitung gehören große politische, wirtschaftliche, finanzielle und kulturelle Operationen, die die Grenzen zwischen Nationen und Menschen auflösen. Das Ziel ist, den Glauben, die Moral und die traditionellen Kulturen zu zerstören, von denen das Überleben der Menschheit und deren Erlösung abhängen. Alle diese Maßnahmen zielen darauf ab, die Menschheit zu zerstören.

Dieses Buch zeigt, dass der Kommunismus nicht nur eine Theorie, sondern auch ein böses Gespenst ist, das lebendig ist. Sein oberstes Ziel ist, die Menschheit zu zerstören. Das Gespenst hält sich nicht an eine bestimmte politische Ideologie. Wenn die Bedingungen es zulassen, ist es bereit, politische und wirtschaftliche Theorien zu benutzen, die im Widerspruch zur kommunistischen Standardideologie stehen. Seit den 1990er Jahren behaupten die Globalisierer, es gehe ihnen um die Förderung von Demokratie, Marktwirtschaft und Freihandel. Sie werden daher sogar von einer Reihe linker Gruppen angegriffen. Diese linken Gruppen erkennen jedoch nicht, dass das kommunistische Gespenst auf einer höheren Ebene operiert. Wirtschaftliche Globalisierung, politische Global Governance, Agenda 21 und verschiedene ökologische und internationale Konventionen sind zu Instrumenten der Kontrolle und Zerstörung der Menschheit geworden.

Die Globalisierung, auch bekannt als „Globalismus“, hat im Zuge der Manipulation durch das kommunistische Gespenst in mehreren Bereichen erstaunliche Fortschritte gemacht, indem sie auf verschiedenen Wegen durch die Welt unterschiedliche Methoden verfolgte. In diesem Kapitel werden die wirtschaftlichen, politischen und kulturellen Aspekte dieser Form des Globalismus diskutiert.

Diese drei Aspekte der Globalisierung sind zu einer weltlichen Ideologie des Globalismus verschmolzen. Diese Ideologie hat zu verschiedenen Zeiten unterschiedliche Erscheinungsformen und verwendet manchmal widersprüchliche Inhalte. Aber in der Praxis weist sie Eigenschaften auf, die dem Kommunismus sehr ähnlich sind. Basierend auf Atheismus und Materialismus verspricht der Globalismus eine utopische Welt, ein Himmelreich auf Erden, das reich, egalitär und frei von Ausbeutung, Unterdrückung und Diskriminierung ist – eine Ordnung, die von einer wohlwollenden Weltregierung überwacht wird.

Diese Ideologie wird zwangsläufig die traditionellen Kulturen all jener ethnischen Gruppen ausgrenzen, die auf dem Glauben an Götter basieren und Tugend lehren. In den vergangenen Jahren ist immer deutlicher geworden, dass diese Ideologie auf der „politischen Korrektheit", der „sozialen Gerechtigkeit", der „Wertneutralität" und dem „absoluten Egalitarismus" der Linken basiert. Das ist die Globalisierung ihrer Ideologie.

Jedes Land hat seine eigene Kultur, aber traditionell basierte diese auf universellen Werten. Die nationale Souveränität und die kulturellen Traditionen jeder ethnischen Gruppe spielen eine wichtige Rolle für das nationale Erbe und die Selbstbestimmung und bieten allen ethnischen Gruppen Schutz vor der Infiltration durch starke externe Kräfte, darunter auch dem Kommunismus.

Sobald eine globale Superregierung gebildet ist, wird der Kommunismus sein Ziel, Privateigentum, Nationen, Rassen und die traditionelle Kultur jeder Nation zu beseitigen, leicht erreichen. Globalisierung und Globalismus spielen in dieser Hinsicht eine destruktive Rolle, indem auch sie menschliche Traditionen und Verhaltensregeln untergraben und linke Ideologien und den Kommunismus verbreiten. Die Aufdeckung der kommunistischen Wurzeln der Globalisierung und der Ähnlichkeiten zwischen Globalismus und Kommunismus ist ein heikles, aber äußerst wichtiges und dringendes Thema.

1. Globalisierung und Kommunismus

Marx benutzte in seinen Schriften nicht das Konzept der Globalisierung, sondern der „Weltgeschichte", der sehr begrenzte

Bedeutungen hat. Im Kommunistischen Manifest behauptete Marx, dass die globale Expansion des Kapitalismus unweigerlich ein riesiges Proletariat hervorbringen würde. Dann würde eine proletarische Revolution die ganze Welt erobern, den Kapitalismus stürzen und das „Paradies" des Kommunismus errichten. [1] Marx schrieb: „Das Proletariat kann also nur weltgeschichtlich existieren, so wie der Kommunismus, seine Aktivität, nur eine ‚weltgeschichtliche' Existenz haben kann." [2] Das heißt, die Verwirklichung des Kommunismus hängt davon ab, dass das Proletariat weltweit gemeinsame Aktionen durchführt – die kommunistische Revolution muss eine globale Bewegung sein.

Obwohl Lenin später die Doktrin von Marx modifizierte und vorschlug, dass die Revolution an der schwach entwickelten Stelle des Kapitalismus (Russland) eingeleitet werden könnte, gaben die Kommunisten nie das Ziel der Weltrevolution auf. 1919 konnten die sowjetischen Kommunisten es kaum erwarten, die Kommunistische Internationale in Moskau zu gründen, mit Niederlassungen in mehr als sechzig Ländern. Lenin sagte, das Ziel der Kommunistischen Internationale sei die Gründung der Weltsowjetrepublik. [3]

Der amerikanische Denker G. Edward Griffin fasste die fünf Ziele der von Stalin vorgeschlagenen kommunistischen globalen Revolution im Buch „Marxismus und Ethnien" in fünf Punkten zusammen:

1. Verwirre, desorganisiere und zerstöre die Kräfte des Kapitalismus auf der ganzen Welt.
2. Binde alle Nationen zu einem einzigen Weltwirtschaftssystem zusammen.
3. Zwinge die entwickelten Länder, verlängerte Finanzhilfen für die unterentwickelten Länder bereitzustellen.
4. Unterteilung der Welt in regionale Gruppen als Über-

gangsphase zur totalen Weltregierung. Die Bevölkerung wird ihre nationale Loyalität eher einer vagen regionalen Loyalität unterwerfen als einer Weltbehörde.

5. Später sollen die Regionalsysteme [wie die heutige NATO, SEATO und die Organisation Amerikanischer Staaten] zu einer einzigen Weltdiktatur des Proletariats zusammengefasst werden. [4]

William Z. Foster, der ehemalige nationale Vorsitzende der Amerikanischen Kommunistischen Partei, schrieb:

„Eine kommunistische Welt wird eine vereinte, organisierte Welt sein. Das Wirtschaftssystem wird eine große Organisation sein, die auf dem Prinzip der Planung basiert, die jetzt in der UdSSR beginnt. Die amerikanische Sowjetregierung wird ein wichtiger Teil dieser Weltregierung sein." [5]

Von Marx, Lenin, Stalin und Foster bis hin zur von der Kommunistischen Partei Chinas vorgeschlagenen „Schicksalsgemeinschaft der Menschen" können wir deutlich sehen, dass der Kommunismus nicht damit zufrieden ist, in einigen Ländern die Macht zu haben. Die Ideologie des Kommunismus beinhaltet von Anfang bis Ende den Ehrgeiz, die ganze Menschheit zu unterwerfen.

Die von Marx vorhergesagte proletarische Weltrevolution fand nicht statt. Was er für einen verzweifelten und sterbenden Kapitalismus hielt, triumphierte stattdessen, blühte auf und war erfolgreich. Mit dem Zusammenbruch des kommunistischen Lagers der Sowjetunion und Osteuropas, das nur noch die Kommunistische Partei Chinas und einige andere Regime übrigließ, schien der Kommunismus seinem Untergang entgegenzutreten. Dies war vordergründig ein Sieg der freien Welt.

Aber während der Westen glaubte, dass der Kommunismus auf dem Schutthaufen der Geschichte landen würde, blühte die Tendenz des Sozialismus (die primäre Phase des

Kommunismus). Der kommunistische Geist ist nicht tot. Er versteckt sich hinter verschiedenen Lehren und Bewegungen, während er korrodiert, infiltriert und die kommunistische Ideologie in jeden Winkel der freien Welt trägt.

Ist das ein Zufall? Natürlich nicht. Die Globalisierung scheint ein Prozess der natürlichen Entwicklung zu sein, doch die Rolle des Kommunismus wird in seiner Weiterentwicklung immer deutlicher. Der Kommunismus ist zu einer der Leitideologien der Globalisierung geworden.

Nach dem Zweiten Weltkrieg wuchsen die linken Kräfte in den europäischen Ländern weiter. Die Sozialistische Internationale, die sich für den demokratischen Sozialismus einsetzte, umfasste politische Parteien aus mehr als hundert Ländern. Diese Parteien waren in verschiedenen Ländern an der Macht und in großen Teilen Europas präsent. In diesem Zusammenhang belasteten das Ausmaß an staatlicher Wohlfahrt, hohe Steuern und Verstaatlichung ganz Europa.

Die Globalisierung hat die US-Industrie ausgehöhlt, die Mittelschicht geschrumpft, stagnierende Einkommen verursacht, die Einkommensschere zwischen Arm und Reich weit gespreizt und Spaltungen in der Gesellschaft verursacht. Diese Erscheinungen haben das Wachstum der Linken und des Sozialismus in den Vereinigten Staaten stark gefördert und das globale politische Spektrum in den vergangenen zehn Jahren stark verändert. Linke Kräfte auf der ganzen Welt behaupten, dass die Globalisierung zu Einkommensungleichheit und Polarisierung zwischen Arm und Reich geführt hat. Neben diesen Argumenten ist auch ein Antiglobalisierungsgefühl rapide gewachsen und hat sich zu einer neuen Kraft entwickelt, die sich dem Kapitalismus widersetzt und den Sozialismus fordert.

Nach dem Kalten Krieg infiltrierten kommunistische Ideen die wirtschaftliche Globalisierung mit dem Ziel, dass es keine rein nationalen Volkswirtschaften mehr geben würde und die

Eigenständigkeit der nationalen Wirtschaftsgrundlagen jedes Landes untergraben würde. Das Ziel war, die menschliche Gier umfassend zu wecken, während die westlichen Finanzmächte den Reichtum, den die Gesellschaft über mehrere hundert Jahre angesammelt hatte, verlagerten, um so die Kommunistische Partei Chinas in kürzester Zeit zu bereichern. Die Kommunistische Partei Chinas nutzte dann den Reichtum, den sie in kürzester Zeit angesammelt hatte, um andere Länder moralisch zu fesseln und nach unten zu ziehen.

Als Oberhaupt der kommunistischen Kräfte in der heutigen Welt stärkt die KP Chinas ständig ihr Wirtschaftswachstum und gibt den linken und kommunistischen Parteien auf der ganzen Welt eine gewisse Kraft. Die KP Chinas hat ihre totalitäre Herrschaft genutzt, um die Regeln des Welthandels zu untergraben und den Reichtum, den sie durch den globalen Kapitalismus erlangt hat, zur Stärkung des Sozialismus genutzt. Die wirtschaftliche Stärke der KP Chinas hat auch ihre politischen und militärischen Ambitionen vorangetrieben, da sie versucht, das kommunistische Modell in die ganze Welt zu exportieren.

Aus globaler Sicht haben sowohl die Antiglobalisierungs-Linken als auch die KP Chinas, die von der Globalisierung profitiert hat, durch die Globalisierung an Bedeutung gewonnen. Tatsächlich ist der Status quo der heutigen Welt dem von Stalin in der Vergangenheit formulierten Ziel sehr nahe.

2. Wirtschaftliche Globalisierung

Die wirtschaftliche Globalisierung bezieht sich auf die globalen Kapitalverflechtungen sowie die Internationalisierung von Produktion und Handel, die in den 1940er und 1950er Jahren begann, in den 1970er und 1980er Jahren reifte und in den 1990er Jahren als globale Norm etabliert wurde. Internationale Agenturen und Unternehmen waren die treibenden Kräfte, die die Lockerung der Regulierung und Kontrolle forderten, um damit den freien Kapitalfluss zu ermöglichen. Oberflächlich gesehen wurde die wirtschaftliche Globalisierung von den westlichen Ländern gefördert, um den Kapitalismus in der ganzen Welt zu verbreiten.

Unglücklicherweise ist die Globalisierung jedoch zu einem Vehikel für die Verbreitung des Kommunismus geworden. Insbesondere hat die Globalisierung dazu geführt, dass westliche Länder das chinesische Regime finanziell unterstützen, was zu einer gegenseitigen Abhängigkeit zwischen der kapitalistischen Marktwirtschaft und der sozialistischen totalitären Wirtschaft der KP Chinas führt. Im Austausch für wirtschaftliche Vorteile opfert der Westen sein Gewissen und seine universellen Werte, während das kommunistische Regime seine Kontrolle durch wirtschaftlichen Zwang ausbaut, und zwar so, dass der Kommunismus eine globale Dominanz erlangt.

a) Die Globalisierung hat eine Wirtschaft im kommunistischen Stil hervorgebracht

Die Globalisierung hat die Weltwirtschaft in eine einzige große wirtschaftliche Einheit verwandelt. In diesem Prozess wurden große internationale Organisationen, Verträge und Regelungen geschaffen. Auf den ersten Blick scheint es sich um die Expansion des Kapitalismus und des freien Marktes zu handeln. Aber in der Tat hat sich ein einheitliches Wirtschaftskontrollsystem herausgebildet, das in der Lage ist, Aufträge zu kontrollieren, die das Schicksal von Unternehmen in vielen Ländern bestimmen. Dies entspricht eher der Bildung eines zentralisierten totalitären Wirtschaftssystems – was dem Ziel Stalins nahekommt, alle Länder zu einem einzigen Wirtschaftssystem zusammenzuführen. Nach der Etablierung dieser internationalen Finanzordnung sollte sich auch das Phänomen der langfristigen Wirtschaftshilfe von entwickelten Ländern an Entwicklungsländer zeigen. Das ist genau das dritte Ziel von Stalin.

Im Bereich der Finanzhilfe führen internationale Finanzorganisationen normalerweise Makrointerventionen in der Wirtschaft des Landes durch, das die Hilfe erhält. Die dazu verwendete Methode ist diktatorisch. Sie ist nicht nur zwingend, sondern ignoriert auch die sozialen, kulturellen und historischen Bedingungen des Empfängerlandes. Das Ergebnis ist weniger Freiheit und mehr zentrale Kontrolle. Der amerikanische Wissenschaftler James Bovard schrieb, dass die Weltbank „die Verstaatlichung der Volkswirtschaften der Dritten Welt stark gefördert und die politische und bürokratische Kontrolle über das Leben der Ärmsten der Armen verstärkt hat". [6]

Auf der anderen Seite hat die wirtschaftliche Globalisierung eine homogene Weltwirtschaft geschaffen, die zu größeren Ähnlichkeiten bei den Verbrauchertrends und einheitlichen Produktions- und Konsummechanismen geführt hat. Kleine Unternehmen, insbesondere traditionelle Kunsthandwerksbetriebe, haben weniger Raum zum Überleben. Viele kleine Unternehmen und solche, die mit lokalen ethnischen Gruppen verbunden sind, wurden durch die Welle der Globalisierung einfach ausgelöscht. Immer mehr Menschen haben die Umgebungsbedingungen und die Möglichkeit verloren, innerhalb ihrer eigenen Landesgrenzen ungehindert Handel treiben zu können.

Entwicklungsländer werden Teil einer globalen Produktionskette, die die wirtschaftliche Souveränität einzelner Nationen schwächt und in einigen Fällen zum Staatsversagen führt. Einige Länder werden mit Schulden und der Notwendigkeit, Rückzahlungen zu leisten, belastet. Auch dies verletzt grundlegend das Fundament der freien kapitalistischen Wirtschaft.

b) Globalisierung fördert den Kommunismus in Entwicklungsländern

In den frühen 2000er Jahren öffnete Jamaika seine Märkte und begann mit dem Import großer Mengen billiger Kuhmilch. Dies machte Milch erschwinglicher, führte aber auch dazu, dass lokale Milchbauern, die nicht in der Lage waren, gegen die Flut von Billigimporten zu überleben, in Konkurs gingen. Mexiko verfügte früher über zahlreiche Produktionsstätten der Leichtindustrie, aber nach Chinas Beitritt zur WTO verließen die meisten dieser Arbeitsplätze Mexiko und gingen nach China. Mexiko leidet, weil es keine High-End-Fertigungskapazitäten hat. Afrika ist reich an Mineralien, aber nachdem ausländische Investitionen getätigt worden waren, wurden afrikanische Mineralien abgebaut und ins Ausland exportiert, wobei nur sehr geringe wirtschaftliche Gewinne für die Einheimischen erzielt waren.

Ausländische Investitionen korrumpieren auch Regierungsbeamte. Die Globalisierung behauptet, diesen Ländern Demokratie zu bringen, aber in Wirklichkeit hat sie korrupte Diktaturen gestärkt. An vielen Orten hat sich die Armut verschärft. Laut den Statistiken der Weltbank von 2015 leben „mehr als die Hälfte der extrem Armen in Afrika südlich der Sahara". „Tatsächlich stieg die Zahl der Armen in der Region um 9 Millionen, wobei 413 Millionen Menschen im Jahr 2015 von weniger als 1,90 US-Dollar pro Tag leben. [...]" [7]

Während der jüngsten Asien-Wirtschaftskrise öffnete Thailand sein schwaches Finanzsystem für internationale Investitionen, was vorübergehend Wohlstand brachte. Aber als die Auslandsinvestitionen nachließen, kam die thailändische Wirtschaft zum Erliegen und beeinflusste die Nachbarländer negativ.

Mit der Entwicklung von Kommunikations- und Verkehrstechnologien ist die Erde zu einem Dorf geworden. Die Globalisierung wirkte so, als würde sie dem gesamten globalen Dorf finanziellen Wohlstand und demokratische Werte bringen. Wie Professor Dani Rodrik von der John F. Kennedy School of Government in Harvard jedoch feststellte, gibt es ein „Trilemma“ der Globalisierung:

„Wir können nicht gleichzeitig Demokratie, nationale Beständigkeit und wirtschaftliche Globalisierung anstreben.“ [8] Das ist der versteckte Fehler der Globalisierung und etwas, was der Kommunismus ausgenutzt hat.

Offensichtlich sind die Vorteile und Möglichkeiten der Globalisierung auf eine kleine Anzahl von Menschen beschränkt. Andernorts hat die Globalisierung die Ungleichheit künstlich verschärft und ist nicht in der Lage, die langfristigen Probleme der Armut zu lösen. Die Globalisierung hat die nationale Souveränität untergraben, die regionalen Spannungen verschärft und einen Konflikt zwischen dem „Unterdrücker“ und den „Unterdrückten“ ausgelöst. Vorstellungen von Unterdrückung, Ausbeutung, Ungleichheit und Armut sind Waffen, mit denen Linke den Kapitalismus bekämpfen, da der Widerstand der Unterdrückten gegen den Unterdrücker das typische Modell für den Kommunismus ist. Die kommunistische Ideologie des Egalitarismus und das Ethos des Kampfes haben sich zusammen mit der Globalisierung auf der ganzen Welt verbreitet.

c) Die Globalisierung schafft eine Wohlstandsschere und ermöglicht kommunistische Ideologie

Der enorme Abfluss von Industrien und Arbeitsplätzen machte die Arbeiter- und Mittelschicht der westlichen Länder zu Opfern der Globalisierung. Nehmen wir zum Beispiel die Vereinigten Staaten von Amerika: Mit dem massiven Abfluss von Kapital und Technologie nach China gingen zahlreiche Arbeitsplätze im verarbeitenden Gewerbe verloren, was zum Verlust von Industrien und einer steigenden Arbeitslosenquote führte. Von 2000 bis 2011 verloren 5,7 Millionen Arbeiter im verarbeitenden Gewerbe ihre Arbeitsplätze, und 65.000 Fabriken wurden geschlossen. [9] Die Kluft zwischen Arm und Reich vergrößert sich in den Vereinigten Staaten seit langem. In den vergangenen dreißig Jahren hat sich das Wachstum des Durchschnittslohns (inflationsbereinigt) verlangsamt, was dazu führte, dass die arbeitenden Armen unter denjenigen auftauchten, die 27 Wochen im Jahr arbeiten oder Arbeit suchen, deren Einkommen jedoch unter der offiziellen Armutsgrenze liegt. Im Jahr 2016 wurden 7,6 Millionen Amerikaner zu den Working Poor gezählt. [10]

Die Gegensätze zwischen Arm und Reich sind der Boden, auf dem der Kommunismus wächst. Wirtschaftliche Probleme beschränken sich nie nur auf den wirtschaftlichen Bereich, sondern haben auch in anderen Bereichen ihre Wirkung. Die Forderung nach „sozialer Gerechtigkeit“ und nach einer Lösung für eine ungerechte Einkommensverteilung hat zu einem Schub an sozialistischer Ideologie geführt. Inzwischen ist auch die Nachfrage nach Sozialhilfe gestiegen, was wiederum zu mehr armen Familien und letztlich zu einem Teufelskreis führt.

Seit 2000 ist das politische Spektrum der USA zunehmend offen für linksgerichtete Einflüsse. Bis zur Wahl 2016 gab es eine steigende Forderung nach Sozialismus und eine zunehmende politische Polarisierung durch parteiische Interessen. Hinter diesen Veränderungen standen in hohem Maße die Auswirkungen der Globalisierung. Andererseits: Je größer die Schwierigkeiten waren, in denen sich die westlichen demokratischen Gesellschaften befanden, desto triumphaler erschien die Kraft des Kommunismus auf der Weltbühne.

d) Widerstand gegen die Globalisierung fördert kommunistische Ideologie

Im Zuge der fortschreitenden Globalisierung kamen auch Anti-Globalisierungskampagnen hinzu. Groß angelegte gewalttätige Proteste am 30. November 1999 in Seattle gegen die WTO-Ministerkonferenz markierten den Beginn derartiger Kampagnen. Drei große internationale Konferenzen im Jahr 2001 (der Gipfel der Amerikanischen Staaten in Quebec, Kanada, der der G8-Wirtschaftsgipfel in Genua, Italien) waren ebenfalls von solchen Demonstrationen betroffen. Im Jahr 2002 fand in Florenz, Italien, eine beispiellose, groß angelegte Anti-Globalisierungsdemonstration statt, die eine Million Teilnehmer hatte.

Weltweite Anti-Globalisierungskampagnen ziehen Teilnehmer aus den unterschiedlichsten Bereichen an. Eine überwiegende Mehrheit von ihnen sind linke Gegner des groß geschriebenen Kapitalismus, darunter Gewerkschaften, Umweltorganisationen (die auch vom Kommunismus übernommen und infiltriert wurden), sowie Opfer der Globalisierung und Unterprivilegierte. Infolgedessen hat die Öffentlichkeit, ob Anhänger oder Gegner der Globalisierung, nolens volens den Zielen des Kommunismus gedient.

e) Der westliche Kapitalismus hat die Kommunistische Partei Chinas gestärkt

Bei der Beurteilung der Erfolge oder Misserfolge der Globalisierung nennen Wissenschaftler oft China als Beispiel für eine Erfolgsgeschichte. China scheint von der Globalisierung stark profitiert zu haben und trat schnell als zweitgrößte Volkswirtschaft der Welt in den Vordergrund. Viele sagten voraus, dass China letztendlich Amerika ersetzen würde.

Im Gegensatz zu Mexikos Modell der Low-End-Produktion wollte die KP Chinas die modernste Technologie aus dem Westen beschaffen und dann ihre Wettbewerber ersetzen. Im Gegenzug zum Markteintritt in China forderte die KP Chinas von Unternehmen aus entwickelten Ländern die Gründung von Joint Ventures, mit deren Hilfe sie dann Schlusseltechnologien erbeutete. Die KP Chinas wandte zu diesem Zweck zahlreiche Methoden an: von skrupellos erzwungenem Technologietransfer bis hin zu direktem Diebstahl durch Hacking. Nachdem die KP Chinas diese hoch entwickelten Technologien erlangt hatte, nutzte sie ihren Vorteil, um preisgünstige Produkte auf dem Weltmarkt zu verkaufen. Mithilfe von Exportrabatten und Subventionen besiegte die KP Chinas Wettbewerber mit Preisen unter dem Marktpreis und störte so die Ordnung der freien Märkte.

Im Gegensatz zu anderen unterentwickelten Ländern, die ihre Heimatmärkte öffneten, schuf die KP Chinas mehrere Handelshemmnisse für ihren Inlandsmarkt. Nach dem Beitritt zur Welthandelsorganisation nutzte die KP Chinas deren Regeln und profitierte gleichzeitig von der Globalisierung, um Produkte im Ausland zu veräußern. Indem das Regime selbst aber die Regeln missachtete, konnte es sich selbst erhebliche wirtschaftliche Vorteile verschaffen. Die Partei verabsäumte es jedoch, Schlüsselindustrien – einschließlich Telekommunikation, Bankwesen und Energie – zu öffnen, was es China wiederum ermöglichte, die Vorteile der Weltwirtschaft zu nutzen und gleichzeitig von seinen Verpflichtungen Abstand zu nehmen.

Die westliche Welt, die durch wirtschaftliche Profite gekauft und geblendet wurde, hat gegenüber den Menschenrechtsverletzungen ein Auge zugedrückt und die Klagen stießen auf taube Ohren. Während die Kommunistische Partei Chinas Menschenrechte notorisch missachtete, gewährte die internationale Gemeinschaft dem Regime weiterhin großzügige Gefälligkeiten.

Inmitten der Globalisierung hat eine mächtige Kommunistische Partei Chinas zusammen mit einer moralisch korrupten chinesischen Gesellschaft der Marktwirtschaft und den Handelsregeln im Westen einen Schlag versetzt.

Als Zerstörer der Regeln hat die KP Chinas alle Vorteile der Globalisierung genutzt. In gewisser Weise war die Globalisierung wie eine Bluttransfusion für die KP Chinas, die es einem verblassenden kommunistischen Staat ermöglichte, wieder zum Leben zu erwachen. Hinter der Manipulation durch die Globalisierung verbirgt sich der versteckte Zweck, die KP Chinas durch die Umverteilung des Wohlstands hochzubringen. Unterdessen ist es ihr gelungen, unrechtmäßig erworbene Gewinne zu erzielen und gleichzeitig die schlimmsten Menschenrechtsverletzungen zu begehen.

Die Globalisierung war ein Prozess zur Rettung der KP Chinas und zur Legitimierung des chinesischen kommunistischen Regimes. Während die Partei ihre sozialistischen Muskeln mit kapitalistischen Nährstoffen stärkte, geriet der Westen in einen langsamen Niedergang und schenkte dem kommunistischen Totalitarismus und den globalen Ambitionen der KP Chinas weiterhin Vertrauen. Chinas Aufstieg begeisterte auch zahlreiche Sozialisten und Mitglieder der Linken weltweit – ein Teil des Plans.

Während ihre Wirtschaft gewachsen ist, hat die KP Chinas die Bemühungen um die Infiltration globaler Wirtschaftsorganisationen, einschließlich der WTO, des IWF, der Weltbank, der Organisation der Vereinten Nationen für industrielle Entwicklung und anderer, ähnlicher Einrichtungen intensiviert. Sobald sie in wichtigen Positionen in diesen Organisationen eingesetzt wurden, überzeugen die Parteifunktionäre die Institutionen, mit der KP Chinas zusammenzuarbeiten, um die Systeme der Partei zu unterstützen und ihre Politik zu verteidigen.

Die KP Chinas nutzt internationale Wirtschaftsorganisationen, um ihre eigene Wirtschaftsagenda und ihr eigenes korporatistisches Modell durchzusetzen. Wenn seine Ambitionen nicht gestoppt werden, besteht kein Zweifel daran, dass dieses Regime Katastrophen in der globalen Politik und Wirtschaft verursachen wird.

Die vorgenannten Beispiele sind nur einige Belege dafür, wie die wirtschaftliche Globalisierung genutzt wurde, um den Kommunismus zu fördern und auszuweiten. Mit den Fortschritten in Telekommunikation und Verkehr werden die wirtschaftlichen Aktivitäten über die Grenzen eines Landes hinaus ausgedehnt. Dies ist ein natürlicher Prozess, aber in diesem Fall wurde der Prozess in eine Gelegenheit für die Kommunistische Partei Chinas verwandelt, den Weg zu ihrer globalen Dominanz einzuschlagen. Es ist an der Zeit, dass die Gesellschaft aufmerksam wird, was geschieht, und dass die Globalisierung von kommunistischen Elementen befreit wird. In diesem Fall haben die Souveränität der einzelnen Staaten und das Wohlergehen ihrer Völker eine Chance, verwirklicht zu werden.

3. Politische Globalisierung

Die Globalisierung manifestiert sich politisch als verstärkte Zusammenarbeit zwischen den Ländern, das Entstehen internationaler Organisationen, die Formulierung politischer Agenden und internationaler Verträge, die Einschränkung der nationalen Souveränität und eine allmähliche Übertragung der Macht von souveränen Staaten auf internationale Organisationen. Nach dem Entstehen solcher internationaler Institutionen sowie von Regeln und Vorschriften, die über die nationalen Grenzen hinausgehen, begannen diese Institutionen, das politische, kulturelle und soziale Leben einzelner Länder zu untergraben. Die Macht beginnt sich in einer internationalen Institution zu konzentrieren, die einer Weltregierung ähnelt, die wie eine solche agiert und die nationale Souveränität untergräbt, überlieferte Überzeugungen und moralische Grundlagen unterschiedlicher Gesellschaften schwächt, die traditionelle Kultur untergräbt und normales internationales Verhalten zunichtemacht. All dies ist Teil der schrittweisen Weiterentwicklung des kommunistischen Programms.

Während dieses Prozesses fördert und nutzt der Kommunismus internationale Organisationen, um die Kraft der kommunistischen Faktoren zu stärken, die Kampfphilosophie der Kommunistischen Partei zu propagieren, verdrehte Definitionen von Menschenrechten und Freiheit zu verbreiten, sozialistische Ideen auf globaler Ebene zu fördern, Reichtum neu zu verteilen und zu versuchen, eine globale Regierung aufzubauen, die die Menschheit auf den Weg des Totalitarismus führt.

a) Die UNO hat die Macht der kommunistischen Politik vergrößert

Die nach dem Ende des Zweiten Weltkriegs gegründeten Vereinten Nationen sind die größte internationale Organisation der Welt und sollten ursprünglich die Zusammenarbeit und Koordination zwischen den Ländern stärken. Als supranationale Einheit entsprechen die Vereinten Nationen dem Ziel des Kommunismus, den Staat zu beseitigen und wurden zur Stärkung der kommunistischen Macht eingesetzt. Von Anfang an wurde die UNO zu einem Werkzeug des sowjetisch geführten kommunistischen Lagers und diente der Kommunistischen Partei als Bühne, um sich selbst und die kommunistische Ideologie einer Weltregierung zu fördern.

Bei der Gründung der Vereinten Nationen und der Ausarbeitung der Charta der Vereinten Nationen war die damalige Sowjetunion eines der unterstützenden Länder und spielte als ständiges Mitglied des Sicherheitsrates eine entscheidende Rolle. Alger Hiss, Verfasser der Charta und Generalsekretär der Chartakonferenz der Vereinten Nationen sowie offizieller Berater von Roosevelt im Außenministerium, wurde wegen Meineids im Zusammenhang mit der Anklage verurteilt, ein sowjetischer Spion zu sein. [11] Die versteckten Hintertüren, die in der Charta der Vereinten Nationen und weiteren Übereinkommen enthalten sind, sind für kommunistische Regime von Vorteil und haben wahrscheinlich viel mit Hiss' Wirken zu tun.

Die Leiter vieler wichtiger UN-Agenturen sind Kommunisten oder gleichgesinnte Sympathisanten. Viele Generalsekretäre der UNO waren Sozialisten und Marxisten. Zum Beispiel war der erste, Trygve Lie, ein norwegischer Sozialist, der starke Unterstützung von der Sowjetunion erhielt. Seine wichtigste Aufgabe war es, die Kommunistische Partei Chinas in die Vereinten Nationen zu bringen. Sein Nachfolger, Dag Hammarskjöld, war Sozialist und Sympathisant einer globalen kommunistischen Revolution. Er hofierte oft Zhou Enlai, einen hochrangigen Beamten der KP Chinas. [12] Der dritte Generalsekretär, U Thant aus Myanmar (ehemals Burma), war ein Marxist, der glaubte, dass Lenins Ideale mit der Charta der Vereinten Nationen übereinstimmen. [13] Der sechste Generalsekretär, Boutros Boutros-Ghali, war davor Vizepräsident der Sozialistischen Internationale. Es ist daher nicht schwer zu verstehen, warum die Leiter kommunistischer Regime regelmäßig die größtmögliche Aufmerksamkeit der Vereinten Nationen erhalten. Viele UN-Konventionen sind zu Werkzeugen geworden, um direkt oder indirekt kommunistische Ideen zu fördern und die kommunistische Macht zu erweitern.

Die oberste Aufgabe der Vereinten Nationen sollte es sein, den Frieden und die Sicherheit in der Welt zu erhalten. Die Friedenstruppen der Vereinten Nationen unterstehen der Verantwortung des stellvertretenden Generalsekretärs für politische und sicherheitspolitische Angelegenheiten. Doch von den 14 Personen, die diese Position von 1946 bis 1992 eingenommen hatten, waren 13 sowjetische Staatsbürger. Das sowjetische kommunistische Regime gab den Versuch, die kommunistische Macht zu erweitern, nie auf und hatte kein Interesse daran, zum Weltfrieden beizutragen. Obwohl es ständig den Slogan „Sicherung des Weltfriedens“ benutzte, konzentrierte sich das Regime auf die Förderung der Interessen des Kommunismus. Die Unterstützung einer pro-sozialistischen Organisation entspricht ihren Zielen.

Damals hatten Kommunisten die Vereinigten Staaten infiltriert. FBI-Direktor J. Edgar Hoover erklärte 1963, dass kommunistische Diplomaten, die der UNO zugewiesen sind, „das Rückgrat der russischen Geheimdienste in diesem Land darstellen". [14]

Auch nach dem Zusammenbruch des ehemaligen sowjetischen kommunistischen Regimes blieb das kommunistische Erbe in den Vereinten Nationen weitgehend erhalten: „Westler, die in der UN arbeiteten, [...] wurden von einer sogenannten kommunistischen Mafia umgeben." [15]

Die Kommunistische Partei Chinas nutzt die Vereinten Nationen als Propagandaplattform. Jedes der fünf ständigen Mitglieder des Sicherheitsrates hat einen Unterstaatssekretär der Vereinten Nationen. Obwohl der Unterstaatssekretär der Vereinten Nationen offiziell nicht mehr die Interessen eines einzelnen Landes vertreten kann, unterstützt der jeweilige chinesische Geschäftsträger, der die sozialen und wirtschaftlichen Interessen der Kommunistischen Partei Chinas vertritt, wirksam die Ideologie der Partei. Top-Beamte der Vereinten Nationen, einschließlich des Generalsekretärs, haben beispielsweise die „One Belt, One Road"-Initiative der KP China als Mittel zur Bekämpfung der Armut in den Entwicklungsländern gefördert.

Die „One Belt, One Road"-Strategie der KP Chinas wurde von vielen Ländern als expansives Hegemonieprojekt eingestuft und hat viele Länder in tiefe Schuldenkrisen gestürzt. So musste Sri Lanka beispielsweise 99 Jahre lang einen wichtigen Hafen für 99 Jahre an die KP Chinas vermieten, um seine Schulden zu begleichen, während Pakistan den Internationalen Währungsfonds aufgrund von Schuldenproblemen um Hilfe bitten musste. Aufgrund der Kontrolle von „One Belt, One Road" über die Politik und Wirtschaft der teilnehmenden Länder und der Konflikte mit Menschenrechten und Demokratie treten viele Länder mittlerweile auf die Bremse. Aufgrund des politischen Einflusses der KP Chinas haben jedoch hochrangige Vertreter der Vereinten Nationen für das Projekt „One Belt, One Road“ geworben. [16]

b) Die kommunistische Ideologie hat die Menschenrechtsideale der UNO untergraben

Eines der Ziele der Vereinten Nationen ist die Verbesserung der Situation der Menschenrechte und die Förderung der Freiheit; dies ist ein universelles Prinzip. Aber die KP Chinas leugnet zusammen mit anderen korrupten Regimen die Universalität der Menschenrechte. Stattdessen heißt es, dass Menschenrechte innere Angelegenheiten sind, damit die KP Chinas ihre Bilanz von Verfolgung und Missbrauch in China verbergen kann. Sie lobt sich sogar dafür, dass sie dem chinesischen Volk das Recht auf Lebensunterhalt gewährt. Die KP Chinas hat auch die Plattform der Vereinten Nationen genutzt, um die demokratischen Werte des Westens anzugreifen, und sich auf ihr Bündnis mit den Entwicklungsländern verlassen, um die Bemühungen der freien Nationen zur Förderung universeller Werte zu untergraben. Aufgrund der Manipulation durch kommunistischen Einfluss hat die UNO nicht nur wenig getan, um die Menschenrechtslage zu verbessern, sondern ist auch oft zu einem Instrument geworden, das von kommunistischen Regimen benutzt wird, um ihre schlechte Menschenrechtsbilanz zu verschleiern.

Viele Wissenschaftler haben dokumentiert, wie die Vereinten Nationen ihre eigenen Ideale verraten haben. So wurden beispielsweise die Vereinten Nationen im Schatten des Holocaust geboren, aber jetzt tun die Vereinten Nationen nichts gegen Massenmorde. Der ursprüngliche Zweck der Vereinten Nationen war die Bekämpfung von Angriffskriegen und der Schutz der Menschenrechte. Das moralische Urteil wurde als notwendige Voraussetzung für ein Vorgehen in diesem Sinne angesehen, doch die derzeitigen Vereinten Nationen lehnen moralische Urteile ab. [17]

Dore Gold, ehemaliger israelischer Botschafter bei den Vereinten Nationen und Autor von „Turm des Geschwätzes: Wie die Vereinten Nationen das globale Chaos angeheizt haben", behauptete: „Die UNO ist kein gutartiger, sondern ein ineffizienter Weltkörper. Sie hat das globale Chaos beschleunigt und verbreitet." [18] Gold lieferte zahlreiche Beweise dafür, darunter die „Wertneutralität" der Vereinten Nationen, die Unmoral der „moralischen Gleichwertigkeit" und des „moralischen Relativismus", die allgemeine Korruption, Länder mit schlechter Menschenrechtsbilanz, die als Leiter der Menschenrechtskommission fungieren, undemokratische Länder, die eine Stimmenmehrheit haben, und kommunistische Regime, die Kontrolle ausüben. [19] Er sagte, dass die Vereinten Nationen ein „erbärmliches Versagen" kennzeichne, dass sie „von antiwestlichen Kräften, Diktaturen, staatlichen Sponsoren des Terrorismus und Amerikas schlimmsten Feinden dominiert" würden und damit „die edlen Ideale der Gründer der Vereinten Nationen" verrieten. [20]

Die Menschenrechtskommission der Vereinten Nationen hat die Politik der Mehrheitsentscheidung angenommen. Doch Länder mit schlechter Menschenrechtsbilanz können Mitgliedsstaaten und sogar Vorsitzende des Menschenrechtsrates werden, was Menschenrechtsüberprüfungen bedeutungslos macht. Darüber hinaus hat die KP Chinas viele Entwicklungsländer gekauft, so dass die Kritik an der Menschenrechtspolitik der KP Chinas – die von den Vereinigten Staaten über die Vereinten Nationen initiiert wurde – immer wieder auf Eis gelegt wurde. Die Tyrannei der Mehrheit der Vereinten Nationen hat es ermöglicht, dass diese zu einem Werkzeug für kommunistische Kräfte wurden, um sich freien Nationen in vielen Fragen zu widersetzen. Dies hat die Vereinigten Staaten dazu veranlasst, sich mehrmals aus dem Menschenrechtsrat zurückzuziehen. Der Westen will Freiheit und Menschenrechte fördern, wurde aber immer wieder von kommunistischen Ländern blockiert. Der Menschenrechtsrat wurde von Verbrechern in Beschlag genommen und die sogenannten internationalen Übereinkommen haben nichts geleistet, um totalitäre Länder zu binden. Diese Länder sprechen einfach die Slogans aus, setzen sie aber nicht um.

Es ist daher nicht schwer zu verstehen, dass die Charta der Vereinten Nationen der Sowjetverfassung sehr ähnlich ist, sowie in direktem Gegensatz zur US-Verfassung steht. Ihr Zweck ist nicht der Schutz der Rechte der Menschen, sondern die Erfüllung der Bedürfnisse der Herrscher. So enthielten einige Bestimmungen der Sowjetverfassung Formulierungen wie „im Rahmen des Gesetzes", nachdem sie die Rechte der Bürger aufgezählt hatten. Oberflächlich gesehen gab die Sowjetverfassung den Bürgern einige Rechte, aber in der Tat wurden viele spezifische Rechte nur unter dem Vorbehalt gewährt, als sie „im Rahmen des Gesetzes" blieben, was es der Sowjetregierung erlaubte, den Bürgern ihre Rechte gemäß ihren Interpretationen von „im Rahmen des Gesetzes" willkürlich zu entziehen.

So definieren die Charta der Vereinten Nationen und verschiedene Verträge und Konventionen auch die Rechte der Menschen. Auf diese Weise sind beispielsweise im Internationalen Pakt über bürgerliche und politische Rechte Erklärungen mit der Bezeichnung „jeder hat das Recht" mit Vorbehalten versehen wie „die oben genannten Rechte dürfen keinen Beschränkungen unterliegen, außer denen, die gesetzlich vorgesehen sind". Dies ist nicht nur eine willkürliche oder zufällige Wahl der Blaupause, sondern eine „Hintertür", die der Kommunismus gezielt etabliert hat.

Das Problem ist, dass, wenn die Politiker das für notwendig halten, jedes Recht, das in der Allgemeinen Erklärung der Menschenrechte angesprochen wird, den Bürgern rechtlich entzogen werden kann. „Welche bessere Ausrede könnte sich ein Tyrann erhoffen?“, fragt Edward Griffin. „Die meisten Kriege und nationalen Verbrechen werden im Namen einer dieser Bestimmungen begangen.“ [21] Es ist für freie Länder schwierig, Bürger willkürlich ihrer Freiheit zu berauben, aber kommunistische Regime können offen die Lücken in der Erklärung der Menschenrechte ausnutzen.

c) Globalisierung fördert kommunistische politische Ideen

Der Kommunismus spricht durch seine Akteure immer wieder globale Probleme an und behauptet, dass diese Probleme nur durch internationale Zusammenarbeit und Machtstrukturen gelöst werden können – um schließlich eine Weltregierung zu etablieren. Folglich werden verschiedene Länder immer mehr eingeschränkt und durch eine wachsende Zahl von internationalen Verträgen reglementiert. Infolgedessen wird deren nationale Souveränität geschwächt.

Viele Gruppierungen unterstützen solche internationalen Machtstrukturen, und obwohl diese Gruppierungen nicht unbedingt Kommunisten sind, stehen ihre Ansprüche im Einklang mit den Absichten kommunistischer Ziele – das heißt, einzelne Nationen zu eliminieren und eine Weltregierung zu bilden.

Eine Medienpersönlichkeit sagte am Earth Day 1970: „Die Menschheit braucht eine Weltordnung. Die völlig souveräne Nation ist nicht in der Lage, mit der Vergiftung der Umwelt umzugehen. [...] Das Management des Planeten, also – ob es sich nun um die Notwendigkeit handelt, Krieg zu verhindern oder die Notwendigkeit, endgültige Schäden an den Lebensbedingungen zu verhindern – erfordert eine Weltregierung.“ [22] Das „Humanistische Manifest II“ von 1973 erklärte ebenfalls: „Wir sind an einem Wendepunkt in der Menschheitsgeschichte angelangt, an dem die beste Option darin besteht, die Grenzen der nationalen Souveränität zu überschreiten und zum Aufbau einer Weltgemeinschaft überzugehen. [...] So sehen wir die Entwicklung eines Systems des Weltrechts und einer Weltordnung auf der Grundlage einer transnationalen Bundesregierung." [23]

Tatsächlich wurde die Einrichtung des Umweltprogramms der Vereinten Nationen gerade deshalb so konzipiert, weil eine Gruppe, die sich 1972 für eine globale Konföderation einsetzte, die Umweltfrage als eine globale Angelegenheit betrachtete und deshalb die Entwicklung globaler Lösungen und die Einrichtung einer globalen Umweltschutzagentur forderte. Ihr erster Direktor war Maurice Strong, ein Kanadier mit starken sozialistischen Tendenzen.

Auf dem UN-Erdgipfel 1992 in Rio de Janeiro (auch bekannt als die Konferenz der Vereinten Nationen über Umwelt und Entwicklung) stimmten 178 Regierungen für die Annahme der „Agenda 21". Dieser achthundertseitige Entwurf enthält Materialien zu den Themen Umwelt, Frauenrechte, medizinische Versorgung und so weiter. Ein einflussreicher Forscher eines Umweltforschungsinstituts und später Funktionär des UN-Umweltprogramms, sagte: „Die nationale Souveränität – die Macht eines Landes, Ereignisse auf seinem Territorium zu kontrollieren – hat in der heutigen Welt, in der die Grenzen durch Umweltverschmutzung, internationalen Handel, Finanzströme und Flüchtlinge regelmäßig überschritten werden, viel von ihrer Bedeutung verloren. [...] Die Nationen überlassen Teile ihrer Souveränität der internationalen Gemeinschaft und beginnen, ein neues System der internationalen Umweltpolitik zu schaffen, um anderweitig unlösbare Probleme zu lösen." [24]

Oberflächlich betrachtet klingen diese Gründe für eine Weltregierung großartig, aber ihr wahrer Zweck ist die Förderung des Kommunismus, um die Welt zu dominieren. In Kapitel 16 haben wir dargelegt, wie der Kommunismus auch die Forderung nach Umweltschutz einsetzt, um seine Agenda voranzutreiben.

Während Boutros-Ghalis' Amtszeit als UN-Generalsekretär von 1992-1996 leitete dieser schnelle Fortschritte auf dem Weg der UNO zur Weltregierung ein. Er forderte die Bildung einer permanenten UN-Armee und drängte auf das Recht, Steuern einzuziehen. [25] Aufgrund der Opposition durch die Vereinigten Staaten war Ghali nicht in der Lage, eine zweite Amtszeit zu absolvieren. Andernfalls wäre der Status der Vereinten Nationen heute schwer vorhersehbar. Obwohl sich kommunistische Regime offiziell immer weigern, sich in die inneren Angelegenheiten anderer Länder einzumischen, beteiligen sie sich aktiv an verschiedenen internationalen Organisationen, unterstützen die Erweiterung der Funktionen der Vereinten Nationen und fördern das Konzept der Weltregierung.

Im Jahr 2005 sagte UN-Generalsekretär Kofi Annan: „Im Zeitalter der Interdependenz ist die globale Staatsbürgerschaft eine entscheidende Säule des Fortschritts." [26] Robert Chandler, ein strategischer Denker, der für die U.S. Air Force, das Weiße Haus und verschiedene Regierungsabteilungen arbeitete, glaubt, dass Annans so genannter Fortschritt die nationale Souveränität zerstören und den Weg für eine globale Zivilgesellschaft ohne Grenzen öffnen würde. Das Programm „Teaching Toward a Culture of Peace" der Vereinten Nationen wird tatsächlich von Ultra-Linken organisiert und geleitet, von denen Chandler glaubt, dass sie die Souveränität der Nation zerstören und eine totalitäre Weltregierung ohne Grenzen schaffen wollen. [27]

Das 1958 veröffentlichte Buch „The Naked Communist", das den Kommunismus entlarvt, listet die 45 Ziele der Kommunisten auf, von denen eines lautet: „Fördern Sie die UNO als einzige Hoffnung für die Menschheit. Wenn ihre Charta umgeschrieben wird, fordern Sie, dass sie als Eine-Welt-Regierung mit eigenen unabhängigen Streitkräften eingesetzt wird." [28]

Viele erkennen, dass die Bildung einer Weltregierung nicht kurzfristig erreicht werden kann. Kommunisten und Globalisten nutzen daher verschiedene Themen, um internationale Institutionen in verschiedenen Bereichen zu etablieren, dann die Vereinheitlichung dieser Institutionen zu fördern und sich weiterhin für die Abhängigkeit von den Vereinten Nationen einzusetzen – mit dem letztendlichen Ziel, eine Weltregierung aufzubauen.

Für eine Weltregierung einzutreten, die Rolle der Vereinten Nationen bewusst zu übertreiben, die Vereinten Nationen als Allheilmittel zur Lösung aller Probleme in der heutigen Welt darzustellen – all das ist Teil eines Versuchs, Gott zu spielen und die Zukunft der Menschheit durch manipulierende Macht zu gestalten. Tatsächlich ist das genau die gleiche Idee wie die kommunistische Utopie oder wie eine von den Menschen selbst begründete „Religion" – das Ergebnis ist verheerend.

d) Weltregierung führt zu Totalitarismus

Es ist nichts falsch daran, sich eine bessere Welt oder Zukunft vorzustellen. Doch der Versuch, eine Weltregierung zur Lösung aller Probleme der Menschheit zu schaffen, ist nichts anderes als die Jagd nach einer Utopie der Moderne und birgt die Gefahr, in den Totalitarismus abzusinken.

Eine unvermeidliche Frage für eine Weltregierung, die darauf abzielt, globale Probleme wirklich anzugehen, ist, wie sie ihre Politik tatsächlich umsetzt – sei es politisch, militärisch, wirtschaftlich oder anderweitig. Um ihre Politik auf globaler Ebene durchzusetzen, würde eine solche Regierung sicherlich nicht die Form einer freien Demokratie wie die der Vereinigten Staaten annehmen, sondern eine totalitäre Großregierung wie die ehemalige Sowjetunion oder das kommunistische Regime Chinas sein.

Um Länder für den Beitritt zu gewinnen, würde eine Weltregierung immer verlockende Vorteile, Wohlfahrtsversprechen und die Blaupause einer globalen Utopie für die Menschheit anbieten. Ihr Ansatz ähnelt dem des Kommunismus und stellt sich als Allheilmittel für die Probleme jedes Landes dar. Um die utopischen Ideale einer so großen Anzahl von Ländern zu erreichen und komplexe globale Probleme nach dem utopischen Ideal zu lösen, würde eine solche Weltregierung unweigerlich versuchen, ihre Macht zu zentralisieren, um ihre Politik durchzusetzen. Dabei wäre es gleich, ob es um den Schutz der Umwelt oder die Gewährleistung von Sicherheit und Wohlstand auf globaler Ebene ginge. Diese Zentralisierung würde die Macht dieser Regierung auf ein beispielloses Niveau heben, und ihre Kontrolle über die Gesellschaft würde auch ein beispielloses Niveau erreichen. In diesem Stadium würde sich eine solche Weltregierung nicht mehr darum kümmern, einen Konsens zwischen ihren Mitgliedsländern zu erreichen oder Verpflichtungen ihnen gegenüber einzuhalten, sondern sich ausschließlich auf die konsequente Umsetzung ihrer Politik konzentrieren.

In der heutigen Welt gibt es große Unterschiede zwischen den Ländern. Viele Länder haben weder orthodoxe Glaubenssysteme noch Freiheit, ganz zu schweigen von der Achtung der Menschenrechte oder hohen moralischen Standards. Wenn sich Länder zu einer Weltregierung zusammenschließen, würde eine solche Regierung den niedrigsten Standard von ihnen annehmen und alle Anforderungen in Bezug auf Glauben und Überzeugung, Moral und Menschenrechte beseitigen. Mit anderen Worten, die Länder würden diese Fragen frei regeln können – unter Verwendung des Konzepts der sogenannten Neutralität gegenüber Religion, Moral und Menschenrechten –, um sie zu vereinen. Eine Weltregierung würde unweigerlich eine nivellierende Mainstream-Kultur fördern, um die Welt zu vereinen. Jedes Land hat jedoch seine eigenen kulturellen Traditionen und religiösen Überzeugungen.

Die Mehrheit aller Experten, Wissenschaftler und Regierungen, die sich aktiv für eine Weltregierung einsetzen, sind Atheisten oder haben progressive Ansichten zu religiösen Überzeugungen. Natürlich würde eine Weltregierung den Atheismus als ihren Kernwert betrachten – eine unvermeidliche Konsequenz der Tatsache, dass der Kommunismus die treibende Kraft dahinter ist. Um ihre Herrschaft aufrechtzuerhalten, würde diese Weltregierung die ideologische Umerziehung gewaltsam durchsetzen und zu diesem Zweck auf Gewalt zurückgreifen. Um Fragmentierungs- oder Unabhängigkeitsbewegungen der Mitgliedsländer zu verhindern, würde eine Weltregierung ihre Militär- und Polizeikräfte erheblich stärken und ihre Kontrolle über die Redefreiheit der Menschen verschärfen.

Die Regierung eines Landes, dessen Volk keinen gemeinsamen Glauben und keine gemeinsame Kultur hat, kann sich nur auf autoritäre Macht – und am Ende totalitäre Herrschaft – verlassen, um an der Macht zu bleiben, und das Ergebnis wäre die völlige Einschränkung der individuellen Freiheit. So wäre eine Weltregierung unweigerlich eine totalitäre Regierung, weil sie sich auf den Autoritarismus verlassen müsste, um ihre Herrschaft aufrechtzuerhalten.

Am Ende ist eine Weltregierung buchstäblich ein kommunistisches totalitäres Projekt in anderer Gestalt. Das Resultat würde sich nicht von den kommunistischen Regimen der Gegenwart unterscheiden, die ihr Volk versklaven und missbrauchen. Der einzige Unterschied wäre, dass sich dieser Totalitarismus nicht auf ein einziges Land beschränken, sondern auf die ganze Welt ausdehnen würde. Die gesamte Welt würde von einer einzigen Regierung kontrolliert, was es noch einfacher macht, die Menschheit zu korrumpieren und zu zerstören. Während des Prozesses der Aufrechterhaltung ihrer Herrschaft würde diese gigantische Regierung allmählich alle bösartigen Mittel anwenden, die von kommunistischen Regimen verwendet werden. Dieser Weg zum Autoritarismus wäre auch ein Prozess der Zerstörung der traditionellen Kulturen und moralischen Werte der Menschheit, was genau das ist, was der Kommunismus erreichen will.

4. Kulturelle Globalisierung: ein Mittel zur Korrumpierung der Menschheit

Da sich der kulturelle Austausch und die Kapitalströme weltweit ausdehnen, werden die verschiedenen abweichenden kulturellen Formen, die der Kommunismus in den vergangenen beinahe hundert Jahren etabliert hat – wie moderne Kunst, Literatur und Denken; Filme und Fernsehen; verkommene Lebensstile; Utilitarismus, Materialismus und Konsumismus – auch weltweit verbreitet. Dabei werden die kulturellen Traditionen verschiedener ethnischer Gruppen ihrer äußeren Formen beraubt und von ihrer ursprünglichen Bedeutung getrennt, was zu mutierten, abgewichenen Kulturen führt. Während diese abweichenden Kulturen das Ziel erreichen, profitabel zu sein, korrumpieren sie auch schnell die moralischen Werte der Menschen, wo immer sie sich ausbreiten.

Weltweit sind die Vereinigten Staaten die politische, wirtschaftliche und militärische Führungsmacht. Diese Führung überträgt sich auch auf die amerikanische Kultur, die von anderen Ländern und Regionen akzeptiert und übernommen wird. Nach der Industriellen Revolution, verbunden mit dem Niedergang des religiösen Glaubens in der modernen Gesellschaft und dem zunehmenden Materialismus infolge des technologischen Fortschritts, sahen die Menschen natürlich einen direkten Zusammenhang zwischen dem materiellen Wohlstand und der Stärke einer Zivilisation. Der Kommunismus nutzte diese Entwicklung und konzentrierte seine Ressourcen darauf, die Vereinigten Staaten mit gewaltfreien Mitteln zu Fall zu bringen. Nachdem er Familien, Politik, Wirtschaft, Recht, Kunst, Medien und Populärkultur in allen Aspekten des täglichen Lebens infiltriert und korrumpiert hatte und nachdem er die traditionellen moralischen Werte verfälscht und zerstört hatte, nutzte der Kommunismus die kulturelle Globalisierung, um diese korrupte Kultur zu exportieren. Diese „fortschrittliche" Kultur, die andernorts fälschlicherweise für eine genuine Leitkultur aus den Vereinigten Staaten gehalten wird, verbreitete sich über die ganze Welt.

Im Handumdrehen wurde die „Occupy Wall Street"-Bewegung aus New York auf den Fernsehbildschirmen in den abgelegensten Bergdörfern Indiens gezeigt. Durch Hollywood-Filme erfuhren konservative Grenzdörfer in Yunnan, China, dass alleinerziehende Mütter, außereheliche Affären und sexuelle Befreiung „normale" Aspekte des Lebens sind. Die Ideologie, die dem von den kulturellen Marxisten geschaffenen „Common Core"-Lehrplan der USA zugrunde liegt, spiegelte sich fast sofort in Taiwans Schulbüchern der Sekundarschulen wider. Afrika, das weithin als die rückständigste Region der Welt gilt, erwies sich als die am stärksten von der AIDS-Epidemie betroffene Region. Von Ecuador in Südamerika über Malaysia in Südostasien bis hin zu den pazifischen Fidschi-Inseln wurde Rock'n'Roll sehr beliebt.

Willi Münzenberg, der deutsche kommunistische Aktivist und einer der Gründer der Frankfurter Schule, schrieb: „Wir müssen die Intellektuellen organisieren und sie nutzen, um die westliche Zivilisation zum Stinken zu bringen. Nur dann, wenn sie alle ihre Werte verdorben und das Leben unmöglich gemacht haben, können wir die Diktatur des Proletariats durchsetzen." [29]

Aus der Sicht der Linken ist „die westliche Zivilisation zum Stinken zu bringen" der Weg zum Kommunismus. Doch der Kommunismus, der die treibende Kraft ist, verdirbt die traditionelle Kultur, die dem Menschen das Göttliche hinterlassen hat, und lässt den Menschen das Göttliche aufgeben. Das ist der Weg, mit dem er sein Ziel erreichen will, die Menschheit zu zerstören.

Wenn wir die abgewichene Kultur des Westens und die Parteikultur kommunistischer totalitärer Regime mit Müll vergleichen könnten, dann wäre die kulturelle Globalisierung gleichbedeutend mit einem wütenden Hurrikan, der diesen Müll durch die ganze Welt bläst und gleichzeitig die traditionellen Werte, die die Götter der Menschheit hinterließen, gnadenlos wegfegt. Hier haben wir uns darauf konzentriert, den Einfluss der abgewichenen Kultur aus dem Westen auf die Welt zu erklären. Im nächsten Kapitel werden wir analysieren, wie sich die kommunistische Kultur in der ganzen Welt verbreitet hat.

a) Kulturelle Globalisierung zerstört Traditionen

Die Kultur jeder Ethnie in der Welt hat einzigartige Eigenschaften und ist geprägt von den tiefen Einflüssen ihrer eigenen besonderen Geschichte. Trotz der Unterschiede zwischen den ethnischen Kulturen achten sie alle in ihren Traditionen auf die gleichen göttlichen universellen Werte. Nach der Industriellen Revolution brachte die technologische Entwicklung Komfort in unser Leben. Durch den Einfluss des Progressivismus wird die Tradition im Allgemeinen als rückständig angesehen. Alles an seiner Modernität, Neuheit und seinem „Fortschritt" zu messen – oder ob es einen wirtschaftlichen Wert hat –, ist heute zum Standard geworden.

Die sogenannten gemeinsamen Werte, die der kulturelle Austausch im Zuge der Globalisierung mit sich bringt, stammen nicht mehr aus einer bestimmten Tradition: Sie sind moderne Werte. Die Elemente und Werte, die in der Globalisierung angenommen werden können, weichen von den Traditionen ab. Sie beinhalten nur die ausgeprägtesten Elemente des bestehenden Kulturerbes sowie die Aspekte, die kommerziell genutzt werden können. Vorstellungen über die „Schicksalsgemeinschaft der Menschheit" und „unsere gemeinsame Zukunft" sind das

Ergebnis solcher abweichenden Werte. Der Kommunismus fördert Werte, die edel erscheinen, aber in Wirklichkeit darauf abzielen, dass die Menschheit traditionelle Werte aufgibt und sie durch homogene und verschlechterte moderne Werte ersetzt.

Dieser niedrigste Standard, der im Zuge der kulturellen Globalisierung weltweit akzeptiert wird, manifestiert sich auch in der Konsumkultur und dem Konsumverhalten, die die globale Kultur prägen. Getrieben von wirtschaftlichen Interessen stehen die Gestaltung von Kulturprodukten und deren Vermarktung ganz im Mittelpunkt, welche die Grundinstinkte der Konsumenten ansprechen. Das Ziel ist, die Menschheit zu kontrollieren, indem man die oberflächlichen Wünsche der Menschen aufgreift, sie verstärkt und befriedigt.

Eine globale Konsumkultur zielt auf die Wünsche der Menschen ab und wird dazu benutzt, Traditionen auf vielfältige Weise zu korrumpieren. Erstens: Um die größtmögliche Anzahl von Verbrauchern anzuziehen, dürfen kulturelle Produkte keine ethnischen Gruppen „diskriminieren“, weder in der Produktion noch in der Präsentation. Dadurch werden aber die einzigartigen Eigenschaften und Bedeutungen der ethnischen Kultur aus den Produkten herausgenommen. Mit anderen Worten, die Tradition wird den Produkten durch Dekulturalisierung oder Standardisierung genommen. Bevölkerungsgruppen, die eine geringere Bildung und eine geringere Marktmacht haben, sind anfälliger für ein so vereinfachtes Verbrauchermodell, weil die Kosten für die Herstellung solcher Produkte geringer sind. Daher ist diese Bevölkerungsgruppe durch die Globalisierung auf die kommerzielle Kultur beschränkt, die die niedrigsten Herstellungskosten hat.

Zweitens hat die Globalisierung der Medienindustrie zu Monopolen geführt. Infolgedessen können kommunistische Elemente leicht die degenerierten Ideen der Produzenten nutzen, den oberflächlichen kulturellen Aspekt der Produkte bewerben, die marxistische Ideologie einbringen und sie gleichzeitig fördern. Die Hybridisierung von Kulturen durch Globalisierung wird zu einem weiteren Kanal zur Förderung der Ideologie.

Drittens macht eine globale Kultur den Konsumismus zum Mainstream der Gesellschaft. Werbespots, Filme, Fernsehsendungen und soziale Medien bombardieren die Verbraucher ständig mit der Vorstellung, dass diese kein richtiges Leben führen, wenn sie nicht konsumieren, bestimmte Produkte besitzen oder versuchen, auf besondere Weise unterhalten zu werden. Der Kommunismus nutzt verschiedene Methoden und Unterhaltungsangebote, um die Menschen dazu zu bringen, der Befriedigung ihrer Wünsche nachzugehen. Wenn Menschen ihren Wünschen nachgeben, entfernen sie sich jedoch von der spirituellen Ebene, und ehe sie sich versehen, sind sie von ihren lang gehegten göttlichen Überzeugungen und traditionellen Werten abgewichen.

Der Kommunismus verbreitet seine verkommene Ideologie vor dem Hintergrund der Globalisierung schnell. Er nutzt auch die Herdenmentalität. Durch die häufige Nutzung von Social Media, Werbung, Fernsehsendungen, Filmen und Nachrichten werden Menschen mit verschiedenen anti-traditionellen und unnatürlichen Ideologien bombardiert. Dies erweckt die Illusion, dass solche verkommenen Ideologien einen globalen Konsens darstellen. Die Menschen werden allmählich abgestumpft gegenüber dem Schaden, den diese Ideologien an den Traditionen anrichten. Verdrehte Verhaltensweisen werden als modisch angesehen – die Menschen sollen stolz auf sie sein. Drogenmissbrauch, Homosexualität, Rock'n'Roll, abstrakte Kunst und vieles mehr verbreiten sich auf diese Weise.

Die moderne Kunst ist entartet und verletzt alle traditionellen Definitionen von Ästhetik. Einige Menschen haben das vielleicht zuerst erkannt, aber wenn Werke der modernen Kunst ständig in großen Metropolen ausgestellt und zu hohen Preisen verkauft werden, wenn die Medien häufig über dunkle und seltsame Kunstwerke berichten, beginnen die Leute zu glauben, dass sie diejenigen sind, die den Kontakt zur Mode verloren haben, und es wäre ihr Geschmack für Kunst, der aktualisiert werden müsste. Die Menschen beginnen, ihren eigenen Sinn für die schönen Künste zu negieren und die verkommenen Kunstformen zu bevorzugen.

Der Kommunismus ist in der Lage, die Herdenmentalität zu nutzen, weil viele Menschen keinen starken Willen haben. Wenn die Menschheit von göttlich vermittelten Traditionen abweicht, wird alles relativ und verändert sich mit der Zeit. Dann ist die Lage reif für ihre Ausbeutung.

b) Die entwickelten westlichen Länder exportieren anti-traditionelle Kultur

Die westlichen Industrieländer spielen die entscheidende Rolle in den globalen wirtschaftlichen und militärischen Angelegenheiten. Infolgedessen konnte sich die westliche Kultur auch schnell auf die Entwicklungsländer ausbreiten. Sie galt als der Mainstream der modernen Zivilisation und als die Richtung für die zukünftige Entwicklung. Die Ausnutzung dieses Trends hat eine abweichende moderne Kultur aus den Vereinigten Staaten und anderen westlichen Ländern in die Welt getragen. Dies hatte enorme Auswirkungen auf die Traditionen anderer ethnischer Gruppen. Rock'n'Roll, Drogen und sexuelle Befreiung wurden als westliche Kultur getarnt und von den entwickelten Ländern schnell in alle Welt getragen. Wie in diesem Buch erwähnt, steckt das kommunistische Gespenst hinter der Entwicklung dieser verkommenen Kulturen, die nichts mit den traditionellen Werten zu tun haben, die sich aus dem Glauben an das Göttliche ergeben.

Alle Arten von verkommener Kultur werden, getarnt als westliche Kultur, derzeit in alle Ecken der Welt exportiert. Insbesondere Hollywood ist zu einem wichtigen Träger verschiedener Ideologien geworden, die aus dem kulturellen Marxismus stammen. Die Besonderheit der Filmindustrie erlaubt, die Menschen dazu zu bringen, deren Werte unbewusst zu akzeptieren.

Ihrer Wirtschaftskraft wegen ziehen die westlichen Länder auch eine große Zahl ausländischer Studenten an. In diesem Buch haben wir diskutiert, wie der kulturelle Marxismus die westliche Bildung in seinen Würgegriff bekommen hat und wie er wiederum ausländische Studenten verschiedenen linksgerichteten Ideologien aussetzte. Wenn sie in ihre Länder zurückkehren, verbreiten sie diese Ideologien. In ihren Ländern werden diese verkommenen Ideologien als attraktiv angesehen, weil die westlichen Länder technologisch fortschrittlicher und wirtschaftlich besser entwickelt sind. Daher stoßen diese Ideologien auf wenig Widerstand, wenn sie sich ausbreiten und die lokale traditionelle Kultur zerstören.

So ist beispielsweise das erste Land in Asien, das die gleichgeschlechtliche Ehe anerkannt hat, eine Gesellschaft mit tiefen Traditionen. Die Globalisierung war der Grund für den Wandel. Nach dem Studium im Westen akzeptierte eine große Anzahl von Studenten die Idee der gleichgeschlechtlichen Ehe und drängte auf den Wandel. Meistens haben progressive Politiker, die die Legalisierung gleichgeschlechtlicher Ehen fördern, ihre progressiven Ansichten während ihres Auslandsstudiums entwickelt.

c) Multinationale Konzerne verbreiten verfälschte Kultur

Unter den Bedingungen der Globalisierung haben sich gegenseitiger Respekt und Toleranz gegenüber verschiedenen nationalen Kulturen durchgesetzt. Der Kommunismus hat dies genutzt, um das Konzept der Toleranz willkürlich zu erweitern und die Wertneutralität zu einem „globalen Konsens" zu machen und damit abwegige Ideen durchzusetzen. Insbesondere

Homosexualität und sexuelle Befreiung haben sich im Zuge der Globalisierung rasant entwickelt und die moralischen Werte der traditionellen Gesellschaft ernsthaft beeinträchtigt und korrodiert.

Im Jahr 2016 kündigte ein großer, weltweit tätiger Einzelhändler an, dass die Umkleideräume und Toiletten in seinen Geschäften „transsexuellenfreundlich" sein würden, was bedeutet, dass jeder Mann nach Belieben Frauentoiletten oder Umkleideräume betreten könnte, wenn er nur behauptet, er sei tatsächlich eine Frau. Die American Family Association forderte die Verbraucher auf, das Unternehmen zu boykottieren, weil diese Politik Frauen und Kindern Schaden zufügen könnte. [30] Tatsächlich betrat 2018 ein Mann die Damentoilette des Ladens und entblößte sich vor einem jungen Mädchen. [31]

Gegen den Widerstand von Verbrauchern, die sich an traditionelle Werte halten, haben Journalisten Hunderte großer multinationaler Unternehmen, die die volle Punktzahlen im Corporate Equality Index (einem Maß für die Einstellung zu LGBTQ-Fragen) erhalten haben, ermittelt und festgestellt, dass die Unternehmen mit der gleichen Politik wie die Ladenkette alle Aspekte des Lebens der einfachen Menschen abdeckten, was einen Boykott unrealistisch machte. Die Unternehmen umfassten fast alle großen Fluggesellschaften, große Marken-Autofabriken, Fast-Food-Ketten, Cafés, große Kaufhäuser, Banken, große Filmproduktionsfirmen, Handy- und Computerfirmen und so weiter. [32] Diese Werte sind allgegenwärtig geworden und durch die Globalisierung über die Unternehmenskultur multinationaler Konzerne zum Mainstream geworden.

d) Die UNO verbreitet verzerrte Wertvorstellungen

1990 gab die Weltgesundheitsorganisation bekannt, dass Homosexualität keine psychische Erkrankung sei, was die homosexuelle Bewegung weltweit stark antrieb. Unter den Bedingungen der Globalisierung verbreitete sich AIDS weltweit, wobei die wichtigste Gruppe der AIDS-anfälligen Menschen, die Homosexuellen, weiterhin das Ziel sozialer Besorgnis und öffentlicher Diskussionen sind. Der Kommunismus hat parallel dazu die Expansion der homosexuellen Bewegung gefördert. Weltweit wird der Kampf gegen AIDS gefördert, und homosexuelle Patienten sollen sich nicht schämen. Als Folge wird die moralische Anerkennung homosexuellen Verhaltens gefördert. In Afrika, Asien und Lateinamerika hat die Finanzierung des AIDS-Programms durch die internationale Gemeinschaft somit zur Förderung der homosexuellen Bewegung beigetragen. [33]

Südafrika war das erste Land, das im UN-Menschenrechtsrat eine neue Konvention einführte, die die Anerkennung der sexuellen Orientierung und der Geschlechtsidentität als Indikatoren für die Einhaltung der Menschenrechte vorschreibt. Das Übereinkommen wurde schließlich angenommen. Dies ist die erste UN-Resolution, die sich direkt an der sexuellen Orientierung und der Geschlechtsidentität orientiert. [34] In Wirklichkeit werden damit früher als abweichend geltenden Praktiken normalisiert, indem ihnen die gleiche Bedeutung wie den Naturrechten beigemessen wird.

Artikel 13 der UN-Konvention über die Rechte der Kinder besagt: „Das Kind hat das Recht auf freie Meinungsäußerung; dieses Recht umfasst die Freiheit, Informationen und Ideen aller Art ungeachtet der Grenzen mündlich, schriftlich oder gedruckt, in Form von Kunst oder durch andere Medien nach Wahl des Kindes zu suchen, zu empfangen und weiterzugeben.“ [35]

Einige Experten haben gefragt: Wenn Eltern ihren Kindern nicht erlauben, T-Shirts mit satanischer Symbolik zu tragen, stellt dies dann eine Verletzung der Kinderrechte dar? Haben Kinder das Recht, die Art und Weise zu wählen, wie sie mit ihren Eltern sprechen möchten? [36] Kindern fehlt es vielleicht an Urteilsvermögen. Wenn sie Gewalt anwenden oder gegen ethische Normen verstoßen, können Eltern ihre Kinder dann noch disziplinieren? Diese Sorgen sind nicht unbegründet. Im Jahr 2018 verabschiedete Ontario, Kanada, ein Gesetz, wonach Eltern den Wünschen der Kinder nach Geschlechteridentität nicht widersprechen sollten (das heißt Kinder können selbst ihr Geschlecht selbst wählen und Jungen beschließen, ein Mädchen zu sein und umgekehrt). Eltern, die die gewählte Geschlechtsidentität ihres Kindes nicht akzeptieren, werden möglicherweise der Kindesmisshandlung bezichtigt und ihre Kinder könnten ihnen vom Staat weggenommen werden. [37]

Der Kommunismus nutzt also die Globalisierung, um die traditionelle Kultur und die moralischen Werte auf umfassende Weise zu verändern und zu zerstören. Dazu gehört auch der Einsatz von Industrieländern, globalen Unternehmen und internationalen Institutionen. Die Menschen tauchen in die oberflächliche Bequemlichkeit des globalen Lebens ein, aber sie sind sich nicht bewusst, dass sich ihre Ideen und ihr Bewusstsein schnell ändern. In nur wenigen Jahrzehnten haben diese völlig neuen Ideen viele Teile der Welt wie ein wütender Tsunami erfasst. Wohin sie auch gehen, die Kultur ändert sich, Zivilisationen gehen verloren, und selbst die ältesten und am meisten verschlossenen Länder können dem nicht entkommen.

Die traditionelle Kultur ist die Wurzel der menschlichen Existenz, eine wichtige Garantie für den Menschen, um moralische Standards zu wahren. Es ist der Schlüssel zur Fähigkeit des Menschen, vom Schöpfer gerettet zu werden. Im Prozess der Globalisierung wurden diese durch die Arrangements des kommunistischen Gespenstes verändert oder sogar zerstört – und die menschliche Zivilisation in eine beispiellose Krise gestürzt.

Fazit

Seit Jahrtausenden gibt es verschiedene Nationalitäten und Länder. Obwohl diese in verschiedenen Regionen existieren, haben sie unterschiedliche soziale Formen und politische Systeme, verwenden unterschiedliche Sprachen und haben unterschiedliche kulturelle und psychologische Eigenschaften – aber alle haben gemeinsame universelle Werte. Diese universellen Werte sind der Kern der traditionellen Kultur für alle ethnischen Gruppen.

In dem kurzen Zeitraum von etwas mehr als hundert Jahren nach dem Aufkommen des Kommunismus auf der globalen Bühne ist die Menschheit bereits in großer Gefahr, da traditionelle Kulturen in großem Umfang untergraben und zerstört wurden.

Nach der Oktoberrevolution übernahmen Kommunisten die Macht in Russland und China, den Großmächten des Ostens, töteten traditionelle kulturelle Eliten und zerstörten die traditionelle Kultur durch Gewalt. Nach dem Zweiten Weltkrieg infiltrierten und kontrollierten kommunistische Länder die Vereinten Nationen und andere internationale Organisationen. Sie missbrauchten demokratische Verfahren, um der Mehrheit zu ermöglichen, die Minderheit zu unterwerfen und verwendeten Geld, um kleine Länder dafür zu gewinnen, den großen Apparat der Vereinten Nationen zu nutzen, um die ganze Welt in einen korrumpierten Zustand zu versetzen.

Auf der ganzen Welt, besonders nach dem Ende des Kalten Krieges, begann der Kommunismus, den internationalen politischen, wirtschaftlichen und kulturellen Austausch und die Zusammenarbeit zu nutzen, um die Globalisierung zu erweitern und zu kontrollieren, abweichende Werte weltweit voranzutreiben und systematisch universelle Werte und Traditionen zu zerstören. Das Gespenst des Kommunismus regiert heute die ganze Welt.

Die heutigen transnationalen politischen und wirtschaftlichen Gruppierungen haben enorme Ressourcen unter Kontrolle, und ihr Einfluss hat sich in jeden Bereich der menschlichen Gesellschaft ausgebreitet. Von großen Themen wie Umwelt, Wirtschaft, Handel, Militär, Diplomatie, Wissenschaft und Technologie, Bildung, Energie, Krieg und Einwanderung bis hin zu kleinen Themen wie Unterhaltung, Mode und Lifestyle werden alle zunehmend von Globalisten manipuliert. Sobald eine globale Regierung gebildet ist, wäre es einfach, mit einem einzigen Befehl die ganze Menschheit zu verändern oder sogar zu zerstören.

Durch die Nutzung der Globalisierung in Verbindung mit anderen Instrumenten hat das kommunistische Gespenst die menschliche Gesellschaft in nur wenigen hundert Jahren untergraben und sowohl der Osten als auch der Westen laufen Gefahr, zerstört zu werden.

Nur durch die Rückkehr zur Tradition kann der Mensch universelle Werte und traditionelle Kulturen in souveränen Nationen und im internationalen Austausch wieder einführen. Das ist notwendig, um zu universellen Werten und traditioneller Kultur zurückzukehren – und das wird es der Menschheit ermöglichen, unter dem Schutz und der Gnade Gottes das kommunistische Gespenst zu vertreiben und sich in eine strahlende Zukunft zu bewegen.

Quellen zu Kapitel 17

[1] Karl Marx, „Manifesto of the Communist Party" (Marx/Engels Internet Archive), https://www.marxists.org/archive/marx/works/1848/communist-manifesto/ch04.htm.

[2] Karl Marx and Friedrich Engels, „The German Ideology", Vol. I, 1845, https://www.marxists.org/archive/marx/works/1845/german-ideology/index.htm

[3] V. I. Lenin, „The Third Communist Internationa", Lenin's Collected Works, 4th English Edition, Volume 29 (Moscow: Progress Publishers, 1972), 240–241, https://www.marxists.org/archive/lenin/works/1919/mar/x04.htm.
[4] G. Edward Griffin, „Fearful Master: A Second Look at the United Nations" (Appleton, Wis.: Western Islands, 1964), Chapter 7.
[5] Ebd.
[6] James Bovard, „The World Bank vs. the World's Poor", Cato Institute Policy Analysis No. 92, September 28, 1987, https://object.cato.org/sites/cato.org/files/pubs/pdf/pa092.pdf.
[7] The World Bank, „Poverty: Overview", https://www.worldbank.org/en/topic/poverty/overview.
[8] Dani Rodrik, „The Globalization Paradox: Why Global Markets, States, and Democracy Can't Coexist" (Oxford: Oxford University Press, 2011), 19.
[9] Sarah A. Webster, „Inside America's Bold Plan to Revive Manufacturing: It's All About the Technology", May 14, 2015, https://www.sme.org/american-manufacturing-and-nnmi/.
[10] U.S. Bureau of Labor Statistics, „A Profile of the Working Poor, 2016", July 2018 https://www.bls.gov/opub/reports/working-poor/2016/home.htm.
[11] Alex Kingsbury, „Declassified Documents Reveal KGB Spies in the U.S.: Alger Hiss, Elizabeth Bentley, and Bernard Redmont Are the Subjects of Scrutiny", U.S. News, July 17, 2009, https://www.usnews.com/news/articles/2009/07/17/declassified-documents-reveal-kgb-spies-in-the-us.
[12] William F. Jasper, „Global Tyranny... Step by Step: The United Nations and the Emerging New World Order" (Appleton, Wis.: Western Islands Publishers, 1992), 69.
[13] Ebd., 69–70.
[14] „FBI Chief Finds Red Spies ‚Potent Danger'", Los Angeles Times, May 4, 1963, as quoted in G. Edward Griffin, The Fearful Master: A Second Look at the United Nations, Chapter 7.
[15] Jasper, Global Tyranny, 75.
[16] Colum Lynch, „China Enlists U.N. to Promote Its Belt and Road Project", Foreign Policy, May 10, 2018, https://foreignpolicy.com/2018/05/10/

china-enlists-u-n-to-promote-its-belt-and-road-project/.
[17] See Robert W. Lee, The United Nations Conspiracy (Appleton, Wis.: Western Islands, 1981); William F. Jasper, The United Nations Exposed: The International Conspiracy to Rule the World (Appleton, Wis.: The John Birch Society, 2001); Dore Gold, Tower of Babble: How the United Nations Has Fueled Global Chaos (New York, Crown Forum, 2004); Joseph A. Klein, Global Deception: The UN's Stealth Assault on America's Freedom (Los Angeles: World Ahead, 2005); Eric Shawn, The U.N. Exposed: How the United Nations Sabotages America's Security and Fails the World (New York: Penguin Books, 2006); Daniel Greenfield, 10 Reasons to Abolish the UN (David Horowitz Freedom Center, 2011).
[18] Dore Gold, „Tower of Babble: How the United Nations Has Fueled Global Chaos" (New York, Crown Forum, 2004), 3.
[19] Gold, Tower of Babble, 1–24.
[20] As quoted in Robert Chandler, „Shadow World: Resurgent Russia, The Global New Left, and Radical Islam" (Washington, D.C.: Regnery Publishing, 2008), 403–4.
[21] Griffin, „Fearful Master", Chapter 11.
[22] As quoted in Jasper, Global Tyranny, 90.
[23] Humanist Manifesto II, American Humanist Association, https://americanhumanist.org/what-is-humanism/manifesto2/.
[24] Hilary F. French, „After the Earth Summit: The Future of Environmental Governance", Worldwatch Paper 107, Worldwatch Institute, March 1992, 6, http://infohouse.p2ric.org/ref/30/29285.pdf.
[25] Jasper, „Global Tyranny...Step by Step", 71.
[26] As quoted in Chandler, „Shadow World", 401.
[27] Chandler, „Shadow World", 401–3.
[28] W. Cleon Skousen, „The Naked Communist" (Salt Lake City: Izzard Ink Publishing, 1958, 2014), Chapter 12.
[29] Bernard Connolly, „The Rotten Heart of Europe: Dirty War for Europe's Money" (London: Faber & Faber, 1997), Kindle edition, location 113–118.
[30] "Sign the Boycott Target Pledge!", American Family Association, https://www.afa.net/target.

[31] Hayley Peterson, „Outraged Shoppers Threaten to Boycott Target after a Man Exposes Himself to a Young Girl in a Store's Bathroom“, Business Insider, April 6, 2018, https://www.businessinsider.com/target-faces-boycott-threat-after-man-exposes-himself-in-womens-bathroom-2018-4.
[32] Samantha Allen, „All the Things You Can No Longer Buy if You're Really Boycotting Trans-Friendly Businesses“, The Daily Beast, April 26, 2016, https://www.thedailybeast.com/all-the-things-you-can-no-longer-buy-if-youre-really-boycotting-trans-friendly-businesses.
[33] Graeme Reid, „A Globalized LGBT Rights Fight“, Human Rights Watch, November 2, 2011, https://www.hrw.org/news/2011/11/02/globalized-lgbt-rights-fight.
[34] Ebd.
[35] United Nations, Office of the High Commissioner, Convention on the Rights of the Child, https://www.ohchr.org/en/professionalinterest/pages/crc.aspx (last visited Jan 25, 2019).
[36] Jasper, „Global Tyranny...Step by Step“, 148.
[37] Grace Carr, „Ontario Makes Disapproval of Kid's Gender Choice Potential Child Abuse“, The Daily Caller, June 5, 2017, https://dailycaller.com/2017/06/05/ontario-makes-disapproval-of-kids-gender-choice-child-abuse/.

Kapitel 18

Chinas Griff nach der Weltherrschaft

Einführung

Zu Beginn des zwanzigsten Jahrhunderts übernahmen die sowjetischen Kommunisten mit Gewalt die Macht in Russland. Der Erfolg dieser Revolution ermöglichte im Gegenzug den Weg für den wichtigsten Akteur des kommunistischen Gespenstes – die Kommunistische Partei Chinas.

Die KP Chinas wurde 1921 von Vertretern der fernöstlichen Niederlassung der Kommunistischen Internationale gegründet. In den folgenden Jahrzehnten spielte die Sowjetunion eine wichtige Rolle auf der Weltbühne und stand dem westlichen demokratischen Lager im Kalten Krieg gegenüber. Die Westler akzeptierten die Sowjetunion und ihre kommunistischen Satellitenstaaten in Osteuropa als den archetypischen kommunistischen Gegner. In der Zwischenzeit hatte das Regierungssystem der KP Chinas genügend Zeit, sich zu etablieren und zu reifen.

Die Sowjetunion brach 1991 zusammen und ließ das Regime der KP Chinas auf der Weltbühne allein. Das kommunistische China verfolgte eine neue, nicht konfrontative Vorgehensweise und verlockte den Rest der Welt dazu, sich auf seine vermeintlich kapitalistische Marktwirtschaft einzulassen, während es gleichzeitig sein totalitäres politisches System beibehielt. Deshalb sahen viele westliche Wissenschaftler, Unternehmer und Politiker die KP Chinas nicht als kommunistische Partei an, sondern eher als eine abweichende Variante.

Nichts könnte weiter von der Wahrheit entfernt sein. Die KP Chinas hat die entscheidenden Merkmale der kommunistischen Ideologie – Betrug, Boshaftigkeit und Kampf – auf die Spitze getrieben. Die Partei hat ein Regierungssystem geschaffen, das die schädlichsten und heimtückischsten Methoden der politischen Intrige anwendet, die über Jahrtausende der Menschheitsgeschichte entwickelt wurden. Die KP Chinas verführt Menschen mit enormen Profiten, kontrolliert sie mit Macht und blendet sie mit Lügen. Sie hat ihre dämonischen Methoden bis zur Perfektion kultiviert.

China ist die Heimat von fünftausend Jahren Geschichte und einem herrlichen traditionellen Erbe, das sich dieses antike Land und seine Bewohner verdient haben. Es wird von Menschen auf der ganzen Welt respektiert und bewundert. Die KP Chinas hat aus diesen positiven Gefühlen Kapital geschlagen. Nachdem sie die Macht erobert und das chinesische Volk in Geiselhaft genommen hatte, vermengte sie die Konzepte der chinesischen Nation und der Diktatur der KP Chinas. Sie präsentierte ihre ehrgeizigen Ambitionen unter der Tarnung eines „friedlichen Aufstiegs" Chinas. Dies macht es der internationalen Gemeinschaft schwer, ihre wahren Motive zu verstehen.

Doch der wesentliche Charakter der KP Chinas hat sich nie geändert. Die Strategie der Partei in der Wirtschaft besteht einfach darin, die „nutrition of the capitalist body" (dt. etwa: „Nahrung des kapitalistischen Körpers") [1] zu nutzen, um ihren eigenen sozialistischen Körper zu stärken. Damit werden ihre Herrschaft stabilisiert und ihre Ziele verwirklicht – anstatt es China zu ermöglichen, echten Wohlstand zu erreichen und seine wahre Stärke zu erkennen. In der Praxis missachten ihre Methoden jede grundlegende Ethik und universelle Werte.

Länder, die von Menschen gegründet wurden, existieren auf der Grundlage der Weisheit ihrer Gründer und des Glaubens an das Göttliche. Die menschliche Gesellschaft muss den vom Schöpfer festgelegten Verhaltensnormen folgen, um einen hohen moralischen Charakter zu bewahren, das Recht auf Privateigentum zu schützen und universelle Werte zu respektieren. Die wirtschaftliche Entwicklung einer normalen Gesellschaft muss durch entsprechende moralische Standards unterstützt werden.

Doch der Parteistaat der KP Chinas ist einem diametral entgegengesetzten Weg gefolgt und hat eine schnell wachsende wirtschaftliche Kultur der Abscheulichkeit geschaffen, die zu starker moralischer Degeneration führte. Die Gründe des bösartigen kommunistischen Gespenstes, in China ein „Wirtschaftswunder" zu arrangieren, sind simpel: Ohne ökonomische Stärke hätte das Regime der KP Chinas keinen überzeugenden Einfluss, um der Welt seine Bedingungen zu diktieren. Diese Vereinbarungen sollen nicht China oder den Chinesen zugutekommen, sondern erreichen, dass die chinesische Bevölkerung Geld und Reichtum anbetet. Ziel ist, dass sich die Welt bei der wirtschaftlichen Zusammenarbeit und in internationalen Angelegenheiten an der KP Chinas ausrichtet.

Intern regiert die Kommunistische Partei durch Tyrannei und die rücksichtslosesten Aspekte des kapitalistischen Systems. Sie belohnt das Böse und bestraft das Gute, indem es die schlimmsten Menschen zu den Erfolgreichsten der Gesellschaft macht. Diese Politik verherrlicht die böse Seite der menschlichen Natur. Es nutzt den Atheismus, um einen Zustand völliger Degeneration zu schaffen, in dem Menschen keine moralischen Bedenken mehr haben.

Wenn das Regime der KP Chinas im Ausland tätig ist, befürwortet es die Ideologie der „Chinesischen Merkmale“, das heißt des Kommunismus. Es bietet starke wirtschaftliche Anreize als Köder an, damit die Menschen der freien Welt ihre Wachsamkeit und ihre moralischen Prinzipien aufgeben sowie die Augen vor den gewaltigen Menschenrechtsverletzungen der KP Chinas und ihrer Verfolgung der Religionen verschließen. Viele Politiker und Unternehmen in westlichen Ländern haben ihre Werte verraten. Sie bringen sich für ihren Profit in Gefahr und orientieren sich an den Verhaltensweisen der KP Chinas.

Die westlichen Länder hoffen, dass sie der KP Chinas bei einer friedlichen Transformation helfen können. Doch während sich China in gewissem Maß äußerlich modernisierte und an den Westen anpasste, veränderte die Partei nie ihre grundlegende Natur. Das Ergebnis zeigt, dass die KP Chinas mit ihrem Handeln in den vergangenen Jahrzehnten erfolgreich und friedlich die moralischen Verpflichtungen der Vereinigten Staaten untergraben und den öffentlichen Willen korrumpiert hat.

Die KP Chinas ist der Hauptakteur des Kommunismus und damit weltweit die größte Bedrohung. Mittels der Stärkung der globalen Macht der KP Chinas hat das kommunistische Gespenst das Ziel, sein Gift in alle Ecken der Erde zu verteilen und schließlich zu bewirken, dass die Menschen die Traditionen und die Gottheiten verraten. Selbst wenn die Pläne der Partei zur Weltherrschaft nicht direkt erfolgreich sind, wird sie dennoch das eigentliche Ziel erreicht haben: die Menschen von ihren moralischen Werten zu trennen. Sie tut dies, indem sie Menschen mit ökonomischen Interessen verführt, sie in finanzielle Fallen lockt und manipuliert, in ihre politischen Systeme eindringt, sie mit militärischer Gewalt bedroht und sie mit ihrer Propaganda in die Irre führt.

Angesichts dieser großen Gefahr müssen wir die Ambitionen, die Strategie, die Taktiken und die Ziele des Regimes der KP Chinas sorgfältig prüfen.

1. Das Anliegen der Kommunistischen Partei Chinas ist, die Vereinigten Staaten zu zerstören und die Welt zu beherrschen

a) Die KP Chinas ist seit jeher auf die Beherrschung der Welt ausgerichtet

Der KP Chinas reicht es nicht, nur regionale Macht zu besitzen. Sie möchte die Welt beherrschen. Ihr tyrannischer Charakter lässt es nicht anders zu. Aufgrund ihrer Natur widersetzt sich die Kommunistische Partei dem Himmel, der Erde und der Tradition; sie bedient sich der Gewalt, um die „alte Welt" zu zerschlagen, und strebt nach der Zerstörung aller Staaten, Nationen und Klassen – mit dem angeblichen Ziel der „Befreiung der Menschheit". Ihre unveränderliche Mission ist die der konstanten Expansion, bis die Welt sich unter der kommunistischen Ideologie vereint. Ihre Doktrin und Praktiken sind per Definition globalistisch.

Aber da die traditionelle Kultur einst einen sehr starken Einfluss hatte, musste der Kommunismus einen weitläufigeren Ansatz nutzen. In der Sowjetunion forderte Stalin „Sozialismus in einem Land"; in neuerer Zeit verbreitete die KP Chinas den „Sozialismus mit chinesischem Charakter".

Anders als bei politischen Parteien im Westen, die sich die Macht teilen oder in rotierendem Wechsel an der Macht sind, verfügt die Kommunistische Partei Chinas über unangefochtene Autorität. So richtet sie ihre Strategien auf Jahrzehnte oder Jahrhunderte aus. Einige Jahre nach ihrer Etablierung im Jahr 1949 machte sie den Slogan „Großbritannien übertreffen und Amerika einholen" publik, der später den „Großen Sprung nach vorne" einleitete. Aufgrund ungünstiger inländischer sowie internationaler Umstände verhielt sich die KP Chinas danach jedoch über Jahrzehnte relativ ruhig.

Nach dem Tiananmen-Massaker wurde das chinesische

Regime von der internationalen Gesellschaft boykottiert. Daraufhin evaluierte die Partei die Situation und kam zu dem Entschluss, dass sie noch immer nicht direkt mit den Vereinigten Staaten konkurrieren konnte. Deswegen wählte sie den Weg, ihre Stärken zu verbergen und auf die richtige Zeit zu warten, anstatt einen direkten Versuch auf die Führung auf der internationalen Bühne zu machen. Die KP Chinas hat diese Entscheidung nicht deswegen getroffen, weil sie ihre Ziele geändert hätte, sondern weil sie ihre Strategien den unterschiedlichen Umständen anpasst – für ihr finales Ziel, die Weltherrschaft zu erreichen.

Man kann sagen, dass das kommunistische Gespenst die alt-chinesische, strategische Finte von „öffentlichem Rückzug während heimlichen Voranschreitens durch die versteckten Wege von Chencang“ angewendet hat. Die erste kommunistische Supermacht war zwar die Sowjetunion, doch ihre eigentliche Rolle war es, dem Wachstum und der Etablierung des chinesischen kommunistischen Regimes zum Durchbruch zu verhelfen.

b) Die Weltherrschaft Chinas verlangt das Scheitern der Vereinigten Staaten

Seit dem 1. Weltkrieg stellen die USA das mächtigste Land auf der Welt dar, und seither dienen sie dem Erhalt der internationalen Ordnung. Jedes Land, das diese Ordnung stürzen möchte, muss zuerst die USA in die Knie zwingen, sodass aus strategischer Sicht Amerika den Hauptfeind der KP Chinas darstellt. Dies ist seit Jahrzehnten der Fall und die Partei hat nie ihre Vorbereitungen für einen umfassenden Angriff auf die USA gestoppt.

In seinem Buch „The Hundred-Year Marathon: China's Secret Strategy to Replace America as the Global Superpower“ (Deutsch.: „Der einhundertjährige Marathon: Chinas geheime Strategie, Amerika als globale Supermacht zu ersetzen"), schrieb Michael Pillsbury, China habe eine Langzeit-Strategie zur Untergrabung der durch die USA geführten ökonomischen und politischen Ordnung. Sie will diese bis 2049, dem 100-jährigen Geburtstag der Machtübernahme der Kommunistischen Partei in China, durch den Kommunismus ersetzt haben. Pillsbury vermerkt, dass die von Chinas Nationaler Universität für Verteidigung produzierte TV Serie „Silent Contest" (auf Deutsch: „Stiller Wettbewerb") die Ambitionen zur Konkurrenz mit den USA klar ersichtlich darstellt: Der Weg der KP Chinas, ihren „großen Daseinszweck" zu erfüllen, nämlich die Welt zu beherrschen, „wird zwangsläufig durch einen ständigen Kampf mit dem vorherrschenden System der USA stattfinden". Es sei „ein hundertjähriger Wettkampf, der nicht vom menschlichen Willen geändert werden kann". [2]

Die globale Strategie der KP Chinas ist auf die Bekämpfung der Vereinigten Staaten ausgelegt. Arthur Waldron, ein Professor der Universität von Pennsylvania und China-Experte, legte in einer Senatsanhörung von 2004 dar, dass die chinesischen Streitkräfte, die „Volksbefreiungsarmee" (PLA), die einzige Armee auf der Welt ist, die auf Anti-USA-Operationen ausgerichtet ist. [3] Tatsächlich betrachten neben den Streitkräften auch die meisten diplomatischen Beziehungen und internationalen Aktivitäten der KP Chinas die Vereinigten Staaten als ihr direktes oder indirektes Angriffsziel.

c) Die KP Chinas verfolgt eine mehrstufige Strategie, um die Vereinigten Staaten zu untergraben und einzuschränken

Die KP Chinas wählte ein ganzheitliches Vorgehen zur Realisierung ihres Vorhabens, die Welt zu beherrschen. Sie konkurriert ideologisch mit den Vereinigten Staaten und anderen Ländern, in denen Frieden und Demokratie herrschen. Sie erzwingt Technologietransfer und stiehlt geistiges Eigentum, um den technologischen Rückstand auszugleichen und ihre wirtschaftlich starke Stellung zu festigen. Auf militärischer Basis befindet sie sich in stiller Rivalität zu den Vereinigten Staaten in Fällen asymmetrischer und „uneingeschränkter Kriegsführung" in Orten wie dem Südchinesischen Meer. Sie stärkt Nordkorea, den Iran und andere totalitäre Regime, um die Vereinigten Staaten sowie die NATO zu behindern.

Auf diplomatischer Ebene propagiert das Regime der KP Chinas die „Great Peripheral Strategy" und den „One Belt, One Road"-Plan (zu Deutsch: „Große Peripherie-Strategie" und „Neue Seidenstraße"). In kurzer Zeit hat sie ihren internationalen Einfluss ausgedehnt – nicht nur auf ihre Nachbarstaaten, sondern auch auf Länder in Europa, Afrika, Ozeanien und Lateinamerika – um ein internationales Bündnis, eine chinesisch geführte Sphäre aufzubauen und die Vereinigten Staaten zu isolieren.

Die KP Chinas verfügt über viele Methoden, um diese Ziele zu erreichen. So etablierte sie nach dem Jahr 1996 die Shanghaier Organisation für Zusammenarbeit (SOZ), die Asiatische Infrastrukturinvestmentbank (AIIB, 2015) sowie die „16+1-Gipfel" (China-Mittel-Ost-Europa-Gipfel) für die Kooperation zwischen China und den mittel- und osteuropäischen Ländern im Jahr 2012. Sie arbeitet intensiv als Teil der fünf BRICS-Staaten (Brasilien, Russland, Indien, China und Südafrika) und wirbt tatkräftig für die Internationalisierung ihrer Währung. Sie strebt nach Kontrolle über die Ausgestaltung industrieller Standards (wie für die geplanten 5G-Mobilfunknetze) sowie nach Vorherrschaft im öffentlichen Diskurs.

Das Regime der KP Chinas hat Vorteile aus der Demokratie und freien Presse gezogen, die in den Vereinigten Staaten und auch in anderen westlichen Ländern existiert, um dort einheitliche Frontoperationen auszuführen, Propaganda zu verbreiten und Spionage zu betreiben. Das ist Teil ihres Versuches, die Vereinigten Staaten so stark wie möglich zu manipulieren und unblutige Veränderung von innen voranzubringen.

Zu ihren Taktiken gehört die Bestechung von US-Regierungsbeamten, Kongressabgeordneten, Diplomaten und pensionierten Militäroffizieren durch Agenten der KP Chinas. Die Partei nutzt wirtschaftliche Interessen, um amerikanische Investoren zur Unterstützung der chinesischen Kommunisten zu bewegen und die US-Politik gegenüber China zu beeinflussen. Sie zwingt Hightech-Firmen zur Kooperation bei der Internetzensur sowie der „Great Firewall". Sie verpflichtet und setzt Anreize für viele chinesische Gemeinschaften, damit diese als subversive Kräfte dienen, und infiltriert westliche Think Tanks sowie wissenschaftliche Abteilungen. Sie manipuliert diese Institutionen zur Selbstzensur in Bezug auf sensible Themen, was am Ende effektiv zur Einnahme des Standpunktes der KP Chinas führt. Chinesische Firmen, die von der KP Chinas kontrolliert oder beeinflusst sind, tätigen zudem hohe Investitionen in Hollywood.

Während sie ihren Einfluss auf verschiedene Länder ausgebreitet hat, um die Vereinigten Staaten einerseits einzudämmen und einzuschließen, hat die Partei auf der anderen Seite versteckte Festungen auf amerikanischem Boden aufgebaut, sodass sie die Vereinigten Staaten von innen unterminieren kann. Sie hat ein umfangreiches Netzwerk an Agenten etabliert und Spaltungen in der amerikanischen Gesellschaft gefördert, was auch zu einer ernsthaften Gefahr auf internationaler Ebene führt.

d) Die KP Chinas stachelt zu Hass gegen die USA auf, um sich auf den Krieg mit Amerika vorzubereiten

Die Ideologie der KP Chinas basiert auf Hass. Der Patriotismus, den sie verbreitet, beinhaltet den Hass auf Japan, Hass auf Taiwan, Hass auf Tibet, Hass auf die ethnischen Minderheiten in Xinjiang, Hass auf religiös Gläubige, Hass auf Andersdenkende, und, am wichtigsten, den Hass auf die USA. Es gibt einen Spruch auf chinesischen Internetplattformen: „Beschuldige für kleine Probleme Japan, für große die Vereinigten Staaten." Durch die Anstachelung von Hass auf ausländische Feinde versucht die Partei, die öffentliche Meinung auch während einer Krise sicher auf ihrer Seite zu halten.

Bevor die chinesischen Kommunisten an die Macht gekommen waren, lobten sie die Vereinigten Staaten mehrmals für ihre Freundschaft zu China sowie für das demokratische System der USA. Als die KP Chinas jedoch ihr Regime eingerichtet hatte, nutzte sie einerseits rasch das Leid aus, das China in der modernen Geschichte widerfahren ist, andererseits das Bestreben der Menschen nach einer starken Nation. Die KP Chinas stellte sich selbst als Chinas Rettung dar, indem sie Hass auf Amerika sowie auf andere Staaten schürte.

Tatsächlich kümmert sich die KP Chinas nicht um Leben oder Tod des chinesischen Volkes, noch interessiert sie Chinas territoriale Unversehrtheit oder eine nachhaltige Entwicklung der chinesischen Nation. Es ist unmöglich, die Bösartigkeit zu beschreiben, mit der die KP Chinas das chinesische Volk verfolgte, Chinas Souveränität verriet, die Moral und traditionelle Kultur der Chinesen zerstörte und Chinas Zukunft verschwendete.

Die Anstachelung zum Hass auf ausländische Staaten dient der KP Chinas erstens dazu, sich als Retter darzustellen und ihre brutale Herrschaft zu legitimieren. Zweitens will sie nationale Gefühle nutzen, um die öffentliche Aufmerksamkeit in Krisenzeiten abzulenken. Drittens geht es darum, Unterstützung für die eigenen expansionistischen Ambitionen und Pläne zur vermeintlichen Wiedergutmachung der Erniedrigungen in moderner Zeit zu gewinnen.

Und viertens gilt es, Hass als psychologische Vorbereitung für zukünftige Kriege zu nutzen und die Bevölkerung für barbarische Taten und Terrorakte unempfindlich zu machen.

Die KP Chinas hat junge Generationen mit Hass auf die USA indoktriniert, um sie als Werkzeug in ihrem Bemühen zu nutzen, die USA zu verdrängen und die Welt zu beherrschen. Wenn die Zeit kommt, plant die KP Chinas, die Vereinigten Staaten sowie die mit ihr verbündeten demokratischen Staaten mit Chinas Jugend in verschiedenen Formen zu infiltrieren, diese an bewaffneten Kämpfen teilnehmen zu lassen, Krieg zu führen und, wenn nötig, sie dazu zu bringen, sich selbst in einem nuklearen Holocaust zu opfern.

Der Jubel in Chinas Öffentlichkeit nach den Terroranschlägen vom 11. September 2001 zeigt, dass die KP Chinas starken Einfluss mit ihrer Propaganda erzielt hat. Auf Chinas großen politischen und militärischen Foren trifft man oft auf Gedankengut wie „China und die Vereinigten Staaten müssen gegeneinander Krieg führen" – ein weiteres Indiz für den Erfolg der KP Chinas dabei, die Menschen dahin erzogen zu haben, die Vereinigten Staaten zu hassen. Dies ist eine langfristige, schrittweise Mobilisierung für einen Krieg, die von der Kommunistischen Partei Chinas bewusst geplant und systematisch durchgeführt wird.

Die Hasspropaganda der KP Chinas ist nicht auf China beschränkt. Auf internationaler Ebene unterstützt sie ausdrücklich oder offen Schurkenstaaten und Terrororganisationen im Kampf gegen die USA und stellt ihnen finanzielle Hilfe, Waffen und Ausrüstung, theoretisches Wissen, taktisches Training und öffentliche Unterstützung zur Verfügung. Die KP Chinas ist der Anführer der Achse antiamerikanischer Staaten und steuert auf arrogante Weise die globalen Kräfte des Antiamerikanismus.

e) Die KP Chinas verheimlicht nicht länger ihre Absichten in den chinesisch-amerikanischen Beziehungen

Im Jahr 2008, als die Vereinigten Staaten mit einer wirtschaftlichen Krise zu kämpfen hatten, veranstaltete China in Peking die teuersten Olympischen Spiele in der Geschichte. Verkleidet in einem Kostüm aus Wohlstand drängt sich das Regime auf die internationale Bühne. Als Ergebnis der Globalisierung befand sich die verarbeitende Industrie der USA im Niedergang. Angesichts dieser wirtschaftlichen Schwierigkeiten baten die Vereinigten Staaten China um Hilfe. „Amerika überlebt durch das geliehene Geld von uns Chinesen" wurde zu einem wesentlichen Thema in der Propaganda der KP Chinas. „Mit Amerika geht es bergab, China ist in der Lage, es zu ersetzen." Nahezu alle von der Partei kontrollierten Medien in China druckten derartige Überschriften, und der Gedanke fasste sogar unter westlichen Medien und Wissenschaftlern Fuß.

Seit 2008 zeigte Amerika Zeichen einer Verschlechterung in Bereichen wie wirtschaftlichem Ansehen, militärischer Stärke und politischer Stabilität. Auf der wirtschaftlichen Ebene trieben die Vereinigten Staaten ein öffentliches Gesundheitssystem voran, bauten Sozialleistungen aus, stellten Klima-Themen in den Fokus der Politik, verstärkten die Umweltüberwachung und beschränkten die Freiräume für die traditionelle produzierende Industrie. Trotzdem wurde die Ökostromenergie von den Produkten „Made in China" geschlagen und die US-Produktion dabei weiter ausgehöhlt. Es gab keinen Weg, Chinas Attacken auf den Handel zu begegnen, dem Diebstahl geistigen Eigentums zu kontern oder sich dagegen zu schützen.

Angesichts dieses Trends akzeptierten viele einfach die These als Tatsache, dass China im Aufbruch und Amerika im Niedergang sei. Die Ausgaben für das US-Militär sanken und die Vereinigten Staaten nahmen eine schwache diplomatische Haltung ein. An der politischen Front der USA erstarkten sozialistische Ideologien. Die soziale Spaltung weitete sich aus. Die demokratischen Institutionen wurden zu einem Schauplatz parteipolitischer Streitigkeiten, wodurch die Arbeit der Regierung behindert wurde. Die KP Chinas verglich dieses Chaos in unvorteilhafter Weise mit dem konzentrierten Totalitarismus des eigenen Systems und beschrieb die amerikanische Demokratie als Lachnummer.

Im Jahr 2010 überholte China Japan und wurde zur zweitgrößten Wirtschaftsmacht der Welt. Nach einer Statistik der Weltbank aus dem Jahr 2014 übertraf das BIP Chinas, gemessen an der Kaufkraftparität, sogar jenes der Vereinigten Staaten. [4] Die KP Chinas sah das sich ändernde Machtverhältnis zwischen China und den Vereinigten Staaten. Da sie denkt, dass der Absturz Amerikas unumkehrbar ist, beendete sie ihre Strategie, ihre Stärken zu verstecken und abzuwarten. Stattdessen zielt die KP Chinas nun offen und direkt auf die von den Vereinigten Staaten angeführte internationale Ordnung. Die offizielle Meinung der KP Chinas, der Medien und Experten spricht nun nach und nach unverfroren von dem expansionistischen „China-Traum".

Während des 18. Nationalkongresses der KP Chinas im Jahr 2012 wurde die Idee vom Aufbau einer „Gemeinschaft für eine gemeinsame Zukunft der Menschheit" vorgestellt. Im Jahr 2017 veranstaltete die KP Chinas ein „Grand Gathering of World Political Parties", ein großes Zusammentreffen mit den politischen Parteien weltweit, um eine Illusion rund um eine alte Geschichte zu erwecken, in der eine Vielzahl an Königreichen zum chinesischen Kaiserhof kamen, um ihren Respekt zu zollen. Die KP Chinas brachte bei dieser Gelegenheit öffentlich ihren Wunsch zum Ausdruck, das kommunistische „chinesische Modell" in den Rest der Welt zu exportieren.

Mit dem, was die KP Chinas unter dem Namen „China-Modell“, dem „chinesischen Plan“ oder der „chinesischen Weisheit“ verbreitet, sind die Ziele der KP Chinas gemeint, die Welt zu führen und eine neue Weltordnung in Übereinstimmung mit den Regeln der Partei aufzubauen. Die KP Chinas hat dafür jahrzehntelange Vorbereitungen getroffen. Sollte diese neue Weltordnung tatsächlich etabliert werden, würde sie eine gewaltige neue Achse des Bösen darstellen, einen Feind für die freie Welt, der noch gefährlicher wäre als die Achsenmächte des Zweiten Weltkrieges.

2. Die Strategien des kommunistischen Chinas für die Weltherrschaft

a) Die „One Belt, One Road“-Initiative ist eine Strategie zur Eroberung von Territorium, die als Globalisierung getarnt wird

„One Belt, One Road“ ist eine zentrale Strategie

Im Jahr 2013 stellte die KP Chinas offiziell den Plan für die Wirtschaftsgürtel „Neue Seidenstraße“ und „Maritime Seidenstraße des 21. Jahrhunderts“, kurz: „One Belt, One Road“ (OBOR) vor. Geplant ist, dass das chinesische Regime Milliarden und Abermilliarden US-Dollar in den Bau kritischer Infrastruktur wie Brücken, Eisenbahnen, Häfen und die Energieerzeugung in Dutzenden von Ländern investiert. OBOR ist das größte geplante Investitionsvorhaben der Geschichte.

„One Belt“ bezieht sich auf den Wirtschaftsgürtel der Seidenstraße, der aus drei landgestützten Komponenten besteht: von China über Zentralasien und Russland bis nach Europa und in die Ostsee, von Nordwestchina über Zentralasien und Westasien bis zum Persischen Golf und zum Mittelmeer und von Südwestchina über die Halbinsel Indochina bis zum Indischen Ozean.

„One Road" bezieht sich auf die „Maritime Seidenstraße des 21. Jahrhunderts", die eine zweigeteilte Aufgabe ist: Die erste Route führt von den Häfen in China zum Südchinesischen Meer, durch die Straße von Malakka und weiter nach Europa über den Indischen Ozean; die zweite führt in den südlichen Pazifik.

Der „One Belt" an Land besteht aus sechs Wirtschaftskorridoren: dem China-Mongolia-Russia Economic Corridor (CMREC), der New Eurasian Land Bridge (NELB), dem China-Central and West Asia Economic Corridor (CCWAEC), dem China-Indochina Peninsula Economic Corridor (CICPEC), dem China-Pakistan Economic Corridor (CPEC) und dem Bangladesh-China-India-Myanmar Economic Corridor (BCIMEC).

Die neue eurasische Landbrücke wird auf Bahnverbindungen zwischen China und Europa, dem sogenannten „China Railway Express", basieren. Transporte von China nach Europa auf dem Seeweg dauern über dreißig Tage, verglichen mit etwas mehr als zehn Tagen auf der Schiene. Der „China Railway Express" wurde 2011 in Betrieb genommen und ist ein wichtiger Bestandteil von OBOR.

Der China-Pakistan Economic Corridor (CPEC) ist ein gemeinsamer Plan der beiden Regierungen. Dieser beinhaltet unter anderem eine Autobahn, die Kashgar in der Provinz Xinjiang mit dem Hafen Gwadar in Pakistan am Indischen Ozean verbindet. China erhielt das Recht, den Hafen ab dem Jahr 2013 zu betreiben. Als Tor Pakistans zum Persischen Golf und zum Arabischen Meer befindet sich der Hafen von Gwadar an einer strategisch kritischen Position. Er ist verbunden mit der Straße von Hormus, durch die 40 Prozent der weltweiten Erdöltransporte bis zum Arabischen Meer fahren.

Der Grundgedanke der „One Road" auf dem Seeweg besteht darin, eine Reihe strategischer Häfen zu bauen und die Kontrolle über den Seeverkehr zu erlangen. In finanziell soliden

Ländern gehen chinesische Unternehmen Beteiligungen oder Joint Ventures ein. Bei finanziell schwächeren Ländern investiert China große Summen vor Ort und ist bemüht, die Rechte als Betreiber der Häfen zu erhalten.

Allein im Jahr 2013 erlangten chinesische Unternehmen die erforderlichen Rechte, um mindestens siebzehn Häfen oder Terminals zu betreiben. So erwarb der Hafenentwickler China Merchants Port Holdings Company Limited 49 Prozent der Anteile von Terminal Link SAS in Frankreich. Mit diesem Kauf erhielt das Unternehmen die Betriebsrechte an fünfzehn Standorten in acht Ländern auf vier Kontinenten. [5]

Zu diesen Häfen und Terminals gehören die Häfen Antwerpen und Zeebrugge (Belgien), der Terminal des Suezkanals in Ägypten, Kumport in Istanbul (Türkei), der Hafen von Piräus (Griechenland), der Hafen Pasir Panjang (Singapur), der größte Hafen der Niederlande (Euromax Terminal Rotterdam, der als „Tor Europas“ bezeichnet wird); der zweite Terminal im Khalifa Port in Abu Dhabi (Vereinigte Arabische Emirate), der Hafen von Vado in der italienischen Region Ligurien, der Kuantan Port in der Straße von Malakka (Malaysia), der Hafen von Dschibuti (Ostafrika) und der Panamakanal.

Zusätzlich zu den Investitionen nützt die Kommunistische Partei auch die von OBOR geschaffenen Verschuldungsfallen, um die Kontrolle über strategische Standorte zu erlangen. Sri Lanka konnte seine Schulden gegenüber chinesischen Unternehmen nicht begleichen, so dass es 2017 einen 99-jährigen Mietvertrag mit einem chinesischen Unternehmen über die Nutzung des Hafens von Hambantota unterzeichnete.

Die KP Chinas startete 2018 zudem ihre „Digitale Seidenstraße“ mit dem Ziel, die zukünftige Entwicklung der Internet-Infrastruktur neu zu gestalten. Die „Digitale Seidenstraße“ gilt als eine fortgeschrittene Phase im OBOR-Projekt und stellt dessen neueste Entwicklung dar. Sie umfasst hauptsächlich den Aufbau von Glasfaserinfrastruktur, digitalen Informationsdiensten, internationaler Telekommunikation und E-Commerce.

Viele an OBOR beteiligte Länder verfügen nicht über ein vollständiges Kreditsystem. Die Kommunistische Partei Chinas ist bestrebt, ihre Systeme des E-Commerce und der elektronischen Zahlungsdienste wie Alipay in diesen Ländern einzuführen und gleichzeitig den westlichen Wettbewerb völlig auszuschließen. Die „Great Firewall“, die den Internetverkehr in China filtert, wird in die Länder der „Belt and Road“ exportiert, ebenso wie die Systeme der Massenüberwachung, die bereits von der KP Chinas für den Einsatz im eigenen Land genutzt werden.

Das Ausmaß der Reichweite der KP-Strategie zeigt sich an den Investitionen in die globale Infrastruktur. Laut einem Bericht der *New York Times* vom November 2018 hat die KP Chinas über 40 Pipelines und andere Erdöl- und Gas-Infrastrukturen gebaut oder baut sie gerade, zudem über zweihundert Brücken, Straßen und Eisenbahnen, fast zweihundert Kraftwerke für Kernkraft, Erdgas, Kohle und erneuerbare Energien sowie eine Reihe von großen Staudämmen. Sie hat in 112 Ländern investiert, von denen die meisten zur OBOR-Initiative gehören. Die KP Chinas hat ihre Ranken in die ganze Welt ausgestreckt. [6]

Die Bemühungen der KP Chinas, die USA auf der Weltbühne zu ersetzen, nahmen zu, als „One Belt, One Road“ Gestalt annahm. Die Partei förderte aggressiv den Yuan als internationale Währung und ihr eigenes Kreditsystem. In vielen Ländern werden in China hergestellte Telekommunikationsnetze (einschließlich 5G) als Zukunftstechnologie vorangetrieben, ebenso wie durch China gebaute Hochgeschwindigkeitsstrecken. Ziel ist, am Ende eine Reihe von Normen zu etablieren, die unabhängig von den aktuellen westlichen Normen sind und von der KP Chinas kontrolliert werden.

„One Belt, One Road" hat eine globale Tragweite

In der Anfangsphase der Initiative „One Belt, One Road" konzentrierte sich die KP Chinas auf die Nachbarländer Chinas bis hin nach Europa. Sehr schnell dehnte die Partei ihre Reichweite auf Afrika, Lateinamerika und sogar den Arktischen Ozean aus und damit über die ganze Welt aus. Die Seidenstraße bestand ursprünglich nur aus zwei Routen. Eine dritte Route, die „Silk Road on Ice" oder auch „Polar Silk Road" (die „Seidenstraße auf Eis" oder „Polare Seidenstraße"), wurde hinzugefügt, um über den Arktischen Ozean nach Europa gelangen zu können. Vor „One Belt, One Road" (OBOR) hatte die KP Chinas bereits stark in Afrika und Lateinamerika investiert. Diese Länder sind nun Teil der Hauptstruktur von OBOR, was es der KP Chinas ermöglichte, ihre finanzielle und militärische Reichweite in Afrika und Lateinamerika schneller auszubauen.

Das erste Ziel von „One Belt, One Road" ist, die chinesischen Überkapazitäten durch den Aufbau von Basisinfrastruktur wie Eisenbahnen und Autobahnen in andere Länder zu exportieren. Diese Länder sind reich an Ressourcen und Energie. Indem sie ihnen beim Aufbau der Infrastruktur hilft, erreicht die KP Chinas zwei sekundäre Ziele. Zum einen geht es darum, Wege zu öffnen, um die einheimischen Produkte kostengünstig nach Europa zu liefern. Zum anderen geht es darum, sich die strategischen Ressourcen der Länder, die an der „Neuen Seidenstraße" teilnehmen, zu sichern. Die KP Chinas beabsichtigt, ihre eigenen Exporte zu steigern. Sie beabsichtigt nicht, den Staaten entlang des „Belt and Road" beim Aufbau einer eigenen verarbeitenden Industrie zu helfen – die KP Chinas würde die chinesische Industrie nicht aufgeben.

Das eigentliche Ziel von „One Belt, One Road" ist es jedoch, mit den wirtschaftlichen Mitteln als Wegbereiter die Kontrolle über die finanziellen und politischen Lebensadern anderer Länder zu erlangen und sie in ihrer globalen Strategie in Kolonien der KP Chinas zu verwandeln. Zu den Begleiterscheinungen der OBOR-Programme gehört der Import aller bösartigen Aspekte des Kommunismus: Korruption, Schulden und totalitäre Repression. Das Projekt ist eine irreführende Falle, die seinen Nutzern keinen dauerhaften wirtschaftlichen Wohlstand bringen wird.

Viele Länder sind deshalb alarmiert und stoppen oder überdenken bereits das Projekt „Neue Seidenstraße". Die KP Chinas hat eingeräumt, dass sie transparenter sein und die stark kritisierten Schuldenfallen anpassen sollte. Dennoch dürfen die Pläne der Partei nicht unterschätzt werden. Während westliche Unternehmen nach gewinnorientierten Prinzipien arbeiten und es in instabilen Gastländern nicht länger als ein paar Jahre aushalten, kalkuliert die KP Chinas bis ins nächste Jahrhundert. Sie kann Betriebsabläufe in turbulenten internationalen Märkten langfristig akzeptieren, ohne Rücksicht auf unmittelbare Verluste.

Was die KP Chinas will, sind pro-kommunistische Regierungen, die sie in den Vereinten Nationen unterstützen. Die KP Chinas will die Macht in Asien, Afrika und Lateinamerika übernehmen, mit der freien Welt kämpfen und Amerika als Weltmacht Nummer eins ablösen. Die KP Chinas ist bereit, die zur Erreichung dieses Ziels erforderlichen menschlichen Verluste zu tragen. So kann die Partei etwa das chinesische Volk zwingen, für Kosten aufzukommen, die private westliche Unternehmen nie bewältigen könnten. In diesem Krieg zur Eroberung der Welt geht es nicht darum, wie mächtig die KP Chinas auf dem Papier ist. Es geht darum, dass die KP Chinas über die Ressourcen von Hunderten von Millionen Chinesen verfügt, ohne Rücksicht auf Leben oder Tod. Sie sind nur die Bauernopfer.

Der ehemalige Chefstratege des Weißen Hauses, Steve Bannon, bot eine einzigartige Interpretation des Seidenstraßen-Projekts. Er bescheinigt der chinesischen Initiative „Belt and Road", dass sie die Mackinder-Mahan-Spykman-Thesen zur Vorherrschaft in der Welt erfolgreich integriert hat.

Andrew Sheng vom Asia Global Institute fasste Bannons Ansichten so zusammen:

„Sir Halford Mackinder war ein einflussreicher britischer Geograph und Historiker, der 1904 so argumentierte: „Wer das Kernland (Zentralasien) beherrscht, beherrscht die Welt-Insel (Eurasien); wer die Welt-Insel beherrscht, beherrscht die Welt". Sein amerikanischer Zeitgenosse, der Marinehistoriker Alfred Mahan, prägte die Strategie der USA als maritime Weltmacht und erweiterte die Logik des britischen maritimen Imperiums, die darin bestand, die Seestraßen, Zugangspunkte und Kanäle zur Überwachung des Welthandels zu kontrollieren. Im Vergleich dazu noch Nicholas John Spykman. Dieser argumentierte, dass das Rimland (die Küstenländer um Asien herum) wichtiger ist als das Kernland: „Wer die Rimlands kontrolliert, regiert EuroAsia; wer EuroAsia regiert, kontrolliert das Schicksal der Welt." [7]

Bannons Einschätzung spiegelt die wachsende Vorsicht der westlichen Welt gegenüber den im Projekt „One Belt, One Road" enthaltenen Ambitionen der KP Chinas wider.

Tatsächlich beschränkt sich der Ehrgeiz der KP Chinas nicht auf „One Belt, One Road". Die Initiative konzentriert sich nicht nur auf die Beschaffung von Rechtsansprüchen an Landrouten, Wasserwegen und großen Häfen. Die Kommunistische Partei Chinas will Schlupflöcher nutzen, wo immer sie sich auf der Welt befinden. Viele Länder in Asien, Afrika und Lateinamerika sind neue unabhängige Staaten, die durch Entkolonialisierung entstanden sind. Diese Regionen erlebten ein Machtvakuum, das die KP Chinas nutzte, um Fuß zu fassen. Die neuen unabhängigen Länder, die einst die Sowjetunion und deren osteuropäische Satelliten umfassten, verfügten nur über eine schwache Souveränität und waren für das Regime der KP Chinas eine leichte Beute. Andere instabile Länder, die von westlichen Investoren eher gemieden werden, gerieten von selbst in die Falle der KP Chinas. Kleine Länder, Inselstaaten und unterentwickelte Länder an strategisch günstigen Standorten liegen alle im Fadenkreuz der Partei.

Sogar einige Staaten, die einst fest im westlichen demokratischen Lager verankert waren, sind durch schwache Wirtschaftssysteme und hohe Verschuldung in das Orbit der KP Chinas geraten. Geopolitisch betrachtet kreist die Partei allmählich die Vereinigten Staaten ein, indem sie die Wirtschaft anderer Länder kontrolliert. Ziel ist, den amerikanischen Einfluss zu verringern, zu verdrängen und schließlich aus diesen Ländern zu entfernen. Und bis dahin wird die KP Chinas eine eigene Weltordnung mit dem zentralen Schwerpunkt der kommunistischen Gewaltherrschaft aufgebaut haben. Dies ist kein neues Konzept. Es hat seine Wurzeln in der alten Strategie der Besetzung des ländlichen Raums um die Städte herum, welche die KP Chinas zum Sieg im chinesischen Bürgerkrieg geführt hatte.

b) Die „Great-Periphery-Strategie" der KP Chinas zielt darauf ab, die USA vom asiatisch-pazifischen Raum auszuschließen

Was ist die so genannte „Great Periphery Diplomacy" der KP Chinas? Die Think Tanks der Partei definieren es so: „China grenzt an vierzehn Länder entlang einer langen Landgrenze und schaut über das Meer auf sechs weitere Nachbarländer. Darüber hinaus befindet sich im Osten die asiatisch-pazifische Region und im Westen Eurasien. Das heißt, die radiale Ausdehnung der erweiterten Nachbarschaft Chinas umfasst zwei Drittel der internationalen Politik, Wirtschaft und Sicherheit. Der Rahmen der Peripherie-Diplomatie ist also mehr als nur eine regionale Strategie. [...] Es ist eine echte große Strategie." [8]

Australien ist das schwache Glied der westlichen Welt

Im Juni 2017 veröffentlichten *Fairfax Media Limited* und die *Australian Broadcasting Corporation* die Ergebnisse einer fünf Monate andauernden Untersuchung, den Dokumentarfilm „Power and Influence: The Hard Edge of China's Soft Power" (zu Deutsch: Macht und Einfluss: Die harte Kante von Chinas weicher Gewalt). Der Dokumentarfilm rief weltweit Bedenken hervor, weil er die weit verbreitete Infiltration und Kontrolle der KP Chinas in der australischen Gesellschaft beschreibt. [9] Sechs Monate später kündigte Sam Dastyari, ein Mitglied der Australischen Arbeiterpartei (Labor), seinen Rücktritt aus dem Senat an. Der Rücktritt von Dastyari war eine Folge von Vorwürfen, er habe Geld von chinesischen Händlern angenommen, die mit der KP verbunden sind und Erklärungen zur Unterstützung Pekings in Bezug auf territoriale Streitigkeiten im Südchinesischen Meer abgegeben hatten. Seine Aussagen zu diesem brisanten Thema standen im Widerspruch zu den Ansichten seiner eigenen Partei. [10]

Im September 2016 brachte die australische öffentlich-rechtliche Rundfunkgesellschaft *SBS News* einen Bericht, der die politischen Spenden eines chinesischen Geschäftsmannes enthüllte. Ziel dieser Spenden war, die Handelspolitik zwischen Australien und China zu beeinflussen. [11] Darüber hinaus hatten staatliche chinesische Medien in den vergangenen Jahren Verträge mit australischen Medien unterzeichnet, die es ihnen ermöglichen, Inhalte chinesischer Medien für das australische Publikum zu senden. [12]

Bereits im Jahr 2015 erlaubte Australien einem chinesischen Unternehmen mit engen Verbindungen zur People‘s Liberation Army (PLA, ein Sammelbegriff für die Streitkräfte von China), einen 99-jährigen Mietvertrag über den Hafen von Darwin abzuschließen. Der Überseehafen ist ein wichtiger militärischer Standort zur Verteidigung gegen Angriffe aus dem Norden. Der frühere Vizeaußenminister der USA (2001-2005), Richard Armitage, sagte, er sei fassungslos über den Deal gewesen, und dass die Vereinigten Staaten über die Entwicklung beunruhigt seien. [13]

Im Jahr 2017 erschien das Buch „Silent Invasion: China's Influence in Australia" (zu Deutsch: „Die stille Invasion: Chinas Einfluss in Australien") von Clive Hamilton. Das Buch wurde aus Angst vor chinesischen Konsequenzen aus China dreimal von australischen Verlagen abgelehnt. Schließlich stimmte nach reiflichen Überlegungen der dritte Verlag einer Veröffentlichung zu. Die Zensur löste bei den Australiern große Besorgnis über den chinesischen Einfluss auf ihr Land aus. [14]

Viele Menschen fragen sich, warum China so große Anstrengungen auf Australien gerichtet hat. Welchen strategischen militärischen Wert hat Australien für die KP Chinas, die Australien infiltriert und die Kontrolle ausübt?

Im Dezember 2017 erklärte die Denkfabrik National Endowment for Democracy (NED) in ihrem Bericht „Sharp Power": „Der wachsende autoritäre Einfluss, mit dem die Kommunistische Partei Chinas die australische Politik und Wissenschaft durch Bestechung und Unterwanderung verändert, hat vor allem die Absicht, das Bündnis zwischen den USA und Australien zu schwächen." [15]

In ihrem „Außenpolitischen Weißbuch 2017" schrieb die australische Regierung: „Die Vereinigten Staaten waren in der gesamten australischen Geschichte nach dem Zweiten Weltkrieg die dominierende Macht in unserer Region. Heute stellt China die Position Amerikas infrage." [16] Dr. Malcolm Davis, Senior Analyst am Australian Strategic Policy Institute, sagte, Peking versuche, einen strategischen Vorteil in der australischen Region zu erlangen. Das endgültige Ziel sei, Australiens Allianz mit den Vereinigten Staaten zu beenden. [17]

In der Strategie der Peripherie-Diplomatie des Regimes der KP Chinas ist Australien die Testregion für „weiche Operationen". [18] Die Unterwanderung von Australien geht auf das Jahr 2005 zurück, als Zhou Wenzhong, damals stellvertretender Leiter des Außenministeriums, Canberra besuchte und hohe Beamte der chinesischen Botschaft über den neuen diplomatischen Ansatz der Kommunistischen Partei briefte. Er sagte, dass das erste Ziel der Aufnahme Australiens in die größere Peripherie Chinas darin besteht, sicherzustellen, dass Australien in den nächsten zwanzig Jahren als vertrauenswürdige und stabile Versorgungsbasis für Chinas Wirtschaftswachstum dient. Langfristiges Ziel ist, das Bündnis zwischen den USA und Australien aufzubrechen. Die Mission des Meetings war, dass die Teilnehmer verstehen, wie die KP Chinas in den Bereichen Wirtschaft, Politik und Kultur umfassenden Einfluss auf Australien ausüben kann. [19]

Das Regime der Kommunistischen Partei Chinas nutzt seine wirtschaftliche Stärke aus, um Australien zu zwingen, Zugeständnisse in militärischen Fragen und Menschenrechtsfragen zu machen. Der von der Partei üblicherweise gewählte Ansatz, andere zur Zusammenarbeit zu nötigen, zeigt sich, indem sie persönliche Beziehungen auf der Grundlage wirtschaftlicher Interessen pflegt und gleichzeitig verborgen mit Erpressungen droht. [20]

Nach jahrelangen Untersuchungen stellte der australische Philosoph und Vizekanzler der Charles Sturt Universität, Clive Hamilton, fest, dass „Australiens wichtigste Institutionen – von unseren Schulen, Colleges und Fachverbänden bis hin zu unseren Medien, von Bergbau, Landwirtschaft und Tourismus bis hin zu Militäranlagen in Häfen und Stromnetzen, von unseren lokalen Parlamenten und Landesregierungen bis hin zu unseren Canberra-Parteien – von einem komplizierten Kontrollsystem unter der Aufsicht der KP Chinas infiltriert und umgestaltet werden." [21]

Nach der Wirtschaftskrise 2008 hat Australien in der Praxis bewiesen, dass es bereitwillig als Lieferbasis der KP Chinas dient, da allgemein davon ausgegangen wird, dass die KP Chinas Australien aus der Rezession gerettet hat. Hamilton sagt, dass der Grund, warum die Infiltration und der Einfluss der KP Chinas in Australien so effektiv sein kann, darin besteht, dass die Australier es „zugelassen haben, dass es direkt vor unserer Nase geschieht, weil wir von dem Glauben geblendet sind, dass nur China unseren wirtschaftlichen Wohlstand garantieren kann, und weil wir es nicht wagen, uns gegen Pekings Mobbing zu wehren“. [22]

Trotz des Wissens um die Unterwanderung und den Einfluss der KP Chinas auf die westliche Gesellschaft und insbesondere um die Infiltration und Kontrolle der chinesischen Übersee-Gemeinschaften, haben sich die gutmeinenden Westler zunächst in naiver Weise vorgestellt, dass das Hauptziel der Parteistrategie die „Negativen“ seien – nämlich die Stimmen von Kritikern und solchen mit unterschiedlichen politischen Meinungen –, die zum Schweigen gebracht werden sollten. Hamilton erklärt, dass hinter den „negativen“ Operationen die „positiven“ Ambitionen der KP Chinas stehen: ethnische chinesische Einwanderer zu nutzen, um den gesellschaftlichen Bezugsrahmen in Australien zu verändern. Dabei sollen westliche Menschen angehalten werden, sich mit der KP Chinas zu solidarisieren – damit Peking Einfluss aufbauen kann. Auf diese Weise würde Australien der KP Chinas helfen, eine asiatische und dann globale Supermacht zu werden. [23]

In ähnlicher Weise breitet die KP Chinas ihre Infiltration und Kontrolle von Australien auf Neuseeland aus. Anne-Marie Brady, Expertin für chinesische Politik an der University of Canterbury, veröffentlichte einen Bericht mit dem Titel „Magic Weapons“. Dieser zeigt am Beispiel Neuseelands, wie die KP Chinas die Übersee-Region unterwandert und politischen Einfluss gewinnt. Der Bericht zeigt, dass mehrere in China geborene Mitglieder des neuseeländischen Parlaments enge Verbindungen zur KP Chinas haben und dass viele Politiker durch massive politische Spenden von reichen chinesischen Händlern und KP-Organisationen wie chinesischen Wirtschaftsverbänden in Neuseeland bestochen wurden. [24] Kurz nachdem ihr Bericht veröffentlicht worden war, wurde in Dr. Bradys College-Büro eingebrochen. Vor dem Einbruch erhielt sie auch einen anonymen Brief, in dem sie mit den Worten „Du bist die nächste" bedroht wurde. [25]

China engagiert sich auch tatkräftig für lokale Politiker Neuseelands. So werden beispielsweise Mitglieder der politischen Parteien Neuseelands zu Reisen nach China eingeladen und dabei mit freundlichen Aufmerksamkeiten überschüttet. Politikern im Ruhestand werden hochbezahlte Positionen in chinesischen Unternehmen ebenso angeboten wie andere Vergünstigungen, damit sie die Leitsätze der Partei befolgen. [26]

Die KP Chinas hat es wegen deren strategischen Werts auf die pazifischen Inselnationen abgesehen

Die pazifischen Inselnationen haben trotz ihrer geringen Inselgröße einen entscheidenden strategischen Wert, da sie als maritime Basen dienen können. Ihre gesamte Landfläche beträgt nur 53.000 Quadratkilometer, im Vergleich zu ihren Ausschließlichen Wirtschaftszonen (AWZ) auf dem Meer, die 19.000.000 Quadratkilometer messen – eine Fläche, die mehr als sechsmal so groß ist wie die der chinesischen Ausschließlichen Wirtschaftszonen. Die Entwicklung engerer Beziehungen zu den pazifischen Inselnationen ist ein in der Öffentlichkeit kaum bekannter Baustein der militärischen Strategie der KP Chinas.

Derzeit sind die Einflussbereiche im pazifischen Raum zwischen den Vereinigten Staaten, Japan, Neuseeland, Australien und Frankreich aufgeteilt. Um ihre Leistungsfähigkeit im Pazifischen Ozean zu erhöhen, muss die KP Chinas zunächst gute Beziehungen zu den Inselnationen aufbauen und dann langsam die Präsenz der USA aushebeln. [27]

John Henderson, ein neuseeländischer Professor, und Benjamin Reilly, ein Professor in Australien, bestätigten, dass das langfristige Ziel der KP Chinas im südpazifischen Raum darin besteht, den Platz Amerikas als Supermacht einzunehmen. [28] Die KP Chinas hat immense Summen in Melanesien, Mikronesien und Polynesien investiert, um diese Inselnationen beim Aufbau von Infrastruktur zu unterstützen. Sie fördert den lokalen Tourismus und stellt E-Business-Plattformen zur Verfügung. Sie übertrifft mittlerweile die amerikanischen Aktivitäten in der Region. Der australische Schriftsteller Ben Bohane warnt, dass Amerika den Einfluss über den Pazifik an China verliert. [29]

Abseits der umfangreichen finanziellen Unterstützung und den Investitionen spiegelt das arrogante Verhalten ihrer Beamten die wahre Mentalität der KP Chinas wider, sobald sie stark ist. Sie betrachtet ihre Fähigkeiten als sehr wertvoll. Sie pflegt die Menschen anderer Nationen so zu behandeln, wie sie das chinesische Volk unter seiner totalitären Kontrolle hält. Das Ziel ist, Gehorsam von Ländern geringerer Stärke zu fordern. Natürlich kann von der KP Chinas nicht erwartet werden, dass sie internationale Vorschriften und Protokolle einhält.

Auf dem APEC-Gipfel Ende 2018 in Papua-Neuguinea schockierte das unhöfliche und unzivilisierte Verhalten chinesischer Beamter die Einheimischen und Anwesenden. Chinesische Beamte hinderten Journalisten (einschließlich jene von Papua-Neuguinea) unverblümt daran, die Besucher eines Forums des chinesichen Führers Xi Jinping und der Führer der pazifischen Inselnationen zu befragen. Stattdessen forderten sie, dass sich alle Journalisten auf die Pressemitteilung von *Xinhua* beziehen sollten.

Um zu verhindern, dass Erklärungen, in denen das unfaire wirtschaftliche Verhalten des KP-Regimes verurteilt wird, in ein gemeinsames Kommuniqué aufgenommen werden, forderten chinesische Beamte ein Treffen mit dem Außenminister von Papua-Neuguinea. Da ein privates Treffen mit chinesischen Beamten seine unparteiische Haltung beeinträchtigen würde, lehnte er den Antrag ab. Zudem beschuldigten chinesische Beamte auf dem Gipfel unter Gebrüll und Geschrei andere Länder, ein Komplott gegen China zu schmieden. Ein hochrangiger US-Beamter beschrieb das Verhalten der Offiziellen der KP Chinas bei der APEC als „Wutanfall-Diplomatie". [30]

Schuldenfallen ermöglichen der KP Chinas, die Kontrolle über die Ressourcen Zentralasiens zu erlangen

Die KP Chinas hat nach der Auflösung der Sowjetunion große Anstrengungen unternommen, um ihre Beziehungen zu zentralasiatischen Ländern wie Kasachstan, Kirgisistan, Tadschikistan, Turkmenistan und Usbekistan auf- und auszubauen. Das strategische Ziel der KP Chinas in Zentralasien kann aus verschiedenen Perspektiven betrachtet werden: Zum einen ist Zentralasien eine nicht zu umgehende Landmasse der chinesischen Westerweiterung. Während China die Infrastruktur für den Transport von Gütern nach und aus China errichtet, will es auch seine kommerziellen Interessen in Zentralasien wahrnehmen und vermehren. Zweitens will China die natürlichen Ressourcen wie Kohle, Öl, Gas und Edelmetalle ausbeuten, die in diesen Ländern reichlich vorhanden sind. Drittens kann China durch die Kontrolle zentralasiatischer Länder, die geografisch und kulturell nahe an Xinjiang liegen, seine Kontrolle über die dortigen ethnischen Minderheiten verstärken.

Obwohl die KP Chinas nicht angekündigt hat, dass sie Zentralasien beherrschen will, hat sie die führende Rolle in dieser

Region übernommen. „The International Crisis Group" (auf Deutsch: Die Internationale Krisengruppe), ein in Brüssel ansässiger Think Tank, veröffentlichte 2013 einen Bericht, in dem es heißt, dass China durch die Ausnutzung sozialer Unruhen in Zentralasien schnell zu einer wirtschaftlich dominanten Macht in dieser Region herangewachsen ist. Peking sieht Zentralasien als Lieferbasis für Rohstoffe und Ressourcen und als Markt für seine billigen und qualitativ schlechten Produkte. Unterdessen steckt die KP Chinas auch Millionen von US-Dollar im Namen der Erhaltung der Stabilität in Xinjiang in Investitionen und Hilfe in Zentralasien. [31]

Ein gewaltiges Netz von Autobahnen, Eisenbahnlinien, Luftkorridoren, Kommunikationswegen und Ölpipelines verbindet China eng mit Zentralasien. Die „China Road and Bridge Corporation" (CRBC) und ihre Auftragnehmer sind für den Bau von Autobahnen, Eisenbahnen und Stromleitungen in Zentralasien verantwortlich. Sie befestigen Straßen in einem der gefährlichsten und komplexesten Gebiete und bauen neue, um Chinas Waren nach Europa und in den Nahen Osten sowie zu Häfen in Pakistan und im Iran transportieren zu können. Das Gesamtvolumen des Handels zwischen China und Zentralasien erhöhte sich in den zwei Jahrzehnten von 1992 bis 2012 durch diplomatische Beziehungen zwischen China und den fünf zentralasiatischen Ländern um das Hundertfache. [32]

In Zentralasien hat die KP Chinas in große staatlich geleitete und kreditfinanzierte Infrastrukturprojekte investiert. Einige Wissenschaftler haben festgestellt, dass solche Investitionen die Grundlage einer neuen Weltordnung bilden könnten, in der China eine dominante Rolle spielt. Aus dieser Perspektive ist Zentralasien ebenso wie Australien ein weiteres Testgebiet für die konzeptuelle Revolution der KP Chinas der diplomatischen Strategie. [33]

Peking tendiert dazu, die korrupten autoritären Führer der zentralasiatischen Länder zu unterstützen. Die undurchsichtigen Investitionsprojekte gelten vor allem für die lokale gesellschaftliche Elite als vorteilhaft. Im Bericht der Internationalen Krisengruppe wird festgestellt, dass jede der zentralasiatischen Regierungen schwach, korrupt und mit reichlich sozialen und wirtschaftlichen Unruhen konfrontiert ist. [34] Die von Peking geförderten großen Infrastrukturprojekte sind nicht nur mit massiven Darlehen verbunden, sondern beinhalten auch behördliche Genehmigungen und Zulassungen, die auf eigennützigen Interessen beruhen. Dies führt zur weiteren Entstehung und Verschärfung der Korruption in diesen Regierungen.

In Usbekistan regierte Islam Karimow von Beginn der Unabhängigkeit im Jahr 1991 bis zu seinem Tod 2016 als Präsident des Landes. Zuvor war er der erste Sekretär der Kommunistischen Partei der Usbekischen Sozialistischen Sowjetrepublik in der UdSSR. Nach dem Fall der Sowjetunion stand Usbekistan damit für ein weiteres Vierteljahrhundert unter Karimows autoritärer Herrschaft. Im Jahr 2005 kam es im Osten Usbekistans in der Stadt Andischan zu einem Massaker, als der Einsatz von Regierungstruppen Hunderte von Toten forderte. Die KP Chinas präsentierte sich dabei wie üblich als entschiedener Unterstützer von Karimow und half Usbekistan und anderen Ländern der Region bei ihren Bemühungen, den Status quo zu wahren. [35]

Die fragilen wirtschaftlichen Strukturen der zentralasiatischen Länder in Kombination mit massiven chinesischen Darlehen für die Infrastruktur machen diese Länder besonders anfällig dafür, in die Verschuldungsfalle Chinas zu geraten. Turkmenistan leidet unter einer tiefen Wirtschaftskrise mit einer jährlichen Inflationsrate von über 300 Prozent, einer geschätzten Arbeitslosigkeit von über 50 Prozent, einer schweren Lebensmittelknappheit und ausufernder Korruption. Inzwischen ist China der einzige Käufer von turkmenischem Gas [36] und auch der größte Kreditgeber im Bereich der Auslandsverschuldung, die sich auf 9 Milliarden US-Dollar beläuft (dies sind geschätzt 30 Prozent des BIP im Jahr 2018). [37] Es ist nicht auszuschließen, dass Turkmenistan keine andere Wahl hat, als seine Erdgasfelder China zu überlassen, um seine Schulden zu begleichen. [38] Dieses Land hat seine ökonomischen Schlagadern bereits weitgehend in die Hände Pekings gelegt.

Tadschikistan lieh sich von China mehr als 300 Millionen US-Dollar für den Bau eines Kraftwerks. Da das Land nicht in der Lage war, seine Schulden zu tilgen, übereignete es eine Goldmine an China, um die Verbindlichkeiten zurückzuzahlen. [39]

Auch die kirgisische Wirtschaft ist in Gefahr. Dort führten große Infrastrukturprojekte der KP Chinas dazu, dass das Land in die Schuldenfalle geriet. Es ist wahrscheinlich, dass Kirgisistan einen Teil seiner natürlichen Ressourcen zur Schuldentilgung einsetzen wird. Kirgisistan arbeitete auch mit den chinesischen Kommunikationsunternehmen Huawei und ZTE zusammen, um digitale Kommunikationsmittel zu entwickeln, welche die staatliche Kontrolle über die Menschen verschärfen. Es überließ China eine Hintertür, um seine Überwachung auf diese Länder auszuweiten. [40]

Peking nutzte zudem das Machtvakuum nach Auflösung der Sowjetunion und drang in den kasachischen Energiesektor ein. Die kasachische Wirtschaft ist abhängig von der Produktion von Rohöl, die Öleinnahmen in US-Dollar werden für den Kauf billiger chinesischer Produkte verwendet. Abgesehen von den Erdölbohrungen ist das industrielle Fundament dieser Nation fragil. Mit dem Zustrom billiger chinesischer Produkte in den Markt brach die kasachische produzierende Industrie zusammen. [41]

Ein weiterer Beweggrund für die Expansion der KP Chinas in Zentralasien ist, gegen die in Zentralasien lebenden uigurischen Dissidenten vorzugehen. Die von China geführte Shanghaier Organisation für Zusammenarbeit (SOZ) ermöglicht in ihrer Charta die Auslieferung von Verdächtigen an die Mitgliedsländer. Ein Mitgliedsland kann sogar seine eigenen Beamten in ein anderes Mitgliedsland entsenden, um dort Untersuchungen durchzuführen. Auf diese Weise dehnt die KP Chinas ihre Unterdrückung der Uiguren auf das Ausland aus und verhaftet uigurische Dissidenten, die in andere Länder geflohen sind. [42]

Die KP Chinas nutzt die wichtigsten Staaten, um sich strategische Ressourcen zu sichern

Die Umsetzung der „peripheren Strategie" der Kommunistischen Partei besteht darin, sich zunächst in Schlüsselstaaten zu etablieren, die dann als Grundlage für die Erreichung der strategischen Ziele in der gesamten Region dienen. Nach Ansicht der Think Tanks der Partei sind Schlüsselstaaten jene Staaten, die über eine beträchtliche regionale Macht verfügen und die Peking mit seinen Kapazitäten und Ressourcen leiten kann. Weiterhin haben diese Staaten keine direkten Konflikte in Bezug auf strategische Interessen mit der KP Chinas und keine engen gemeinsamen Interessen mit den Vereinigten Staaten. [43] Neben den bereits erwähnten Staaten Australien, Kasachstan und anderen zählen der Iran im Nahen Osten und Myanmar zu den wichtigsten strategischen Zielländern des chinesischen Regimes.

Im Nahen Osten ist der Iran der Empfänger der größten chinesischen Investitionen. Der Iran ist ein wichtiger Ölproduzent in der Region und befindet sich seit Ende der 1970er Jahre im ideologischen Kampf mit dem Westen, was ihn natürlich zu einem wirtschaftlichen und militärischen Partner der KP Chinas macht. Peking unterhält seit den 1980er Jahren enge wirtschaftliche und militärische Beziehungen zum Iran.

1991 stellte die Internationale Atomenergiebehörde fest, dass die KP Chinas Uran in den Iran exportiert hatte und dass China und der Iran 1990 ein geheimes Atomabkommen unterzeichneten. [44] Als 2002 das iranische Urananreicherungsprojekt bekannt wurde, zogen sich westliche Ölgesellschaften aus dem Land zurück und gaben der KP Chinas damit die Möglichkeit, die Situation zu nutzen und engere Beziehungen zum Iran aufzubauen. [45]

Das bilaterale Handelsvolumen zwischen der Kommunistischen Partei Chinas und dem Iran wuchs zwischen 1992 und 2011 exponentiell an und stieg in siebzehn Jahren um mehr als das Hundertfache – obwohl es eine deutliche Verlangsamung aufgrund des Drucks durch internationale Sanktionen gegen das iranische Regime gab. [46] Dank der Unterstützung der KP Chinas konnte der Iran jedoch die ihm auferlegte internationale Isolation überstehen und ein breites Arsenal an kurz- bis mittelfristigen ballistischen Raketen sowie Schiffsabwehrraketen entwickeln. Die Chinesen versorgten das Regime auch mit Seeminen und angriffstauglichen Schnellbooten und halfen dem Iran so, ein Projekt für verdeckte chemische Waffen zu realisieren. [47]

Ein weiterer wichtiger Staat, der vom Regime der KP bevorzugt wird, ist Myanmar (ehemals Burma oder Birma), sein Nachbarland in Südasien. Myanmar hat eine lange Küstenlinie, die einen strategischen Zugang zum Indischen Ozean bietet. Die KP Chinas betrachtet die Eröffnung eines China-Myanmar-Kanals als einen strategischen Schritt, um die Abhängigkeit von der Straße von Malakka zu minimieren. [48] Die schlechte Menschenrechtsbilanz der burmesischen Militärregierung führte dazu, dass das Land von der internationalen Gemeinschaft isoliert wurde. Die Demokratiebewegung von 1988 in Myanmar wurde schließlich mit militärischer Gewalt niedergeschlagen. Im darauffolgenden Jahr eröffneten Panzer der chinesischen Streitkräfte in Peking das Feuer auf prodemokratische Demonstranten auf dem Platz des Himmlischen Friedens, dem Tian'anmen.

Die beiden autoritären Regierungen, die beide von der internationalen Gemeinschaft verurteilt wurden, fanden in ihrer wechselseitigen diplomatischen Gesellschaft einen gewissen Trost, und pflegen seitdem enge Beziehungen. Im Oktober 1989 besuchte Myanmars Vorsitzender der ehemaligen Militärjunta und Staatsoberhaupt (bis 2011), Than Shwe, China. Beide Staaten unterzeichneten ein Waffenabkommen in Höhe von 1,4 Milliarden US-Dollar. [49] In den 1990er Jahren gab es weiterhin viele Rüstungsgeschäfte zwischen ihnen. Die Ausrüstung, welche die KP Chinas an Myanmar verkaufte, umfasst Kampfflugzeuge, Patrouillenschiffe, Panzer und gepanzerte Mannschaftswagen, Flakgeschütze und Raketen. [50] Die militärische, politische und wirtschaftliche Unterstützung durch die KP Chinas wurde zum Rettungsanker der burmesischen Militärjunta in ihrem Kampf ums Überleben. [51]

Im Jahr 2013 investierten die Chinesen 5 Milliarden US-Dollar in die Rohöl- und Gaspipeline China-Myanmar, die als viertgrößte strategische Öl- und Gasimportpipeline Chinas gilt. Obwohl diese auf starke Proteste in der Bevölkerung stieß, nahm sie 2017 mit Unterstützung der KP Chinas ihren Betrieb auf. [52] Ähnliche Investitionen umfassen den Myitsone-Damm (der derzeit aufgrund von lokalem Widerstand auf Eis liegt) und die Letpadaung Kupfermine. Im Jahr 2017 belief sich der bilaterale Handel zwischen China und Myanmar auf insgesamt 13,54 Milliarden US-Dollar. Die KP Chinas plant derzeit die Schaffung eines Wirtschaftskorridors China-Myanmar unter 70-prozentiger Beteiligung Pekings. Dazu gehört ein Tiefwasserhafen für den Zugang zum Indischen Ozean [53] und der Industriepark beziehungsweise die Sonderwirtschaftszone „Kyaukpyu Special Economic Zone“. [54]

c) Die Methode „Teilen und Erobern" dient dazu, in Europa eine Trennung von den Vereinigten Staaten zu erzeugen

Im Kalten Krieg stand Europa im Mittelpunkt der Konfrontation zwischen der freien Welt und dem kommunistischen Lager. Amerika und die westeuropäischen Nationen unterhielten über den Nordatlantikpakt (die NATO) eine enge Allianz. Nach dem Ende des Kalten Krieges begann Europa an wirtschaftlicher und politischer Bedeutung zu verlieren.

Um einen Keil zwischen Europa und die Vereinigten Staaten zu treiben, verfolgte die KP Chinas eine Strategie der Spaltung und Eroberung der europäischen Länder. Um Schritt für Schritt in Europa einzudringen und Einfluss zu gewinnen, passte man sich an die lokalen Bedingungen an. In den vergangenen Jahren nehmen die Unterschiede zwischen Europa und den Vereinigten Staaten in vielen wichtigen Fragen zu. Die Aktivitäten der KP Chinas haben dazu beigetragen.

Nach der Finanzkrise 2008 nutzte die KP Chinas die Tatsache aus, dass schwächere europäische Volkswirtschaften dringend ausländische Investitionen benötigten. Die Partei stellte diesen Ländern große Summen als Gegenleistung für Kompromisse bei Fragen wie dem Völkerrecht und den Menschenrechten zur Verfügung. Die chinesische Regierung nutzte diese Methode, um Schwachstellen zwischen den europäischen Ländern zu schaffen und zu erweitern – und profitierte davon. Zu den von der KP Chinas angesprochenen Ländern gehören Griechenland, Spanien, Portugal und Ungarn.

Nach der Schuldenkrise Griechenlands investierte die KP Chinas stark in Griechenland, tauschte Geld gegen politischen Einfluss und nutzte das Land als Türöffner, um mehr Einfluss in Europa aufzubauen. Innerhalb weniger Jahre erhielt die KP Chinas eine 35-jährige Konzession für den zweiten und dritten Containerterminal des Hafens von Piräus –

des größten Seehafens Griechenlands – und übernahm den Hauptumschlagsplatz im Hafen.

Im Mai 2017 unterzeichneten China und Griechenland einen dreijährigen Aktionsplan für Eisenbahnen, Häfen, die Vernetzung von Flughäfen, der Energieversorgung sowie Investitionen in Kraftwerke. [55] Der Einsatz der KP Chinas zeigt bereits politische Erfolge. Nach 2016 hat sich Griechenland, ein Mitglied der Europäischen Union, wiederholt gegen EU-Vorschläge ausgesprochen, welche die Politik und die Menschenrechtsbilanz des chinesischen Regimes kritisieren. Viele mögliche EU-Erklärungen zu diesem Thema blieben deshalb aus. Im August 2017, so der Kommentar der *New York Times*, „hat Griechenland die Fortschritte Chinas, seines glühendsten und geopolitisch ambitioniertesten Freundes, gewürdigt". [56]

Im Jahr 2012 startete das Regime der Kommunistischen Partei Chinas die Kooperation mit sechzehn Ländern in Mittel- und Osteuropa, genannt „China-Mittel-Ost-Europa-Gipfel" oder auch „16+1". Ungarn war das erste Land, das sich der Initiative „16+1" anschloss, und das erste europäische Land, das eine „One Belt, One Road"-Vereinbarung mit China unterzeichnete. Im Jahr 2017 überschritt das bilaterale Handelsvolumen zwischen China und Ungarn 10 Milliarden US-Dollar. Wie Griechenland hat sich Ungarn wiederholt gegen die Kritik der EU an den Menschenrechtsverletzungen der KP Chinas ausgesprochen. [57] Der Präsident der Tschechischen Republik stellte sogar einen wohlhabenden chinesischen Geschäftsmann als seinen persönlichen Berater ein und hielt sich vom Dalai Lama fern. [58]

Von den sechzehn Ländern, die in diesen Rahmen für Kooperationen einbezogen sind, sind elf Länder der EU und fünf Nicht-EU-Länder. Die KP Chinas hat weiterhin ein neues Modell der regionalen Zusammenarbeit vorgeschlagen, wobei die Absicht, die Europäische Union zu spalten, offensichtlich ist.

Unter den sechzehn Ländern sind viele ehemalige sozialistische Länder. Diese Länder wurden alle in der Geschichte von kommunistischen Regierungen beherrscht und führen viele ideologische und organisatorische Hinterlassenschaften dieser Regime weiter. Bis zu einem gewissen Grad ist es für sie selbstverständlich, die Anforderungen der KP Chinas zu erfüllen.

Es gibt zudem viele kleine Länder in Europa. Es ist schwierig für ein einzelnes Land, mit der KP Chinas in Konkurrenz zu stehen. Die Partei nutzte dies aus, um jede Regierung individuell zu steuern und sie einzuschüchtern, damit sie zu Chinas Menschenrechtsverletzungen und gefährlicher Außenpolitik schweigt. Das typischste Beispiel ist Norwegen. Im Jahr 2010 verlieh das norwegische Nobelpreiskomitee den Friedensnobelpreis an einen inhaftierten chinesischen Dissidenten. Die KP Chinas rächte sich zügig. Sie errichtete verschiedene Handelshindernisse für den Export von norwegischem Lachs nach China und verursachte noch andere Konflikte. Sechs Jahre später wurden die Beziehungen zwischen den beiden Ländern wieder „normalisiert". Norwegen schweigt nun zu Menschenrechtsfragen in China. [59]

Auch die traditionellen westeuropäischen Mächte spüren den wachsenden Einfluss der KP Chinas. Die Direktinvestitionen der chinesischen Regierung in Deutschland sind seit 2010 deutlich gestiegen. In den Jahren 2016 und 2017 war China der größte Handelspartner Deutschlands. Im Jahr 2016 wurden 56 deutsche Unternehmen von Investoren aus China und Hongkong übernommen, wobei die Investitionen einen Höchststand von 11 Milliarden Euro erreichten. Diese Fusionen und Übernahmen ermöglichten chinesischen Unternehmen einen schnellen Markteintritt und den Erwerb fortschrittlicher westlicher Technologien, Marken und anderer Vermögenswerte. [60] Die Hoover Institution der Vereinigten Staaten nannte dies in einem Bericht von 2018 die „Umwandlung von Investitionen in Waffen der KP Chinas". [61]

Die Industriestadt Duisburg in Westdeutschland ist zum europäischen Transitpunkt für „One Belt, One Road“ geworden. Jede Woche kommen dreißig Züge mit chinesischen Gütern in die Stadt, die dann getrennt in andere Länder weitertransportiert werden. Der Duisburger Bürgermeister hat gesagt, dass Duisburg die „China City“ Deutschlands ist. [62]

Im Umgang mit Frankreich verfolgt die KP Chinas seit langem eine Strategie der „Transaktionsdiplomatie“. Als Jiang Zemin, der damalige Chef des Regimes der KP Chinas, im Jahr 1999 Frankreich besuchte, bot er beispielsweise mit dem Kauf von fast dreißig Airbus-Flugzeugen im Wert von 15 Milliarden Francs (2,29 Milliarden Euro) einen großen Deal an. Dies führte zur Unterstützung eines Beitritts Chinas zur WTO durch die französische Regierung. Nach dem Massaker am Platz des Himmlischen Friedens war Frankreich das erste westliche Land, das eine umfassende strategische Partnerschaft mit China einging. Der damalige französische Präsident war der erste im Westen, der sich der Kritik an China auf der Genfer Menschenrechtskonferenz widersetzte; der erste, der sich nachdrücklich für die Aufhebung des EU-Waffenembargos gegen China einsetzte, und der erste Staatschef einer westlichen Regierung, der die KP Chinas lobte. [63] Darüber hinaus hat die KP Chinas in Frankreich in einem frühen Stadium ihrer Expansion große chinesische Kulturwochen eingerichtet, um die kommunistische Ideologie unter dem Deckmantel der Kultur zu fördern. [64]

Das Vereinigte Königreich, die traditionell ein starkes europäisches Land und ein wichtiger Verbündeter der Vereinigten Staaten, ist ebenfalls eines der wertvollsten Ziele für die KP Chinas. Am 15. September 2016 genehmigte die britische Regierung offiziell den Start des Kernkraftwerk-Projektes Hinkley Point C, eines Joint Ventures zwischen China und einem französischen Konsortium. Das Kernkraftwerk Hinkley Point C ist ein Kernkraftwerk in Somerset im Südwesten Englands mit einer installierten Leistung von 3.200 Megawatt.

Das Projekt wurde von Experten, darunter Ingenieuren, Physikern, Umweltschützern, China-Experten und Wirtschaftsanalysten, heftig kritisiert. Sie sprachen insbesondere die enormen versteckten Gefahren für die britische nationale Sicherheit an. Nick Timothy, der ehemalige Stabschef von Premierministerin Theresa May, wies darauf hin, dass Sicherheitsexperten – angeblich sowohl innerhalb als auch außerhalb der Regierung – „besorgt sind, dass die Chinesen ihre Rolle nutzen können, um Schwächen im IT-System einzubauen, die es ihnen ermöglichen werden, die britische Energieproduktion nach Belieben abzuschalten". [65] Der britische *Guardian* nennt dies „den ‚schrecklichen Deal' hinter dem teuersten Kraftwerk der Welt." [66]

Die Methoden, mit denen das chinesische Regime seinen Einfluss in Europa und anderen Teilen der Welt ausbaut, sind allgegenwärtig und sehr zahlreich. Dazu gehört der Erwerb europäischer Hightech-Unternehmen ebenso wie die Kontrolle über die Anteile wichtiger Häfen. Es werden pensionierte Politiker bestochen, um die Plattform der KP Chinas zu loben, und Sinologen überredet, den Lobgesang auf die Partei zu singen. Es werden Universitäten, Think Tanks und Forschungseinrichtungen unterwandert, und so weiter. [67] Die englischsprachige Ausgabe der von der Kommunistischen Partei kontrollierten *China Daily* hat eine monatliche Beilage in der traditionsreichen britischen Zeitung *The Daily Telegraph;* die Beilagen enthalten Artikel, die das chinesische Regime beschönigen. Peking bezahlt „The Daily Telegraph" bis zu 750.000 Pfund pro Jahr für die Beilagen. [68]

Die Aktivitäten der KP Chinas in Europa lösten bei Forschern große Bedenken aus. Das „European Institute of Public Policy" (Institut für globale öffentliche Politik, GPPi, Berlin), ein führender Think Tank in Europa, veröffentlichte 2018 einen Forschungsbericht, der die Aktivitäten der KP Chinas im Bereich der Infiltration in Europa aufzeigt:

„China verfügt über ein umfassendes und flexibles Instrumentarium zur Beeinflussung, das von offen bis verdeckt reicht und hauptsächlich in drei Bereichen eingesetzt wird: politische und wirtschaftliche Eliten, Medien und öffentliche Meinung sowie Zivilgesellschaft und Wissenschaft. Bei der Ausweitung seines politischen Einflusses nutzt China die einseitige Offenheit Europas. Die Tore Europas sind weit offen, während China den Zugang für ausländische Ideen, Akteure und Kapital stark einschränken will.

Die Auswirkungen dieser asymmetrischen politischen Beziehung beginnen sich innerhalb Europas zu zeigen. Europäische Staaten neigen zunehmend dazu, ihre Politik durch „präventiven Gehorsam" anzupassen, um sich bei der chinesischen Seite beliebt zu machen. Politische Eliten innerhalb der Europäischen Union (EU) und in der europäischen Nachbarschaft haben begonnen, chinesische Rhetorik und Interessen zu akzeptieren, auch wenn sie nationalen und/oder europäischen Interessen widersprechen. Die Einheit der EU hat unter der chinesischen Spaltungs- und Regierungstaktik gelitten, insbesondere was den Schutz und die Projektion liberaler Werte und Menschenrechte betrifft. Peking profitiert auch von den „Dienstleistungen" williger Unterstützer unter den europäischen politischen und professionellen Klassen, die gern chinesische Werte und Interessen fördern. Nicht nur China versucht, aktiv politisches Kapital aufzubauen, sondern auch die politischen Eliten in den EU-Mitgliedstaaten, die chinesisches Geld anzuziehen oder eine größere Anerkennung auf globaler Ebene zu erlangen versuchen." [69]

Neben der politischen, wirtschaftlichen und kulturellen Infiltration in Europa beschäftigt sich die KP Chinas auch mit verschiedenen Formen der Spionage. Am 22. Oktober 2018 prangte auf dem französischen *Le Figaro* die Überschrift „Die Enthüllungen von *Le Figaro* über das chinesische Spionageprogramm, das Frankreich im Ziel hat". In einer exklusiven

Reihe von Sonderberichten deckte *Le Figaro* die verschiedenen Spionageaktivitäten der KP Chinas in Frankreich auf. Dazu gehörte auch, wie Business- und soziale Netzwerke, insbesondere *LinkedIn*, genutzt wurden, um Franzosen zu rekrutieren, die der KP Chinas Informationen zur Verfügung stellen sollten. Ziel ist, den politischen, wirtschaftlichen und strategischen Bereich Frankreichs zu infiltrieren und ein umfassendes Insiderwissen für bestimmte Situationen zu erlangen. In dem Bericht heißt es auch, dass solche Fälle nur die Spitze des Eisbergs der Spionageaktivitäten der KP Chinas in Frankreich sind. [70] Der Sinn dahinter ist die groß angelegte Beschaffung sensibler Informationen über den französischen Staat und dessen Wirtschaftsgüter. Ähnliche Spionageaktivitäten haben auch in Deutschland stattgefunden. [71]

d) Die KP Chinas exportiert das „chinesische Modell", um Afrika zu rekolonialisieren

Nach dem Zweiten Weltkrieg kam es in Afrika zur Entkolonialisierung und viele afrikanische Länder erlangten die Unabhängigkeit. Als zunehmend Technologie und Kapital vom Westen nach China transferiert wurden, geriet Afrika Stück für Stück aus dem Fokus des Westens. Die vom Westen unterstützte Kommunistische Partei Chinas greift nun immer mehr in Afrika ein. Die Kräfte der KP Chinas begannen, das zu verdrängen, was die westlichen Herrscher in Afrika eingerichtet hatten, und infiltrierten die dortige Politik, Wirtschaft und Gesellschaft. Auf der einen Seite hat die Partei afrikanische Staaten unter dem Banner der Entwicklungshilfe umworben und eine gemeinsame Front gegen die USA und andere freie Länder innerhalb der UNO geschaffen. Auf der anderen Seite manipulierte die KP Chinas unerbittlich durch wirtschaftliche Bestechung und militärische Hilfe afrikanische Regierungen und Oppositionsgruppen, indem sie die Angelegenheiten der afrikanischen Länder kontrollierte und ihnen das chinesische Modell sowie seine Werte aufzwang.

Von 2001 bis 2010 hat die von der KP Chinas kontrollierte Export-Import-Bank of China Kredite in Höhe von 62,7 Milliarden US-Dollar an afrikanische Länder vergeben. Die Zinssätze für diese Kredite waren relativ niedrig und scheinen oberflächlich gesehen nicht mit politischen Bedingungen verbunden zu sein. Da diese Kredite jedoch natürliche Ressourcen als Sicherheiten verwenden, hat die KP Chinas effektiv die Rechte erhalten, auf enorme Mengen an Ressourcen und Rohstoffen zuzugreifen.

Im Jahr 2003 gewährte die Export-Import-Bank of China dem Land Angola ein Darlehen. Als Sicherheit im sogenannten „Angola-Modell" diente Rohöl. Es entwickelte sich folgende Situation: „Es gibt Chinesen, die das Öl bohren und dann in die chinesische Pipeline pumpen, die von chinesischen Streitkräften bewacht wird, auf dem Weg zu einem von den Chinesen gebauten Hafen, wo es auf chinesische Tanker geladen wird, die nach China unterwegs sind. Es gibt Chinesen, um eine Regierung zu bewaffnen, die Verbrechen gegen die Menschlichkeit begeht; und Chinesen, um diese Regierung zu schützen und sich im UN-Sicherheitsrat dafür einzusetzen." [72]

Im Jahr 2016 wurde China zum größten Handelspartner und ausländischen Direktinvestor Afrikas. [73] In Afrika wurde das Managementmodell der KP Chinas wegen seiner vielen Missstände scharf kritisiert: niedrige Löhne, schlechte Arbeitsbedingungen, schäbige Produkte, „Tofu-Dreg-Engineering" [Projekte, die eine sehr schlechte Qualität haben], Umweltverschmutzung, Bestechung von Regierungsbeamten und andere korrupte Praktiken. Auch die chinesischen Bergbauaktivitäten in Afrika stießen häufig auf Proteste der lokalen Bevölkerung.

Michael Sata, der ehemalige Präsident Sambias, sagte während seiner Präsidentschaftskampagne im Jahr 2007: „Wir wollen, dass die Chinesen gehen und die alten Kolonialherren zurückkehren. Sie haben auch unsere natürlichen Ressourcen genutzt, aber zumindest haben sie sich gut um uns gekümmert. Sie bauten Schulen, lehrten uns ihre Sprache und brachten uns die britische Zivilisation. Zumindest hat der westliche Kapitalismus ein menschliches Gesicht; die Chinesen sind nur darauf aus, uns auszubeuten.“ [74]

In Sambia ist der chinesische Einfluss überall zu sehen. Sata hatte keine andere Wahl, als Geschäfte mit der KP Chinas zu machen. Als er an die Macht kam, traf er sich sofort mit dem chinesischen Botschafter und besuchte 2013 China.

Der Sudan war eine der ersten Basen, die die KP Chinas in Afrika gründete. In den vergangenen zwanzig Jahren sind die Investitionen der Partei im Sudan exponentiell gestiegen. Neben den reichlich vorhandenen Ölreserven war auch die strategische Lage des Sudans am Roten Meer entscheidend für die Pläne der chinesischen Regierung. [75] In den 1990er Jahren, als der Sudan von der internationalen Gemeinschaft wegen seiner Unterstützung des Terrorismus und des radikalen Islams isoliert wurde, nutzte die KP Chinas dies als Vorteil aus. China wurde schnell zum größten Handelspartner des Sudan, indem es den größten Teil des vom Sudan exportierten Öls kaufte. [76] Die Investitionen der KP Chinas halfen al-Bashirs totalitärem Regime, zu überleben und sich zu entwickeln, obwohl es vom Westen gebremst wurde. Das Militär der KP Chinas exportierte in dieser Zeit sogar Waffen in den Sudan und unterstützte damit indirekt den Völkermord in Darfur zu Beginn dieses Jahrhunderts.

In der internationalen Gemeinschaft spielte die Kommunistische Partei Chinas eine doppelzüngige Rolle: Während China einen Friedenstrupp in die UN entsandte, um im Sudan-Konflikt zu vermitteln, lud Peking auch den sudanesischen Präsidenten, einen vom Internationalen Strafgerichtshof für Verbrechen gegen die Menschlichkeit gesuchten Verbrecher, offen nach China ein und erklärte, dass China immer der Freund des Sudan sein werde, egal wie sich die Welt verändere, und egal, wie die Situation im Sudan wäre. [77]

Die KP Chinas scheut keine Anstrengungen, um Entwicklungsländer für sich zu gewinnen. Im Jahr 2000 wurde das „Forum für die Zusammenarbeit zwischen China und Afrika“ (FOCAC) eingerichtet. Das erste Treffen fand in Peking statt. Im Rahmen der nachfolgenden Foren der Gründerjahre pumpten die Führer der KP Chinas Geld nach Afrika. Im Jahr 2000 kündigte Jiang Zemin in der Eröffnungsrunde einen Schuldenerlass von 10 Milliarden Yuan (1,28 Milliarden Euro) für die dortigen armen Länder an. Als Peking 2006 erneut Gastgeberland des Gipfels war, erklärte die KP Chinas nicht nur einen Schuldenerlass für die armen afrikanische Länder, mit denen sie diplomatische Beziehungen unterhielt [78]. Die Partei schickte auch über 10 Milliarden US-Dollar (9,14 Milliarden Euro) an Geldmitteln, Krediten, Stipendien und verschiedenen Hilfsprojekten nach Afrika.

Während des Gipfels im südafrikanischen Johannesburg im Jahr 2015 kündigte die KP Chinas an, dass sie Kapital in Höhe von 60 Milliarden US-Dollar bereitstellen werde, um gemeinsam mit den afrikanischen Ländern an der Umsetzung von zehn großen Kooperationsplänen zu arbeiten. [79] Am 28. August 2018 stellte der stellvertretende Handelsminister der KP Chinas fest, dass „97 Prozent der Produkte aus 33 der am wenigsten entwickelten afrikanischen Länder keine Zölle haben“. [80] Am 3. September 2018, während des China-Afrika-Kooperationsforums in Peking, versprach die KP Chinas erneut, dass sie Afrika 60 Milliarden US-Dollar an ungebundener Hilfe, zinslosen Darlehen sowie projektgebundenem Kapital und Investitionsmitteln zur Verfügung stellen werde.

Gleichzeitig versprach die KP Chinas, afrikanischen Ländern mit diplomatischen Beziehungen zur Kommunistischen

Partei Chinas die zwischenstaatlichen Schulden, die Ende 2018 fällig wurden, zu erlassen. [81]

Nach mehreren Jahrzehnten akribischer Bemühungen durch Handel und Geschäftsbeziehungen gewann die KP Chinas so die Kontrolle über die afrikanische Wirtschaft. Mit wirtschaftlichen Anreizen hat sie viele afrikanische Regierungen gekauft, so dass diese Pekings Anweisungen folgen. Die Außenwelt hat erkannt, wie das Regime der KP versucht, Afrika zu erobern, und wie es Afrika als Bühne zur Förderung und Verteidigung des Modells der Partei benutzt. Ein Wissenschaftler, der den Aufbau des chinesischen Regimes untersucht, erklärte: „Chinas Fortschritte in den letzten 40 Jahren haben gezeigt, dass es nicht das tun muss, was der Westen getan hat, um erfolgreich zu sein. Die Geschichte ist noch nicht zu Ende. Die Auswirkungen auf Afrika sind unvorstellbar." [82]

Nach Chinas Vorbild stellte der ehemalige Premierminister Äthiopiens, Meles Zenawi, einen Fünfjahresplan für Äthiopien auf. Auch die Organisation und Struktur der Regierungspartei, der Revolutionären Demokratischen Front des äthiopischen Volkes (EPRDF), zeigte eine auffallende Ähnlichkeit mit dem Regime der KP Chinas. Eine anonyme Quelle innerhalb des chinesischen Außenministeriums sagte, dass viele hochrangige Beamte der EPRDF nach China gegangen seien, um zu studieren und eine Ausbildung zu absolvieren, und dass die Kinder vieler wichtiger Beamter ebenfalls nach China gegangen seien, um ihre Ausbildung zu absolvieren. Auf Ministerebene, wo praktisch jeder Beamte die „Ausgewählten Schriften" von Mao Tse-tung las, wurde dies noch deutlicher. [83]

Im März 2013 erklärte der äthiopische Premierminister auf dem BRICS-Gipfel (Brasilien, Russland, Indien, China, Südafrika), dass China sowohl Handelspartner als auch Entwicklungsmodell für Äthiopien sei. Heute wird Äthiopien als Afrikas „neues China" bezeichnet. Äthiopiens Internetüberwachung und seine Zensur, der totalitäre Charakter der

Regierung, die Medienkontrolle und dergleichen haben die gleiche Form wie die in China. [84]

Äthiopien ist nicht das einzige Beispiel. Im Jahr 2018 veranstaltete die Internationale Abteilung des Zentralkomitees der KP Chinas das vierte chinesisch-afrikanische „Young Leaders Forum“ und das zweite chinesisch-lateinamerikanische „Political Parties Forum“ in Shenzhen, Guangdong. Das Training richtete sich an Führungskräfte und Regierungsvertreter.

Yun Sun, Co-Direktorin des China-Programms am Stimson Center in Washington, weist darauf hin, dass diese Art von politischem Training darin besteht, das chinesische Modell in Entwicklungsländer zu exportieren. Sie sagte:

„Sie organisierten diese Art von politischem Training mit drei Zielen. Erstens, zu zeigen, dass das Regime der KP Chinas legitim ist – es versucht, der Welt zu sagen, wie die KP Chinas das Land China erfolgreich geführt hat und wie dieser Erfolg in den Entwicklungsländern wiederholt werden kann. Zweitens versucht die KP Chinas, die Erfahrungen Chinas bei seiner Entwicklung während des sogenannten „Gedankenaustauschs darüber, wie das Land regiert werden soll“ zu verbreiten. Obwohl die KP Chinas nicht explizit „Revolutionsexport“ betreibt, exportiert die Partei sicherlich ihren ideologischen Ansatz. Das dritte Ziel ist die Stärkung des Austauschs zwischen China und Afrika.“ [85]

e) Der Vormarsch in Lateinamerika: Eindringlinge in Amerikas Hinterhof

Da Lateinamerika geografisch nahe an den Vereinigten Staaten liegt, steht es seit jeher im Einflussbereich Amerikas. Obwohl es in Lateinamerika eine Reihe von sozialistischen Regimen gab, die auf der Bildfläche erschienen, als der Kommunismus in der Mitte des 20. Jahrhunderts die Welt überflutete, stellten äußere Einflüsse nie eine Bedrohung für Amerika dar.

Nach dem Zusammenbruch der Sowjetunion begann die KP Chinas, Lateinamerika ins Visier zu nehmen. Unter dem Motto der „Süd-Süd-Kooperation“ begann sie, sich an einer gesamtgesellschaftlichen Infiltration der Region zu beteiligen und in Bereiche wie Wirtschaft, Handel, Militär, Diplomatie, Kultur und dergleichen vorzudringen. Die Regierungen vieler lateinamerikanischer Länder wie Venezuela, Kuba, Ecuador und Bolivien standen Amerika zuvor bereits feindlich gegenüber. Als die KP Chinas ihre Tentakel über den Ozean ausstreckte, nutzte sie diese Feindschaft konsequent aus, was die Spannungen dieser Nationen mit den Vereinigten Staaten weiter verschärfte und ihre antiamerikanische Haltung verstärkte.

Einerseits wird dadurch der Standortvorteil der USA in der Region gemindert. Andererseits konnte die KP Chinas frei im Umkreis Amerikas agieren, die sozialistischen Regime in Lateinamerika unterstützen und damit die Grundlage für eine langjährige Auseinandersetzung mit den Vereinigten Staaten schaffen. Es ist nicht übertrieben, zu sagen, dass die Infiltration und der Einfluss Chinas in Lateinamerika weit über das hinausgegangen sind, was die Sowjetunion in der Vergangenheit vollbrachte.

Erstens nutzte die KP Chinas den Außenhandel und Investitionen, um ihren Einfluss in Lateinamerika zu erweitern. Laut einem Bericht der Brookings Institution, einem in den USA ansässigen Think Tank, belief sich der Handel Chinas mit Lateinamerika im Jahr 2000 auf 12 Milliarden US-Dollar – doch bis 2013 stieg er auf 260 Milliarden US-Dollar, was einem Anstieg um mehr als das Zwanzigfache entspricht. Vor 2008 beliefen sich die Kreditzusagen Chinas auf nicht mehr als eine Milliarde US-Dollar, bereits 2010 waren sie auf 37 Milliarden US-Dollar gestiegen. Von 2005 bis 2016 sagte China zu, den lateinamerikanischen Ländern 141 Milliarden US-Dollar zu gewähren. Heute sind die Kredite aus China höher als die der Weltbank und der Interamerikanischen Entwicklungsbank zusammen. Die Kommunistische Partei Chinas hat weiterhin angekündigt, dass sie Lateinamerika bis zum Jahr 2025 Direktinvestitionen in Höhe von 250 Milliarden US-Dollar zur Verfügung stellen, und dass der bilaterale Handel zwischen China und Lateinamerika 500 Milliarden US-Dollar erreichen wird. Lateinamerika ist derzeit Chinas zweitgrößtes Investitionsziel, direkt nach Asien.

In vielen südamerikanischen Ländern dominiert China den Außenhandel. Für die drei größten Volkswirtschaften Lateinamerikas – Brasilien, Chile und Peru – ist China der wichtigste und für Argentinien, Costa Rica und Kuba der zweitwichtigste Handelspartner. [86] Mit dem Bau von Autobahnen in Ecuador, Hafenprojekten in Panama und einem geplanten Glasfaserkabel von Chile nach China wird der Einfluss Chinas auf ganz Lateinamerika offensichtlich. [87]

In der Zwischenzeit setzt das Regime der KP Chinas seine staatlichen Unternehmen ein, um Lateinamerika zu seiner Rohstoffbasis zu machen, wie zum Beispiel die riesigen Investitionen der Shanghai Baosteel Group in Brasilien zeigen, sowie die Kontrolle, die die staatliche chinesische Shougang Group über die Eisenminen in Peru ausübt. Die KP Chinas ist auch sehr an den Heizölvorkommen und Goldminen Ecuadors sowie Venezuelas interessiert.

Die KP Chinas investiert ebenfalls stark in die Infrastruktur Lateinamerikas. Argentinien wurden Investitionen von, 25 Millionen US-Dollar in Lebensmittelhäfen und 250 Millionen US-Dollar in Autobahnen, die Argentinien mit Chile verbinden, zugesagt. [88]

Im militärischen Bereich beschleunigte die KP Chinas ihre Unterwanderung Lateinamerikas sowohl in der Dimension als auch in der Stärke. Jordan Wilson, Forscher der US-China-Kommission (United States-China Economic and Security Review Commission), stellte fest, dass die KP Chinas von niedrigpreisigen Militärobjekten in den Jahren vor 2000 zu hochwertigen militärischen Umsätzen übergegangen ist und bis zum Jahr 2010 Exporte in Höhe von 100 Millionen US-Dollar erreicht hat. Insbesondere nach 2004 sind die Militärexporte der KP Chinas nach Lateinamerika deutlich gestiegen. Die Empfänger dieser Waffenverkäufe waren stets antiamerikanische Regime wie Venezuela. Parallel dazu haben das militärische Engagement in Form von Bildungs- und Ausbildungsmissionen und gemeinsame militärische Übungen zugenommen. [89]

Auf dem bilateralen Gipfeltreffen zwischen China und Argentinien im Jahr 2015 in Peking wurde mit dem Abschluss des Abkommens zwischen beiden Ländern eine neue Phase der militärischen Zusammenarbeit zwischen den beiden Ländern eingeleitet. Dazu gehörte die gemeinsame Produktion von fortschrittlichen High-End-Produkten einschließlich der Errichtung der ersten Raumfahrt- und Kontrollstation der KP Chinas auf der Südhalbkugel innerhalb der Grenzen Argentiniens. Auf der Tagesordnung stand auch der Verkauf von Kampfflugzeugen aus chinesischer Produktion an Argentinien, deren Wert zwischen einer halben bis zu einer Milliarde US-Dollar liegt – damit die Gesamtheit der Waffenexporte der KP Chinas von 130 Millionen US-Dollar im Jahr 2014 in der ganzen lateinamerikanischen Region weit übersteigt.

Die KP Chinas entwickelt ihre Beziehungen zu Lateinamerika in diplomatischer, wirtschaftlicher, kultureller und militärischer Hinsicht sehr rasch. Im Jahr 2015 wurden neue Anforderungen definiert, die in einem Weißbuch zur Verteidigung der Partei skizziert sind. Dazu gehört, die PLA [die „Volksbefreiungsarmee“, das Militär der KP Chinas] konkret damit zu beauftragen, „aktiv an der regionalen und internationalen Sicherheitszusammenarbeit teilzunehmen und die Interessen Chinas im Ausland wirksam zu vertreten“. [90]

Auf diplomatischer Ebene entschieden sich Panama, die Dominikanische Republik und El Salvador aufgrund der Anreize und Drohungen der KP Chinas dafür, die diplomatischen Beziehungen zur Republik China (Taiwan) zu beenden und stattdessen die kommunistische Volksrepublik China zu unterstützen. Im Juni 2017 verkündete Panama, Beziehungen zur VR China aufgenommen und die diplomatischen Beziehungen zu Taiwan eingestellt zu haben, die zuvor über ein Jahrhundert bestanden hatten. Vor drei Jahren begann die KP Chinas aktiv mit der Planung von Investitionen in die Infrastruktur Panamas, wie Häfen, Eisenbahnen und Autobahnen, wobei das Gesamtinvestitionsvolumen 760 Milliarden TWD-Dollar (rund 24 Milliarden US-Dollar) erreichte. [91] China hat bereits die Kontrolle über beide Enden des Panamakanals erlangt, der international von großer strategischer Bedeutung ist.

Die KP Chinas hat auch fast 30 Milliarden US-Dollar in den Hafen La Union in El Salvador investiert. Im Juli 2018 warnte der US-Botschafter in El Salvador, Jean Manes, in El Salvadors Zeitung „El Diario De Hoy", dass chinesische Investitionen in La Union ein militärisches Ziel hätten und besondere Aufmerksamkeit verdienten. [92]

Auf kultureller Ebene hat die KP Chinas 39 Konfuzius-Institute und elf Konfuzius-Klassenzimmer in Lateinamerika und der Karibik mit einer Gesamtzahl von über 50.000 Anmeldungen eingerichtet. [93] Konfuzius-Institute wurden als Institutionen identifiziert, die von der Partei für Spionage sowie die Vermittlung der Parteikultur und der Ideologie unter dem Deckmantel der traditionellen chinesischen Kultur genutzt werden.

Die Expansion und Infiltration des Regimes der KP Chinas in Lateinamerika stellt eine ernsthafte Bedrohung für die USA dar. Indem China den Zugang zum chinesischen Markt, die Abhängigkeit von ökonomischen Investitionen und von militärischer Hilfe nutzt, um die Politik der lateinamerikanischen

Regierungen zu beeinflussen, ist es China möglich, sie in seinen eigenen Einflussbereich zu ziehen und gegen die Vereinigten Staaten einzusetzen. Die Kanäle, Häfen, Eisenbahnen und Kommunikationseinrichtungen, welche die KP Chinas baut, sind allesamt wichtige Werkzeuge, die in Zukunft für den Ausbau und die Etablierung ihrer globalen Hegemonie eingesetzt werden können.

f) Das kommunistische China zeigt offen seine militärischen Ambitionen

Auf der Zhuhai Airshow 2018 in China erregte das erste Exemplar der CH-7 Rainbow-Drohne die Aufmerksamkeit von Militärexperten. Die Rainbow-Serie zeigt, dass China in der Technologie zur Entwicklung bewaffneter Drohnen aufgeholt hat. Eine große Anzahl von CH-4-Drohnen beherrschen den militärischen Markt in Jordanien, Irak, Turkmenistan und Pakistan, also in Ländern, die nur eingeschränkt bewaffnete Drohnen aus den Vereinigten Staaten kaufen dürfen. [94] Die neueste CH-7 Rainbow-Drohne ist in gewisser Weise genauso gut ausgestattet wie die X-47B [die Northrop Grumman X-47B ist ein unbemanntes Kampfflugzeug für den Einsatz auf Flugzeugträgerbasis] – das Beste, was die Vereinigten Staaten zu bieten haben. Ein Beobachter bemerkte, dass die neueste CH-7 auf der Airshow 2018 in China vorgestellt wurde, bevor sie von den chinesischen Streitkräften getestet worden war. [95] Das Video, das auf der Flugshow gespielt wurde, zeigt die Drohnen im simulierten Kampf gegen den Feind, der eindeutig das US-Militär war. [96] All diese Schritte zeigen deutlich den Ehrgeiz Chinas, die Macht der USA infrage zu stellen.

Der Ehrgeiz der chinesischen „People‘s Liberation Army“ [PLA, „Volksbefreiungsarmee“] blieb in den vergangenen Jahren der Entwicklung nicht unbemerkt. So verfolgten und schikanierten chinesische Schiffe das US-Überwachungsschiff „USNS

Impeccable" im Südchinesischen Meer, während es auf Routinefahrten in internationalen Gewässern unterwegs war. [97]

Ein ähnlicher Vorfall ereignete sich später in den internationalen Gewässern des Gelben Meeres. Die chinesischen Schiffe kamen immer wieder in die Nähe der „USNS Victorious". Sie fuhren innerhalb von 30 Metern um das US-Schiff herum und zwangen es, einen gefährlichen plötzlichen Stopp einzulegen. [98] Der jüngste Vorfall ereignete sich im September 2018, als ein chinesisches Kriegsschiff aggressive Manöver durchführte und die „USS Decatur" nötigte, das Gebiet zu verlassen. Das chinesische Schiff kam bis auf 45 Meter vor den Bug des amerikanischen Schiffes heran und zwang die „Decatur" zu einem Manöver, um eine Kollision zu verhindern. [99]

Das chinesische Parteiregime hat seine militärischen Ambitionen schon längst offenbart. Seine Strategie besteht darin, sich von einer Landmacht zu einer maritimen Supermacht zu entwickeln und schließlich seine Vorherrschaft zu Wasser und zu Lande zu etablieren. Im Jahr 1980 war Pekings Strategie die der aktiven Verteidigung, und der Schwerpunkt lag vor allem auf der Verteidigung der eigenen Grenzen. Damals war der Hauptgegner die Sowjetarmee. Im Jahr 2013 verwandelte sich die Verteidigung der Frontlinien Pekings in eine aktive Offensive, um seine Reichweite zu vergrößern. Es wurde die Empfehlung gegeben, „strategische Angriffe als eine wichtige Form der aktiven Verteidigung" auszuführen. [100]

Im Jahr 2015 gab ein chinesischer Militärtheoretiker und Autor von „Unrestricted Warfare: China's Master Plan to Destroy America" (auf Deutsch: „Uneingeschränkte Kriegsführung: Chinas Masterplan zur Zerstörung Amerikas") folgende Erklärungen ab: „Die ‚One Belt, One Road' Politik verlangt, dass die Armee über Fähigkeiten zu Auslandseinsätzen verfügt"; „Die chinesischen Landstreitkräfte müssen sich in einem fliegenden Wechsel selbst revolutionieren"; „Die nationalen Interessen, die mit 'One Belt, One Road' verbunden sind, sind eine enorme Motivation zu Reformen für die chinesische Armee." [101] All dies fördert das Ziel Pekings, eine landgestützte Supermacht zu werden.

Das US-Verteidigungsministerium erklärte in seinem Jahresbericht an den Kongress im Jahr 2018:

„Chinas maritimer Schwerpunkt und die Aufmerksamkeit für Missionen, die seine überseeischen Interessen schützen, haben die PLA zunehmend über die Grenzen Chinas und seine unmittelbare Peripherie hinaus vorangetrieben. Der sich entwickelnde Fokus des PLAN [der chinesischen Marine] – von der „Offshore-Küstenwache" bis hin zu einer Mischung aus „Offshore-Küstenwache" und „Schutz auf offener See" – spiegelt das wachsende Interesse des Oberkommandos an einer größeren operativen Reichweite wider. Chinas Militärstrategie und die laufende PLA-Reform spiegeln die Aufgabe seiner historisch landzentrierten Mentalität wider. Ebenso deuten lehrbuchmäßige Verweise auf „forward edge defense" [Verteidigung nach vorne], die potenzielle Konflikte weit von Chinas Territorium entfernen würden, darauf hin, dass PLA-Strategen eine zunehmend globale Rolle sehen." [102]

Chinas Ziel ist, zunächst die Grenzen der ersten Inselkette zu durchbrechen und in die offenen Gewässer des pazifischen und indischen Ozeans zu gelangen. Die erste Inselkette erstreckt sich von den Kurilen im Norden bis zu den Inseln Taiwan und Borneo im Süden. Die Kette umgibt das Gelbe Meer, das Ostchinesische Meer und den westlichen Pazifik.

Der Zweck der chinesischen Expansion im Südchinesischen Meer war, die erste Inselkette zu durchbrechen. China baute Inseln und militarisierte Riffe im Südchinesischen Meer. Es stattete sie mit Flughäfen, landgestützten Flugzeugen und Raketen aus. Derzeit wurden drei strategisch wichtige Inselchen im Südchinesischen Meer, und zwar das Fiery Cross Reef, das Subi-Riff und das Mischief-Riff mit Schiffsabwehrraketen, Boden-Luft-Raketen und Flugplätzen ausgerüstet. Die Inseln bilden im Wesentlichen stationäre Flugzeugträger, die im Falle eines militärischen Konflikts eingesetzt werden können. Auf strategischer Ebene ist die chinesische Marine in der Lage, die Grenzen der ersten Inselkette zu durchbrechen und sie hat die Fähigkeit, im offenen Meer zu kämpfen.

Steve Bannon, ehemaliger Chefstratege des Weißen Hauses, sagte mehrmals, dass sich die Vereinigten Staaten auf dem Weg in einen militärischen Konflikt mit China befinden. „Wir werden in fünf bis zehn Jahren im Südchinesischen Meer Krieg führen", sagte Bannon etwa im März 2016. „Daran besteht kein Zweifel." [103]

Lawrence Sellin, ehemaliger Oberst und militärischer Kommentator der US-Armee, glaubt, dass „China jetzt versucht, seinen internationalen Einfluss über das Südchinesische Meer hinaus auszudehnen, indem es diesen mit einem ähnlichen Rahmenkonzept zur Dominanz im nördlichen Indischen Ozean verknüpft. Wenn es China erlaubt wird, die Verbindung zu vervollständigen, könnte es in einer unangreifbaren Position sein, mit der es Macht über etwa die Hälfte des globalen BIP übernehmen kann." [104]

Die Dominanz im Südchinesischen Meer ist keine Frage des Territoriums, sondern der globalen Strategie. Jedes Jahr werden fast 5 Billionen US-Dollar an Waren durch das Südchinesische Meer transportiert. [105] Für China beginnt die Maritime Seidenstraße im Südchinesischen Meer. Schätzungsweise 80 Prozent der Ölimporte werden voraussichtlich durch diese Region verlaufen. [106] Die Sicherung des Friedens im Südchinesischen Meer nach dem Zweiten Weltkrieg war eine Aufgabe der Vereinigten Staaten und ihrer Verbündeten. Dies stellt eine große Bedrohung für das chinesische Regime dar, das sich auf einen Krieg mit den Vereinigten Staaten vorbereitet und das Südchinesische Meer als einen Schlüsselbereich für sein Wirtschaftswachstum und seine militärische Expansion betrachtet.

Taylor Fravel, der „Arthur and Ruth Sloan"-Professor für Politikwissenschaft am Massachusetts Institute of Technology (MIT), wies auf eine interessante Tatsache hin, nachdem er herausgefunden hatte, wie China seine territorialen Streitigkeiten in der Geschichte gelöst hat. Seit 1949 hat China 23 territoriale Auseinandersetzungen mit seinen Nachbarn geführt. Von diesen Konflikten wurden 17 beigelegt. In 15 dieser Abkommen war Peking zu erheblichen Kompromissen bei der Vergabe von umstrittenem Territorium bereit. Aber wenn es um Fragen im Südchinesischen Meer ging, verfolgte die chinesische Marine seit den 1950er Jahren, auch wenn sie militärisch unbedeutend war, einen kompromisslosen Ansatz und beanspruchte unumstrittene Souveränität über die Region. China verwendete noch nie eine so absolute Sprache für andere Gebietsstreitigkeiten. [107]

Anscheinend ist um „jeden Zentimeter kämpfen" nicht die Art und Weise, wie China seine Grenzkonflikte löst. Professor Taylor Fravel nannte mehrere Gründe für Chinas entschiedenes Auftreten bei Fragen zum Südchinesischen Meer. „China betrachtet vorgelagerte Inseln wie die Spratlys als strategisch. Von diesen Inseln aus kann China die Hoheitsgewalt über angrenzende Gewässer ausüben, die bedeutende natürliche Ressourcen enthalten könnten, und sogar die Gerichtsbarkeit über einige Aktivitäten ausländischer Marineschiffe geltend machen", sagte er. „Das Südchinesische Meer kann zu vorgeschobenen Außenposten für die Entwicklung militärischer Macht ausgebaut werden." Und: „Sie können auch den chinesischen U-Boot-Einheiten behilflich sein – indem sie andere Staaten daran hindern, chinesische U-Boote zu verfolgen, die versuchen, aus dem Südchinesischen Meer in den Westpazifik einzudringen." [108]

Die aggressiven und expansiven Maßnahmen des chinesischen Regimes im Südchinesischen Meer, insbesondere die Maßnahmen, die es in den vergangenen Jahren ergriffen hat, um den Status quo zu ändern, verschärften die militärischen Spannungen der Region. Japans Militärausgaben waren ein Jahrzehnt lang rückläufig und wurden nun wieder erhöht. Indien ließ seine auf Eis gelegten Pläne zur Modernisierung der Marine wiederaufleben. [109]

Die aktive Expansion Chinas im Südchinesischen Meer wird unter dem Vorwand einer sicheren Schifffahrtspassage für Energieträger und den Güterverkehr verborgen. Die Expansionsbestrebungen stören jedoch das Machtgleichgewicht in der Region und erhöhen die Möglichkeiten militärischer Konflikte. Ein Experte wies darauf hin, dass „die chinesische Wahrnehmung des Südchinesischen Meeres als sicherheitspolitische Angelegenheit zu einer Erosion der Sicherheit in der Region geführt hat“. Dieser Standpunkt entspricht auch dem von Bannon. [110]

Im Jahr 2017 richtete das chinesische Militär in Dschibuti seine erste ausländische Militärbasis ein. Westliche Wissenschaftler glauben, dass chinesische Militärbeamte über den westlichen Pazifikraum hinausschauen und darüber nachdenken, wie man seine Macht immer weiter ins Ausland verlagern kann. [111] So ist die KP Chinas beispielsweise seit kurzem auch in den pazifischen Inselstaaten aktiv, unabhängig von kostspieligen Investitionen. Langfristiges Ziel ist, dass diese Inselstaaten in Zukunft als Versorgungsstationen für die chinesischen Seestreitkräfte (abgekürzt PLAN) dienen. Die militärische Expansion der KP Chinas beschränkt sich nicht nur auf die traditionellen Divisionen von Land, Wasser und Luft, sondern macht auch Fortschritte in den Bereichen Weltraum und elektromagnetische Kriegsführung.

Die militärischen Ambitionen der KP Chinas werden durch riesige Reserven an Arbeitskräften, Ausrüstung und Finanzmitteln gestützt.

Das Regime der Kommunistischen Partei unterhält mit zwei Millionen aktiven Soldaten die größte reguläre Armee der Welt. Die „Volksbefreiungsarmee“ PLA besitzt auch die größte Bodentruppe der Welt, die größte Anzahl an Kriegsschiffen, die drittgrößte Flottenkapazität und eine massive Luftwaffe. Das Regime verfügt über eine dreifache nukleare Angriffsfähigkeit, die aus interkontinentalen ballistischen Raketen, U-Booten mit ballistischen Raketen und strategischen Bombern besteht.

Das chinesische Regime umfasst außerdem über 1,7 Millionen bewaffnete Polizisten, die unter der einheitlichen Führung der Zentralen Militärkommission der Kommunistischen Partei stehen, sowie über eine große Anzahl von Reserve- und Milizeinheiten. Die Militärdoktrin der Partei hat immer die Bedeutung des „Volkskriegs“ betont. Unter dem totalitären System der Partei kann sie schnell alle verfügbaren Ressourcen für die militärische Nutzung mobilisieren. Das bedeutet, dass die KP Chinas über einen Pool von über einer Milliarde Menschen (einschließlich der Chinesen im Ausland) verfügt, aus dem sie eine große Anzahl von Menschen in den militärischen Dienst ziehen kann.

Chinas Bruttoinlandsprodukt stieg zwischen 1997 und 2007 rapide an. Die KP Chinas ist auf die Wirtschaftskraft angewiesen, um ihre Rüstungsproduktion rasch ausbauen und ihr Arsenal erweitern zu können. Es wird geschätzt, dass die Bodentruppen der „Volksbefreiungsarmee“ bis 2020 über 5.000 moderne Kampfpanzer verfügen werden. Die Seestreitkräfte werden mindestens zwei Flugzeugträger in ihrer Flotte haben. Neunzig Prozent der Kampfjets der PLA-Luftstreitkräfte gehören der 4. Generation an, und China hat auch damit begonnen, Jäger der 5. Generation einzuführen.

Anfang des Jahres 2017 kündigte China eine inflationsbereinigte Erhöhung seines jährlichen Militärhaushalts um 6,5 Prozent auf 154,3 Milliarden US-Dollar an. [112] Die Analyse der Daten von 2008 bis 2017 zeigt, dass Chinas offizieller Militärhaushalt in diesem Zeitraum inflationsbereinigt jährlich im Durchschnitt um acht Prozent gewachsen ist. Beobachter schätzen, dass die tatsächlichen Militärausgaben der KP Chinas doppelt so hoch sind wie die Zahlen, die offiziell verkündet werden. Abgesehen davon spiegelt sich die militärische Stärke des Regimes nicht vollständig in den Militärausgaben wider, da seine tatsächlichen Kosten höher sind als jene, welche die Staatsfunktionäre angeben – und die KP Chinas kann viele zivile Ressourcen und Arbeitskräfte nach eigenem Ermessen beschaffen. Das ganze industrielle System kann die militärischen Bedürfnisse befriedigen, was bedeutet, dass die wahren militärischen Fähigkeiten weit über die offiziellen Daten und die üblichen Schätzungen hinausgehen.

Die KP Chinas baut bis Ende 2020 zudem ein globales Satellitensystem auf, das aus mehr als 30 Beidou-Navigationssatelliten (Big Dipper) mit globalen militärischen GPS-Positionierungsfähigkeiten besteht. [113] Die Massenproduktion der militärischen Drohnen der Rainbow-Serie erfüllt für die KP Chinas eher taktische Zwecke. So kann die KP Chinas beispielsweise im Bereich der Taiwan-Straße durch ihre unbemannten Luftfahrzeuge Vorteile auf See erlangen. [114] Eine große Anzahl der Flugdrohnen kann unter der Kontrolle von Satelliten und künstlicher Intelligenz Cluster bilden, die in regionalen und asymmetrischen Konflikten nützlich sind.

Der Tarnkappenjäger Chinese J-20, der auf der Zhuhai Air Show vorgestellt wurde, ähnelt der amerikanischen F-22, während die chinesische J-31 nach dem Vorbild der F-35 konzipiert zu sein scheint. Die Volksbefreiungsarmee schließt damit die Lücke zu den USA bei der Entwicklung moderner Kampfjets.

Darüber hinaus nutzt die Kommunistische Partei Chinas ein breites Spektrum an Spionage, um die USA in technologischer Hinsicht einzuholen. Nach verschiedenen aktuellen Schätzungen stammen mehr als 90 Prozent der Spionageoperationen durch Computerhacks, die gegen die USA gerichtet sind, aus China. Die Netzwerke der KP Chinas infiltrieren große amerikanische Unternehmen sowie das Militär und stehlen Technologie und Wissen, das die Chinesen nicht selbstständig entwickeln können. [115] Auch Chinas Drohnentechnologie wurde aus den Vereinigten Staaten gestohlen.

In Bezug auf die Taktik ist die chinesische Volksbefreiungsarmee sehr an asymmetrischen Fähigkeiten interessiert: asymmetrische Kriegsführung, asymmetrische Strategie und asymmetrische Waffen. [116] Admiral Philip S. Davidson, der neue Kommandant des Indo-Pazifik-Kommandos USINDOPACOM, bezeichnete China als „Peer-Konkurrent". Er sagte, dass China nicht versucht, die amerikanische Feuerkraft im Verhältnis eins zu eins zu erreichen, sondern versucht, mit den Vereinigten Staaten Schritt zu halten, indem es entscheidende asymmetrische Fähigkeiten aufbaut, einschließlich des Einsatzes von Schiffsabwehrraketen und Fähigkeiten in der U-Boot-Kriegsführung. Er warnte, dass es „keine Garantie dafür gibt, dass die Vereinigten Staaten einen zukünftigen Konflikt mit China gewinnen werden". [117]

Die KP Chinas verlässt sich bei ihren Forschungen auf die Entwicklung von Dongfeng 21D-Raketen (ballistische Anti-Schiffs-Raketen zur Verwendung gegen US-amerikanische Flugzeugträger), vergleichbare Konfrontationen im Heckenschützen-Modus durchführen zu können. Im Jahr 2018 stellte die KP Chinas öffentlich die landgestützte Überschall-Anti-Schiffs-Rakete Eagle-Attack-12B aus, die als „Flugzeugträger-Killer" bekannt ist. Sie hat eine 550 Kilometer lange „Todeszone" im westlichen Pazifik gezogen, in der amerikanische Carrier-Kampfgruppen rund um einen Flugzeugträger anfällig für extrem niedrig geflogene Angriffe sind. Diese Raketen werden zu einem wichtigen militärischen Mittel der regionalen Verweigerungsaktionen der PLA, die darauf abzielen, eine militärische Intervention der USA zu unterbinden.

Nach der rasanten Ausweitung seiner militärischen Macht ist das Regime der KP Chinas auch zu einem riesigen Waffenexporteur für die autoritären Regierungen der Welt, wie Nordkorea und den Schurkenregimen des Nahen Ostens, geworden. Einerseits lautet das Ziel, die militärischen Allianzen auszubauen, und andererseits, die militärische Macht der USA zu zerstreuen und zu bekämpfen. Das KP-Regime verbreitet und fördert antiamerikanische Stimmung und Hass. Es ist leicht für die KP Chinas, sich mit anderen antiamerikanischen Regimen zu vereinen, um ihre hegemonialen Ambitionen zu fördern.

Gleichzeitig setzt sich die Führung der KP für terroristische militärische Theorien wie den oben genannten uneingeschränkten Krieg ein. Sie befürwortet die Notwendigkeit des Krieges, indem sie sagt: „Krieg ist nicht weit von uns entfernt; er ist der Geburtsort des chinesischen Jahrhunderts." Die Partei legitimiert Gewalt und Terror mit Worten wie „Die Toten sind die treibende Kraft für den Fortschritt der Geschichte." Sie rechtfertigt Aggressionen: „Es gibt kein Recht auf Entwicklung ohne das Recht auf Krieg", und „die Entwicklung eines Landes stellt eine Bedrohung für das andere dar – das ist die allgemeine Regel der Weltgeschichte". [118]

Zhu Chenghu, Dekan des Defense College der National Defense University der Volksbefreiungsarmee, erklärte öffentlich, dass China, wenn die Vereinigten Staaten in einen Krieg in der Taiwan-Straße eingreifen sollten, präventiv Atomwaffen einsetzen wird, um hunderte Städte in den USA zu zerstören – auch wenn ganz China östlich von Xi'an (eine Stadt am westlichen Rand der traditionellen Grenzen Chinas) als Folge dessen zerstört werden würde. [119] Zhus Erklärungen waren eine öffentliche Darstellung der Ambitionen der KP Chinas und ein Mittel, um zu sondieren, wie die internationale Gemeinschaft reagiert.

Es ist wichtig, sich bewusst zu sein, dass die militärischen Strategien der Kommunistischen Partei Chinas immer ihren politischen Bedürfnissen untergeordnet sind und dass die militärischen Ambitionen des Regimes nur ein kleiner Teil der gesamten Pläne sind. Der Ansatz der Partei besteht darin, sich sowohl auf wirtschaftliche als auch auf militärische Mittel zu stützen, um ihre kommunistische Ideologie dem Rest der Welt aufzuzwingen. [120]

3. „Grenzenlose Kriegsführung" mit chinesisch-kommunistischen Merkmalen

Bei der Umsetzung ihrer globalen Zielsetzungen kennt die Kommunistische Partei Chinas keine moralischen Einschränkungen und beachtet keine Gesetze. Wie in den „Neun Kommentaren über die Kommunistische Partei" besprochen, ist die Gründungsgeschichte der Kommunistischen Partei Chinas ein Prozess der schrittweisen Perfektion aller Bösartigkeit, die es während der gesamten Geschichte in China und auf der ganzen Welt gab. Dazu gehören die folgenden neun von ihr übernommenen Merkmale: Boshaftigkeit, Betrug, Anstiftung, Entfesselung des Abschaums der Gesellschaft, Spionage, Raub, Kampf, Zerstörung und Kontrolle. [121] Diese Merkmale zeigen sich auch im gesamten Prozess der weltweiten Expansion der chinesischen Wirtschaft und des chinesischen Regimes, wobei die Partei während dieser Entwicklung die von ihr angewandten Methoden ständig weiterentwickelt und ihre Bösartigkeit verstärkt hat. Die „uneingeschränkte Kriegsführung" der KP Chinas ist der geballte Ausdruck ihrer bösartigen Eigenschaften und ein wichtiger Teil ihres Erfolgs.

Der Grundgedanke der „uneingeschränkten Kriegsführung" gehörte in der Geschichte der KP Chinas immer zur militärischen Praxis. Im Jahr 1999 nutzen zwei hochrangige chinesische Offiziere den Begriff „uneingeschränkte Kriegsführung" in einem ihrer Bücher über militärische Arbeit. Wie der Name schon erklärt, beinhaltet die „uneingeschränkte Kriegsführung" folgende Grundsätze: „Krieg ohne jede Grenze und ohne jede Einschränkung"; „den Feind zu zwingen, die eigenen Interessen auf alle Fälle und zu jedem Preis zu akzeptieren, egal ob mit oder ohne Gewalt, mit militärischen oder ohne militärische Mittel, egal ob mithilfe von Tötung oder ohne Tötung". Weiter heißt es: „Die Mittel sind allumfassend, Informationen sind allgegenwärtig, das Schlachtfeld ist überall" – „über alle politischen, historischen, kulturellen und moralischen Fesseln hinaus". [122]

„Uneingeschränkte Kriegsführung" meint, dass „alle Waffen und Technologien nach Belieben eingesetzt werden können; was bedeutet, dass alle Grenzen zwischen Krieg und Frieden, zwischen militärischer Welt und ziviler Welt aufgebrochen werden". Es werden Methoden verwendet, die sich über Nationen hinweg erstrecken und verschiedene Bereiche erfassen: Finanzmärkte, der Handel, die Medien, internationales Recht, der Weltraum und viele mehr sind potenzielle Schlachtfelder. Zu den Mitteln des Kampfes gehören das Hacken von IT-Systemen, Terrorismus, biochemische Kriegsführung, ökologische Kriegsführung, atomare Kriegsführung, elektronische Kriegsführung, die Verbreitung von Drogen, Geheim- und Nachrichtendienste, Schmuggel, psychologische Kriegsführung, Ideologie, Sanktionen und so weiter. [123]

Die Autoren der „uneingeschränkten Kriegsführung" vertreten die Meinung, dass die „Generalisierung von Krieg" die Richtung der Zukunft und unausweichlich ist, und dass deshalb jeder Bereich militarisiert werden muss. Sie glauben, dass eine große Anzahl an Personal, das nicht direkt zum Militär gehört und keine Uniformen trägt, Schlüsselfaktor der „uneingeschränkten Kriegsführung" ist. Die Regierung muss sich schnell auf den „unsichtbaren" Kampf in allen verschiedenen Bereichen vorbereiten. [124]

Viele bezeichnen verschiedene berufliche oder soziale

Umfelder metaphorisch als „Schlachtfelder" – aber für die KP Chinas bedeutet es Krieg im wahrsten Sinne des Wortes. Alle Felder sind für die KP Chinas Schlachtfelder, da sie sich zu jeder Zeit im Kriegszustand befindet und jeder einen Kriegsteilnehmer darstellt. Alle Konflikte werden als Kämpfe um Leben und Tod betrachtet. Die kleinsten Probleme werden zu Fragen des Prinzips oder der Ideologie gemacht und so vergrößert. Das ganze Land wird dabei mobilisiert, als wäre es im Krieg, damit die KP Chinas ihre Ziele erreichen kann.

In den 1940er Jahren, während des chinesischen Bürgerkriegs, nutzte die KP Chinas die ökonomische Kriegsführung, um der Volkswirtschaft der nationalen Regierung (Kuomintang) der Republik China zu schaden und sie zum Einsturz zu bringen. Die Partei spionierte, um sich die militärischen Pläne der Kuomintang zu beschaffen – noch bevor die eigenen Truppen der Kuomintang sie erhielten. Sie bediente sich zahlreicher Verschwörungen, während die kommunistischen Armeen auf dem Schlachtfeld kämpften. Die KP Chinas nutzt diese „uneingeschränkten Mittel" auch heute noch, allerdings in noch größerem und breiterem Umfang. „Uneingeschränkte Kriegsführung" bedeutet, alle konventionellen Regeln und moralischen Beschränkungen zu brechen. Dies führt dazu, dass die meisten Westler, westliche Regierungen und Unternehmen nicht verstehen, wie sich die KP Chinas verhält, geschweige denn, wie man mit ihr umgehen soll.

Die Kommunistische Partei Chinas setzte die Idee der „uneingeschränkten Kriegsführung" in unzähligen Bereichen um, indem sie viele scheinbar profane Methoden zur Erreichung ihrer Ziele nutzt:

- Export von Parteikultur und Lügen in die Welt durch Propaganda im Ausland
- Kontrolle globaler Medien und damit uneingeschränkte ideologische Kriegsführung

- Für das Ziel, freundschaftliche Beziehungen zu pflegen, werden mit Ruhm, süßen Versprechungen („Honigfallen"), zwischenmenschlichen Beziehungen, Bestechung und despotischer Macht die Machthaber der Vereinten Nationen, bedeutende politische Persönlichkeiten verschiedener Länder, bekannte Persönlichkeiten aus wissenschaftlichen und akademischen Kreisen, Magnaten, Manager und einflussreiche Menschen aus allen Bereichen des Lebens auf Linie gebracht, sodass sie die KP Chinas unterstützen und bereit sind ihr durch Krisen zu helfen.
- Unterstützung, Provokation sowie Anstiftung und Bildung von Bündnissen mit Schurkenstaaten, um die Regierungen der Vereinigten Staaten und des Westens vom Wesentlichen abzulenken.
- Nutzung von Handelsvereinbarungen und ökonomischer Diplomatie, um freie Länder gegeneinander auszuspielen – wobei der chinesische Markt mit mehr als einer Milliarde Chinesen als Köder dient; Intensivierung der wirtschaftlichen Verflechtungen und der gegenseitigen Abhängigkeit, um andere Länder zu erschließen
- Verstöße gegen die Regelungen der Welthandelsorganisation WTO
- Falsche Reformzusagen zur Steigerung des Handelsüberschusses und der Devisenreserven machen
- Mit den Früchten des Kapitalismus den Körper des Sozialismus ernähren.
- Nutzung des Marktes von Devisen und Finanzmitteln als Waffe, um die Menschenrechte durch uneingeschränkte wirtschaftliche Kriegsführung zu unterdrücken und andere Länder dazu zu zwingen, ihre moralische Verantwortung und universelle Werte aufzugeben
- Die Chinesen im Ausland dazu zwingen, in Privatunternehmen zu arbeiten, um Informationen aus entwickel-

ten Ländern zu erhalten und/oder zu stehlen.
- Die eigenen Bürger und jene anderer Länder zu Geiseln machen

a) Die Kommunistische Partei Chinas verbreitet ihre Parteikultur weltweit

Als eine Niederlassung des chinesischen Staatsfernsehens in London aufgebaut wurde, bewarben sich beinahe 6.000 Menschen auf 90 Stellen, die „die Berichterstattung aktueller Geschehnisse aus chinesischer Sicht" beinhalteten. Die KP Chinas stand damit vor einem beneidenswerten Problem: Es gab zu viele Bewerber. [125] Der Eifer der Menschen, als Sprachrohr für die Kommunistische Partei Chinas arbeiten zu wollen, zeigt den Niedergang der westlichen Medienbranche und die Bedrohung, die die ausländische Propaganda der KP Chinas für die Welt darstellt.

Die größte Propagandamaschinerie der Welt

Mao Tse-tung forderte einst, dass die Nachrichtenagentur *Xinhua News Agency* die „Erde kontrollieren und die ganze Welt unsere Stimme hören lassen" [126] solle. Die Kommunistische Partei Chinas ist nun in der Lage, das zu erreichen, was sie in der Vergangenheit nicht erreichen konnte.

Nach der Finanzkrise 2008 waren die westlichen Medien mit ihren eigenen Finanz- und Geschäftskrisen beschäftigt. Die KP Chinas ergriff die Gelegenheit und setzte ihre „große externe Propaganda-Kampagne" in die Tat um. *The People's Daily, China Daily, Xinhua News Agency, China Central Television (CCTV), China Radio International* und andere Sprachrohre der Kommunistischen Partei Chinas richteten Zeitungen, Radio- und Fernsehstationen auf der ganzen Welt ein.

Chang Ping, ehemaliger Chefredakteur der größten chinesischen Zeitung *Southern Weekend,* sagte, dass das chinesische Regime seit 2009 für seine „nationale Strategie der externen Propaganda in den Bereichen Öffentlichkeitsarbeit und Werbung“ Gelder in Höhe von 45 Milliarden Yuan (6,52 Milliarden US-Dollar) bereitgestellt hat. Laut chinesischen Presseberichten waren die öffentlich zugegebenen 45 Milliarden Yuan nur ein kleiner Teil der gesamten Ausgaben. [127] 2016 schätzte die *BBC,* dass die Kommunistische Partei Chinas 10 Milliarden Yuan (1,45 Milliarden US-Dollar) pro Jahr für Propagandazwecke ausgibt. [128] Im März 2018 fasste die Kommunistische Partei den Fernsehsender *China Central Television* und die Radiosender China Radio International sowie *China National Radio* zur Mediengruppe *China Media Group* zusammen – auch *Voice of China* (auf Deutsch: *Chinas Stimme*) genannt. Die Mediengruppe steht unter der Leitung der Propagandaabteilung des Zentralkomitees der Kommunistischen Partei Chinas.

Xinhua mietete eine riesige Plakatwand am Times Square in New York City, um für die Kommunistische Partei zu werben. 2016 änderte die Kommunistische Partei den Namen des staatlich geführten Fernsehsenders *CCTV (China Central Television)* im Ausland in *CGTN (China Global Television Network).*

Die ausländische Parteipropaganda der KP Chinas versucht, mit der Zeit immer weiter und schneller vorzudringen. Sendestationen im Ausland nutzen eine „Regionalisierungsstrategie“, indem sie vorwiegend ortsansässige Journalisten und Moderatoren einstellen. Ein Foto von Xi Jinping aus einem Videointerview mit dem in den USA stationierten Sender *CCTV* zeigt, dass 90 Prozent der Journalisten keine Chinesen sind. [129] Die Programminhalte werden von China aus ins Ausland übermittelt, während die Berichterstatter vor Ort eingestellt werden. Die staatlich kontrollierten Medien der Kommunistischen Partei erzeugen so eine „lokale Verpackung“ im Zielland, indem sie landestypische Menschen und Sprecher nutzen, die die Denkweisen der Kommunistischen Partei verbreiten und die Kommunistische Partei als repräsentativ für ganz China darstellen. Sie nutzt Einheimische im Ausland, um die Geschichten der KP Chinas und die Stimme der KP Chinas zu verbreiten – jedoch nicht die wahren Geschichten Chinas und nicht die Stimme des chinesischen Volkes.

Das ist der Charakter des außenpolitischen Werbefeldzugs der Partei. Die Kommunistische Partei Chinas vergibt auch international Stipendien an Nachwuchsjournalisten, auch in Sparten wie Bildung oder Ernährung. Damit können diese in China ausgebildet werden oder im Land studieren, wobei ihnen die chinesische Sichtweise und ihre Art des „Journalismus" eingeflößt wird.

Mit der wirtschaftlichen Kolonialisierung Afrikas haben auch die chinesischen Medien alle Ecken in Afrika erreicht. Die chinesische Fernseh- und Mediengruppe *StarTimes Media Group* agiert mittlerweile in dreißig Ländern auf dem afrikanischen Kontinent. Sie behauptet, „der am schnellsten wachsende und einflussreichste Anbieter für digitales Fernsehen in Afrika" zu sein. Ein Taxifahrer in Uganda sagte dazu: „Mehr und mehr Afrikaner verstehen die chinesische Gesellschaft durch die zeitgenössischen chinesischen TV-Serien." [130]

Die Propaganda der KP Chinas war früher aufgrund mangelnder Glaubwürdigkeit weitgehend wirkungslos. Ausländische Medien zu Sprechern der Medien der Partei zu machen; die Medien und Personen, die die KP Chinas kritisieren, rücksichtslos anzugreifen und alle zur Unterstützung der KP Chinas zu zwingen, sind Teil des Rezepts der „externen Propaganda-Kampagne".

Medien auf der ganzen Welt werden zu Handlangern der chinesischen Nachrichtenagentur *Xinhua* gemacht

Im Jahr 2015 verurteilten die Außenminister von zehn Ländern die KP Chinas für den Bau künstlicher Inseln im umstrittenen Südchinesischen Meer. Zu dieser Zeit verkündete ein Radiosender in den westlichen Vororten von Washington, D.C., etwas ganz anderes. Nicht nur, dass die Bestrebungen der Kommunistischen Partei, das Gebiet für sich zu reklamieren, nicht erwähnt wurden. Es wurde sogar behauptet, dass externe Kräfte versuchten, die Fakten zu fälschen, um damit die Spannungen im Südchinesischen Meer zu verschärfen. [131]

Dieser Rundfunksender trägt den Namen *WCRW* und sein Programm enthält viele Inhalte, die die Position der Kommunistischen Partei zum Ausdruck bringen. Erstaunlicherweise macht WCRW keine Werbung. Alleiniger Auftraggeber ist ein Unternehmen aus Los Angeles, *G&E Studio Inc.*, das zu 60 Prozent von *China Radio International (CRI)* in Peking kontrolliert wird. G&E verfügt über mindestens fünfzehn ähnliche Stationen in den Vereinigten Staaten, die nicht nur Washington, D.C., sondern auch Los Angeles, Salt Lake City, Atlanta, Philadelphia, Houston, Honolulu, Portland und Vancouver umfassen.

Das Sprachrohr der Kommunistischen Partei Chinas, *China Radio International*, stützt sich auf eine ortsansässige Firma, die unter dem Namen eines Amerikaners mit chinesischen Wurzeln registriert ist. Durch Mehrheitsanteile an lokalen US-amerikanischen Radiosendern benutzt *CRI* diese für die Propaganda der KP Chinas. Der größte Vorteil dieser Vorgehensweise ist, dass die Beteiligung der Partei der Öffentlichkeit verborgen bleibt. Den Zuhörern wird das Gefühl vermittelt, dass die Amerikaner selbst ihre Unterstützung für die Kommunistische Partei Chinas zum Ausdruck bringen – was das Publikum im größtmöglichen Ausmaß manipuliert.

Im Jahr 2015 betrieb *CRI* 33 solcher Sendestationen in mindestens 14 Ländern. 2018 waren es bereits 85 Sendestationen in 35 Ländern. [132] Da die Leitung und Kontrolle dieser Sender in der Hand ortsansässiger chinesischer Unternehmen liegen, scheinen die demokratischen Länder hilflos zu sein, rechtlich dagegen vorzugehen, obwohl viele Menschen mit der versteckten Parteipropaganda unzufrieden sind. Mit der Methode der externen Propagandaverbreitung nutzt die Kommunistische Partei die Lücken der demokratischen Systeme für sich aus. Im Namen der Demokratie setzt sich die KP Chinas für die Diktatur ein und versucht, die Zuhörer zu manipulieren, sodass diese beginnen, ihre Ansichten zu übernehmen. Die KP Chinas nutzt die Gesetzeslücken der freien Gesellschaften aus. Im Namen der Demokratie strebt sie die Zerstörung der Demokratie an.

Die Anzeigen der *China Daily* werden in China umgangssprachlich als „Eine Reise auf einem geliehenen Schiff machen" bezeichnet, was einen weiteren wichtigen Teil der externen Propagandastrategie der Kommunistischen Partei darstellt. *China Daily* veröffentlicht beispielsweise in der *Washington Post* eine Nachrichtenbeilage in chinesischer Sprache und verwendet dafür einen Layout-Stil, der den Lesern den Eindruck vermitteln kann, dass ihre Inhalte solche der *Washington Post* sind. [133] Neben der *Washington Post* hat die KP Chinas ähnliche Vereinbarungen mit über 30 anderen Zeitungen getroffen, darunter mit der *New York Times,* dem *Wall Street Journal, The Daily Telegraph* und *Le Figaro.* Das Wort „Werbung" auf der Beilage wird an einer unauffälligen Stelle platziert, sodass der Leser die Beilage leicht für einen Bestandteil der Zeitung halten kann.

Am 23. September 2018 inserierte die *China Daily* auch eine vierseitige Anzeige, die wie normale Seiten für Nachrichten und Kommentare aussahen, im *Des Moines Register*, der Lokalzeitung von Iowa. Der Text griff den Präsidenten der USA an. Einige sprachen dabei von einem Versuch, die US-Zwischenwahlen zu beeinflussen. [134]

Die Kommunistische Partei zeichnet sich durch ihre Kontrolle der ausländischen chinesischen Medien aus. Durch Zwang und Lockmittel rekrutiert die KP Chinas eine große

Anzahl von chinesischsprachigen Medien, darunter auch solche, die zuvor von Taiwanesen mit einer stark antikommunistischen Ausrichtung und Tradition gegründet wurden. Das von der Partei gesponserte *World Chinese Media Forum* dient als Plattform, um die Handlungsanweisungen der Partei an die chinesischen Medien auf der ganzen Welt zu verbreiten. Am 10. September 2017 wurde in Fuzhou das „9. World Chinese Media Forum" veranstaltet. Mehr als 460 Führungskräfte chinesischer Medien aus über 60 Ländern und Regionen von fünf Kontinenten nahmen an dem Treffen teil.

Ein Beispiel für den Einfluss dieser Medienkontrolle ist ein Bericht, in dem es um eine chinesischsprachige Medienstation mit Sitz in Kalifornien geht, deren Aufgabe die Verstärkung der Propaganda der Kommunistischen Partei in der westlichen Presse ist. Als der 19. Nationalkongress der KP Chinas stattfand, veröffentlichte dieses Medium lange Berichte dazu, die fast identisch mit denen der offiziellen Parteimedien waren. [135]

Während der Proteste der Umbrella-Bewegung in Hongkong im Jahr 2014 hat die „Overseas Chinese Media Association", die von der KP Chinas kontrolliert wird und mehr als 160 Medien als Mitglieder hat, umgehend 142 pro-chinesische Medien in Asien, Europa, Afrika, den Vereinigten Staaten und Australien organisiert, um die „Safeguarding Hong Kong Declaration" (auf Deutsch: „Erklärung zum Schutz von Hong Kong") zu veröffentlichen und damit die Sichtweise der Kommunistischen Partei zu unterstützen. Das Ausmaß und die Wirksamkeit der Medienpräsenz des Regimes im Ausland hat die Öffentlichkeit überrascht [136].

Die Unterdrückung oppositioneller Stimmen ist ein weiterer Aspekt der Propagandakampagne der KP Chinas im Ausland. Die Partei droht Journalisten mit der Verweigerung von Visa und anderen Schikanen zum Zwecke der Einschüchterung, was diese zur Selbstzensur bringt. Das Ergebnis ist, dass es weltweit nur wenige Medienunternehmen gibt, die eine völlig unabhängige Haltung gegenüber der Kommunistischen Partei Chinas einnehmen, ohne Rücksicht auf mögliche Konsequenzen durch das Regime zu nehmen.

Es gibt mehrere Möglichkeiten, wie ein Schurke andere dazu bringen kann, ihn in einem besseren Licht zu sehen. Eine Möglichkeit wäre, in sich selbst zu beginnen, das Böse aufzugeben, gut zu werden und aufzuhören, ein Schurke zu sein. Andere Menschen würden dann im Laufe der Zeit von allein bemerken, dass er sich geändert hat. Ein anderer Weg wäre, Druck auf andere auszuüben und zu versuchen, sie einer Gehirnwäsche zu unterziehen, damit sie den Schurken nicht mehr als das erkennen, was er ist. Ein Schurke könnte sogar den kühnen Plan aufstellen, alle anderen durch Manipulation, Lügen, Gaslighting und Gehirnwäsche ebenfalls in Halunken zu verwandeln. Dies würde den größten Schutz für ihn bieten.

Die Kommunistische Partei benutzte über viele Jahrzehnte hinweg gleichzeitig sowohl die zweite als auch die dritte Methode. Sie setzt eine Vielzahl von groß angelegten Propagandaaktivitäten ein, um Ausländer anzusprechen und deren Denken unbemerkt so zu verändern, dass sie die KP Chinas überhaupt nicht mehr als „Schurken" erkennt. In einigen Fällen zieht sie diese sogar mit in den Schlamm und verwandelt sie ebenfalls zu Halunken. Durch umfangreiche Investitionen und geschickte Maßnahmen hat die Partei nun ein weltweites System zur Bildung von Allianzen, zur Isolierung ihrer Feinde und zur Verwandlung von Neutralen in Sympathisanten oder Schurken aufgebaut.

Gehirnwäsche durch Kultur, Literatur und Kunst

Kulturelle Gehirnwäsche ist ein wichtiges Instrument der Partei zur Zerstörung der traditionellen chinesischen Kultur. In den vergangenen Jahren machte die Partei Werbung für ihr vermeintliches Engagement für die Wiederherstellung der traditionellen Kultur. Doch wie in den vorangegangenen Kapiteln dieses Buches beschrieben, hat die Welle der angeblichen Wiederherstellung der traditionellen Kultur in Wahrheit der chinesischen Tradition die Seele genommen. Sie wurde durch eine gefälschte Version – der von der Partei gewünschten „Kultur" – beziehungsweise durch „Parteikultur" ersetzt. So wird nicht nur die ganze Welt davon getäuscht, sondern auch die traditionelle Kultur weiter zerstört.

Eines der Schlüsselelemente der Propaganda der Partei im Ausland ist die Verbreitung der sogenannten „traditionellen chinesischen Kultur", wie sie von der Kommunistischen Partei definiert wird. Dabei werden chinesische Gebräuche und Gepflogenheiten benutzt, um den Ruf der Kommunistischen Partei wiederherzustellen und diese in einem positiven Licht darzustellen. Das ist eine weitere Form von Täuschung, Manipulation und Gehirnwäsche. Ein typisches Beispiel dieser Art Propaganda sind die Konfuzius-Institute.

Bis Ende 2017 hatte die Kommunistische Partei laut unvollständigen Statistiken bereits 525 Konfuzius-Institute (für Hochschulen und Universitäten) in 146 Ländern eingerichtet und 1.113 Konfuzius-Klassenzimmer (für Grund- und Mittelschulen) eröffnet. [137] Die Gelder für die Konfuzius-Institute stammen von „Hanban", einer außenpolitischen Kulturorganisation, die mit der Zentralabteilung der KP Chinas „United Front Work Department" (auf Deutsch: „Vereinigte Arbeitsfront") verbunden ist. Die Verwendung der Gelder wird von Mitarbeitern der chinesischen Botschaften und Konsulate überwacht. Konfuzius-Institute untergraben wichtige akademische Prinzipien der Autonomie und Forschungsfreiheit. Sie zielen darauf ab, die von der KP Chinas bevorzugte Darstellungsweise der Ereignisse zu fördern, die Geschichte Chinas zu verzerren und die schreckliche Menschenrechtsbilanz der KP Chinas zu verschweigen. In einigen Lehrräumen der Konfuzius-Institute werden Zitate von Mao Tse-tung an die Wand gehängt. Auf den ersten Blick behaupten die Konfuzius-Institute, die chinesische Kultur zu lehren, doch in Wirklichkeit fördern sie die kommunistische Lehre und vermitteln die von der kommunistischen Partei gewünschte Parteikultur.

Die Konfuzius-Institute bieten Kultur- und Sprachkurse an und verzerren in diesen die Geschichte. Sie organisieren sogar Proteste gegen Aktivitäten, von denen die Kommunistische Partei glaubt, dass sie ihre Herrschaft bedrohen. So wurden beispielsweise Redner in die Institute eingeladen, die die Lügen der KP Chinas über Tibet in ihren Vorträgen wiedergaben. Andere behaupteten, dass der Koreakrieg ausgelöst wurde, weil das US-Militär chinesische Dörfer bombardiert hätte und dass die Partei gezwungen war, Truppen zu schicken. [138]

Der 2018 bewilligte US-Verteidigungshaushalt für 2019 verurteilt scharf die Versuche der KP Chinas, die öffentliche Meinung der USA zu beeinflussen, insbesondere durch „Medien, kulturelle Institutionen, Unternehmen sowie akademische und politische Gruppen". Das Gesetz zum Verteidigungshaushalt 2019 verbietet ausdrücklich, finanzielle Mittel des Verteidigungsministeriums an Sinologie-Abteilungen an den Universitäten zu vergeben, an denen es ein Konfuzius-Institut gibt. [139]

Von September bis Oktober 2011 schickten die chinesischen Behörden eine 300 Mann starke Gesangs- und Tanzgruppe ins Kennedy Center for the Arts in Washington, D.C., wo die Kommunistische Partei ihr gewalttätiges kommunistisches Tanzdrama „Red Detachment of Women" (auf Deutsch: „Rote Abordnung der Frauen") darbot. Im September 2016 fand in Los Angeles ein hochkarätiges Konzert statt, das zu Ehren des 80. Jahrestages des „Sieges des Langen Marsches der Roten Armee" organisiert wurde. Zur gleichen Zeit fand in Australien in den Rathäusern von Sydney und Melbourne die Aufführung

„Red Songs Concert to Commemorate the 40th Anniversary of Mao Zedong's Death" (auf Deutsch: „Konzert der roten Lieder zum 40. Jahrestag des Todes von Mao Tse-tung") statt. Lokale chinesische Organisationen in Australien protestierten dagegen und konnten die Show letztendlich stoppen. Im Jahr 2017 schickte die KP Chinas die Aufführung von der „Red Detachment of Women" nach Australien und inszenierte 2018 ein weiteres gewalttätiges kommunistisches Tanztheater, das „Red Guards on Honghu Lake", in Sydney und Melbourne.

Das totalitäre Regime der KP Chinas ist den demokratischen Staaten im Krieg um Informationen weit voraus: Die Partei blockiert die Medien aller demokratischen Länder, schafft es aber, ihre eigenen Sprachrohre in den demokratischen Gesellschaften einzusetzen. Die Kommunistische Partei verhindert, dass Medien aus demokratischen Ländern chinesischen Medien Beilagen beifügen, aber die KP Chinas kann die von ihnen gewünschten Inhalte in die Medien der verschiedenen demokratischen Gesellschaften bringen – oder diese einfach aufkaufen, wenn es zweckdienlich ist. Die Medien der KP Chinas dienen in erster Linie der Partei, und westliche Journalisten werden nie darin Führungsrollen bekommen. Die KP Chinas kann jedoch ihre eigenen Undercover-Leute in westliche Medien einschleusen oder Ausländer ausbilden, damit diese als Reporter zu Sprachrohren für die Medien der Partei werden. Solange der Westen die „Medien" der Kommunistischen Partei noch als „Medien" betrachtet, wird der Westen im Informationskrieg weiterhin verlieren. Im Jahr 2018 ordnete das US-Justizministerium an, dass die *Xinhua News Agency* und *China Global TV Network* als ausländische Vertreter in den Vereinigten Staaten registriert werden müssen. Es war ein richtiger Schritt, ist aber bei weitem nicht ausreichend – das Problem ist vor allem die mangelnde Gegenseitigkeit.

Die Propagandakampagne der KP Chinas im Ausland ist ein großes Projekt, das darauf abzielt, die Ansichten der Öffentlichkeit über das Regime weltweit zu verändern. Es hat auch bereits einige Wirkung erzielt. Die KP Chinas verbreitet ihre giftige Ideologie durch iihre Propaganda und führt die Menschen über das Regime, dessen Funktionsweise, die Menschenrechtssituation in China und die Ansichten zum Kommunismus insgesamt stark in die Irre.

b) Die chinesische Zentralabteilung „Vereinigte Arbeitsfront" hat das Ziel, die freie Welt von innen heraus zu zersetzen

Am 18. Dezember 2018 feierte die KP Chinas den 40. Jahrestag der sogenannten Reform und Öffnung. Sie verlieh zehn Ausländern die „Chinesische Freundschaftsmedaille der Reform", um „der internationalen Gemeinschaft für die Unterstützung bei der Reformierung Chinas zu danken". Zu den zehn Ausländern gehörten Juan Antonio Samaranch, ehemaliger Präsident des Internationalen Olympischen Komitees, der China das Recht einräumte, die Olympischen Sommerspiele 2008 auszurichten, sowie Robert Lawrence Kuhn, ein amerikanischer Geschäftsmann, der seinen Namen als Autor für die Veröffentlichung einer kriecherischen Biografie über den ehemaligen Chef der KP Chinas, Jiang Zemin, hergegeben hat. Tatsächlich haben in den letzten Jahrzehnten unzählige Politiker und bekannte Persönlichkeiten der Kommunistischen Partei geholfen, indem sie je nach ihren persönlichen Absichten diese oder jene Rolle spielten. Leider sind alle damit zu Opfern der Taktik der „Vereinigten Arbeitsfront" (auch „Einheitsfront") der Kommunistischen Partei und damit zu deren Komplizen geworden.

Um ihr Ziel, die Welt endgültig zu dominieren, voranzubringen, setzt die KP Chinas alle erdenklichen Mittel ein. Das ist ein wesentlicher Bestandteil des Konzepts der „Einheitsfront". Mao bezeichnete die „Einheitsfront" als einen der drei magischen Schätze der KP Chinas. Die chinesische Kuomintang-Regierung der Bürgerkriegszeit sowie die heutigen westlichen Regierungen wurden durch diese Taktiken getäuscht und erlitten dadurch großen Schaden. Die gute Nachricht ist, dass die westliche Gesellschaft langsam aufwacht, und so wurde vor kurzem eine Reihe von Untersuchungsberichten über die „Einheitsfront" veröffentlicht.

Die U.S.-China Economic and Security Review Commission, eine Kommission der Regierung der Vereinigten Staaten, veröffentlichte am 24. August 2018 einen Bericht mit dem Titel „China's Overseas United Front Work" (auf Deutsch: „Chinas Einheitsfront im Ausland"). Darin werden die Arbeitsstruktur und die Vorgehensweisen der KP Chinas im Ausland erklärt, einschließlich der Frage, wie die Partei verschiedene Arten von staatlichen und nichtstaatlichen Organisationen für ihre Arbeit an der „Einheitsfront" einsetzt und welche Auswirkungen dies auf die USA und andere westliche Länder hat. In den vergangenen Jahren betonte die KP Chinas die Wichtigkeit seines „United Front Work" (UFW, „Arbeit an der Einheitsfront"). Im Bericht heißt es: „Die Hervorhebung der Bedeutung der Arbeit der Einheitsfront hat zu einer wachsenden Zahl an Beamten im United Front Work Department (UFWD) geführt, die den obersten Partei- und Regierungsposten zugeordnet sind, was bedeutet, dass ungefähr 40.000 neue UFWD-Kader hinzugekommen sind." [140]

Das Global Public Policy Institute, ein bedeutender Think Tank in Europa, veröffentlichte 2018 einen Bericht, der die Aktivitäten der KP-Einheitsfront in Europa beschreibt. [141] Am 29. November 2018 veröffentlichte die Hoover Institution an der Stanford Universität ebenfalls einen ausführlichen Bericht zum gleichen Thema. Der Bericht besagt: „Chinas Einflussnahme hat sich über den traditionellen Fokus der Einheitsfront auf Diasporagemeinschaften hinaus entwickelt, um ein viel größeres Spektrum an Sektoren in westlichen Gesellschaften zu erreichen, die von Think Tanks, Universitäten und Medien bis hin zu staatlichen, lokalen und nationalen Regierungsinstitutionen reichen. China ist bestrebt, die chinesische Regierung, Politik, Gesellschaft und Kultur sympathisch wirken zu lassen, alternative Ansichten zu unterdrücken und wichtige amerikanische Akteure zur Unterstützung der außenpolitischen Ziele und wirtschaftlichen Interessen Chinas zu kooptieren". [142]

Die „Einheitsfront" der Kommunistischen Partei richtet sich vor allem an westliche Politiker und Geschäftsleute

Im Bericht der U.S.-China Economic and Security Review Commission heißt es, dass die KP Chinas ihre Arbeit an der „Einheitsfront" als ein wichtiges Werkzeug zur Stärkung der nationalen und internationalen Unterstützung der Partei betrachtet. Dazu gehört auch, dass westliche Politiker gekauft werden. Durch Überzeugungsarbeit, verführerische Angebote und Beziehungsaufbau unterhält die KP Chinas enge Beziehungen zu vielen hochrangigen Beamten in westlichen Regierungen. Diese Politiker werden als „Staatsschätze" Chinas bezeichnet, erhalten üppige Geschenke und bekommen Titel wie „alter Freund Chinas" verliehen. Darunter sind aktuelle und ehemalige Generalsekretäre der UNO, Staatsoberhäupter, hochrangige Regierungsbeamte, Kongressmitglieder, hochrangige Regierungsberater, Leiter internationaler Organisationen, berühmte Wissenschaftler und Wissenschaftler aus bekannten Think Tanks sowie einflussreiche Magnaten von Medienkonsortien. Von all diesen Personen im Netzwerk der „Einheitsfront" wird erwartet, dass sie ihre Unterstützung für die Kommunistische Partei in entscheidenden Momenten zum Ausdruck bringen.

Patrick Ho Chi-ping, ein ehemaliger Innenminister von Hongkong, wurde im Dezember 2018 in den Vereinigten Staaten wegen Bestechung angeklagt. Ho hatte enge Beziehungen zur KP Chinas und bestach hochrangige Beamte zweier afrikanischer Nationen im Auftrag chinesischer Energiekonzerne, um Bergbaurechte zu erhalten. Zudem hat er auch zwei Generalsekretäre der UNO bestochen, durch die die KP Chinas enge Beziehungen zu hochrangigen Beamten in anderen Nationen aufbauen konnte. [143]

Gerichtsakten der USA dokumentieren auch die Korruption und Spionage des chinesischen Telekommunikationsriesen ZTE. Zwei hochrangige Telekommunikationsbeamte in Liberia sagten vor Gericht aus, dass ZTE zwischen 2005 und 2007 zahlreiche Beamte in diesem Land massiv bestochen hätten, darunter den Präsidenten, Regierungsbeamte und Richter.

Die KP Chinas benutzt Geld und Frauen, um politische Entscheidungsträger zu beeinflussen, und diese dann als Bauern für die Ziele des Regimes einzusetzen. In einem Memorandum nach den US-Halbzeitwahlen vom November 2014 skizzierte CEFC (China Energy Company), ein mit der Kommunistischen Partei verbundenes Unternehmen, einen Plan zum Aufbau von „Beziehungen und Freundschaften" mit Politikern. Ye Jianming, der inzwischen in Ungnade gefallene Vorsitzende der CEFC, hat enge Beziehungen zu europäischen Politikern. Er fragte einmal einen Sicherheitsberater eines US-Präsidenten, ob dieser die US-Armee davon überzeugen könne, Syrien nicht zu bombardieren, weil er dort Ölfelder kaufen wolle. Ye prahlte auch mit Verbindungen zu hohen Beamten der Federal Reserve und der UNO sowie zu Familienmitgliedern von US-Regierungsbeamten. [144]

Wenn es für notwendig erachtet wird, kann die Kommunistische Partei Chinas verschiedene temporäre „Einheitsfronten" bilden, um Feinde zu isolieren. Zum Beispiel benutzte die KP Chinas das Stimmrecht der Entwicklungsländer in der UNO, indem sie deren Beamte anwies, gewisse Anträge bei den Vereinten Nationen zu verabschieden oder zu blockieren. Durch die Hilfe von Stellvertretern störte sie so die Bemühungen der USA zur Stabilisierung des Nahen Ostens.

Inzwischen ist es gelungen, neue wirtschaftliche Allianzen zu schmieden. Im jüngsten Handelskrieg zwischen den USA und China versucht die KP Chinas, Konflikte zwischen den Vereinigten Staaten und Europa zu entfachen mit dem Ziel, die europäischen Staaten als Teil einer anderen „Einheitsfront" gegen die Vereinigten Staaten zu nutzen.

Lokale Politiker sind ebenfalls Ziele der Arbeit der „Einheitsfront" der Kommunistischen Partei Chinas. Dazu gehören kommunale Führer, Abgeordnete in Stadträten, Bürgermeister, Landessenatoren und andere. Die übliche Herangehensweise ist, lokalen Politikern Spenden durch chinesische Organisationen oder Händler zukommen zu lassen und sie zu einem Besuch in China einzuladen, bei dem sie dann Bestechungsgelder angeboten bekommen. Firmeninhaber und Familienunternehmer werden in China bevorzugt behandelt, und nicht nur sie, sondern sogar ihre Assistenten werden bestochen. Eine weitere Methode sind die sogenannten „Honigfallen", bei denen schöne Frauen auf bestimmte Personen angesetzt und diese in brisante sexuelle Fälle verwickelt werden, welche sie erpressbar machen. Es ist anzunehmen, dass die Kommunistische Partei Chinas diese Taktik häufig anwendet.

Chen Yonglin war Offizier des chinesischen Konsulats in Sydney, bevor er 2005 nach Australien überlief. Er sagte der *Epoch Times,* dass das United Front Work Department der KP Chinas die australische Regierung infiltriert und Beamte korrumpiert habe. Chen sagte: „Die Höhe der privat gezahlten Bestechungsgeldern an Beamte übertraf bei weitem die der politischen Spenden. Besonders die höherrangigen Beamten; die Bestechungsgelder waren enorm. […] Ein anderer Aspekt von Bestechung sind die Reisen nach China, wo Beamte wie Könige behandelt werden. Dazu gehört auch die von chinesischen Unternehmen finanzierte Prostitution. Viele Beamte haben nach ihrer Rückkehr aus China ihre Haltung geändert." [145]

Durch hohe finanzielle Beträge hat die KP Chinas kommunistische und linke Politiker auf der ganzen Welt bestochen und zu ihren Agenten innerhalb der verschiedenen Nationen gemacht – um die kommunistische Ideologie weiterzuverbreiten.

Die KP Chinas verwendet dabei die gleichen Taktiken, die sie im Finanzsektor und in etlichen Industriebranchen nutzt. Geschäftsleute und Unternehmer werden wie Könige behandelt und mit wirtschaftlichen Anreizen gelockt. Im Gegenzug werden sie zur Stimme der KP Chinas, wenn es darum geht, die Regierung und die Finanz- und Wirtschaftspolitik des Landes zu beeinflussen. Im Handelskrieg zwischen den USA und China hatte die KP Chinas häufig Kontakt zu Wall-Street-Magnaten. Viele führende Finanzunternehmen und internationale Konzerne sind in China tätig. Um ihr Geschäft ausdehnen zu können, stellten sie zahlreiche Kinder von hochrangigen chinesischen Beamten ein. Sie werden „Prinzlinge" genannt und sind dann in diesen Unternehmen die Augen, Ohren und Stimmen der Partei.

Die Infiltration akademischer Kreise und der Denkfabriken

Viele Denkfabriken (Think Tanks) im Westen haben direkten Einfluss auf die Politik und Strategie des Landes gegenüber China; deshalb schenkt die Kommunistische Partei Chinas ihnen besondere Aufmerksamkeit. Der Bericht des Hoover Instituts besagt, dass die KP Chinas in den USA auf die Ansichten beider politischer Parteien achtet und Themen lanciert, die für die KP Chinas von Vorteil sind. Die KP Chinas übt die Kontrolle über die Denkfabriken durch finanzielles Sponsoring aus. Sie besticht, beeinflusst oder kontrolliert fast alle Denkfabriken, die mit China in Zusammenhang stehen. [146]

Die *Washington Post* berichtet, dass einige chinesische Unternehmen amerikanische Denkfabriken kontrollieren. So stellt beispielsweise der chinesische Technologieriese Huawei nicht nur eine Sicherheitsbedrohung für die Vereinigten Staaten dar, sondern versucht auch, Think Tanks in Washington durch finanzielle Unterstützung zu beeinflussen. [147]

Huawei sponsert über zwanzig Universitäten in Großbritannien, darunter die Cambridge Universität und die Oxford Universität. Professor Anthony Glees, ein britischer Experte für nationale Sicherheit, sagte: „Es geht um die digitale Agenda, die durch die Injektion chinesischer Gelder in britische Universitäten in Bewegung versetzt wird. Das ist eine Frage der nationalen Sicherheit.“ [148] Huawei zog durch sein Programm „Seeds for the Future“ eine große Anzahl junger talentierter Ingenieure an – eine klassische kommunistische Subversionstaktik.

Die KP Chinas kauft ausländische Wissenschaftler, insbesondere chinesische Wissenschaftler, mit Geld, Status und Ruhm. Einige dieser Wissenschaftler verfolgen dann aufmerksam die Rhetorik der KP Chinas und veröffentlichen Bücher und Artikel, um den „friedlichen Aufstieg“ der KP Chinas, die Konzepte des „Chinesischen Traums“ oder das „Chinesische Modell“ zu erklären. Die Standpunkte dieser Wissenschaftler beeinflussen dann indirekt die China-Politik der westlichen Regierungen – genau das Ziel, das die KP Chinas erreichen wollte.

Noch schlimmer ist, dass westliche Geisteswissenschaftler und Soziologen in den vergangenen Jahrzehnten stark durch die Strömungen der kommunistischen Ideologie beeinflusst worden sind. Mit ein klein wenig Führung durch die Kommunistische Partei ist es leicht möglich, sie von der Unterstützung einer eher diffusen linken Ideologie zur tatsächlichen Annahme eines geschlossenen kommunistischen Weltbildes übergehen zu lassen.

Nötigung und Benutzung chinesischer Führungskräfte, Geschäftsleute und Studenten im Ausland

Die KP Chinas hat den Patriotismus chinesischer Studenten

im Ausland erfolgreich genutzt, um Sympathie für die Politik und Ideologie der KP Chinas zu erzeugen. Um die Unterstützung der Chinesen im Ausland zu gewinnen, gewährt die KP Chinas ihnen finanzielle Hilfe. Sie verwendet häufig Begriffe wie „Liebe zur Heimat" oder „Freundschaft zu den Verwandten" als Teil ihrer absichtlichen Vermengung von China und der KP Chinas, um Chinesen in den westlichen Ländern zu täuschen. Die Partei nutzt auch ein ausgedehntes internationales Netzwerk von Organisationen, Unterstützern und Spionen, um ihre Gegner an den Rand zu drängen und anzugreifen.

Die KP Chinas lädt unter verschiedenen Vorwänden im Ausland lebende Chinesen dazu ein, Geschäfte und Investitionen in China zu tätigen. Chinesische Führungskräfte aus dem Ausland erhalten eine besondere Behandlung bei ihrem Besuch im Land. Man setzt gezielt Fürsprecher der KP Chinas aus westlichen Ländern für Treffen mit hochrangigen Beamten ein und lässt sie alle an den Feierlichkeiten zum chinesischen Nationalfeiertag teilnehmen.

Zach Dorfman, ein ranghohes Mitglied im Carnegie Council for Ethics in International Affairs, veröffentlichte einen langen investigativen Bericht in Politico. Es wurden darin chinesische und russische Spionageaktivitäten im Silicon Valley aufgedeckt, insbesondere aber solche chinesischer Akteure. [149] Der Bericht untersuchte zum Beispiel die Rolle von Rose Pak, einem chinesischen Strippenzieher aus San Francisco. Er stellte fest, dass die Kommunistische Partei China Pak dazu benutzte, die chinesische Handelskammer in San Francisco dazu zu bringen, Falun Gong, Tibeter, pro-taiwanesische und uigurische Gruppen auszugrenzen und sie daran zu hindern, an der chinesischen Neujahrsparade teilzunehmen.

Ein Bericht der U.S.-China Economic and Security Review Commission deckte auch auf, wie die Vereinigungen chinesischer Studenten und Wissenschaftler, die Chinese Student and Scholar Associations (CSSA), von der Kommunistischen Partei Chinas kontrolliert werden. Einige Niederlassungen dieser Vereinigungen geben auf ihrer eigenen Website direkt an, dass sie vom chinesischen Konsulat der jeweiligen Region oder dessen Tochtergesellschaften gegründet wurden [150], während in anderen Fällen die Kontrolle heimlich erfolgte. Diese Organisationen erhalten Anweisungen vom Konsulat und verhindern, dass abweichende Stimmen gehört werden. Konsulatsbeamte überwachen, bedrängen und schüchtern die Studenten ein, die von der Leitlinie der KP Chinas abweichen.

Mitglieder dieser Vereinigungen [der Chinese Student and Scholar Associations, CSSA] und der mit ihnen verbundenen Tochtergesellschaften führen manchmal sogar Industrie- und Wirtschaftsspionage für die Partei durch. Im Jahr 2005 berichtete die französische Tageszeitung *Le Monde,* dass die CSSA an der Universität Löwen in Belgien die wichtigste Spionagegruppe der KP Chinas in diesem Land sei. Manchmal bestehen solche Netzwerke aus mehreren hundert Spionen, die in verschiedenen Unternehmen in Europa arbeiten. [151]

Infiltration und Beeinflussung der Film- und Unterhaltungsbranchen

In den vergangenen Jahren hat die KP Chinas ihre Anstrengungen verstärkt, die Unterhaltungsindustrie der USA zu unterwandern. Im Jahr 2012 gab die Wanda-Gruppe 2,6 Milliarden US-Dollar für den Erwerb von AMC aus, der zweitgrößten Theaterkette in den USA. Seither hat sie auch noch Legendary Entertainment für 3,5 Milliarden Dollar und Carmike, die viertgrößte Theaterkette der USA, für 1,1 Milliarden Dollar [152] übernommen. Im Jahr 2016 erwarb Ali Pictures eine Beteiligung an Steven Spielbergs Amblin Partners und wird einen Repräsentanten in den Vorstand von Amblin Partners entsenden, um so bei wichtigen Entscheidungen mitwirken zu können. [153]

Eines der Hauptziele der Kommunistischen Partei Chinas bei der Infiltration der Unterhaltungsindustrie ist, die Welt nach ihrem Drehbuch tanzen zu lassen – ein positives Bild der KP Chinas und von Chinas sogenanntem „friedlichen Aufstieg" zu schaffen, um die tyrannischen Ambitionen des Regimes zu verbergen. Gleichzeitig verdeckt dieses Bild, wie der Export der Parteikultur die Welt verdorben hat. Zwischen 1997 und 2013 investierte China nur in zwölf Filme Hollywoods aus den Top 100 der reichweitenstärksten Filme. In den fünf Folgejahren investierte China allerdings bereits in 41 der beliebtesten Filme Hollywoods. [154]

Hollywood begehrt Chinas schnell wachsenden Filmmarkt – und die Führungskräfte sind sich bewusst, dass sie davon ausgeschlossen werden, wenn sie es nicht schaffen, der Parteilinie zu folgen. So achten sie darauf, die chinesischen Zensurbestimmungen einzuhalten. Amerikanische Filmstars, die sich gegen die KP Chinas eingesetzt haben, werden an der Einreise in das Land gehindert oder ihre Filme werden vom chinesischen Markt ausgeschlossen. [155] Als der Hollywood-Star Richard Gere sich klar zu Tibet positionierte, führte das nicht nur dazu, dass er nicht mehr nach China reisen darf, sondern auch dazu, dass seine Karriere in den USA behindert wurde. Um die KP Chinas nicht zu beleidigen oder zu provozieren, lehnten Filmproduzenten Investitionen in seine Filme ab. [156] Auch andere Filmstars wurden für verschiedene „Verstöße" auf die Schwarze Liste gesetzt.

Einschüchterung Andersdenkender im Ausland

Die Kommunistische Partei Chinas nutzt auch Einschüchterungen und verschiedene Vergünstigungen, um westliche Wissenschaftler zu beeinflussen, insbesondere China-Experten, die der Kommunistischen Partei kritisch gegenüberstehen. Dies hat bei vielen zu einer Art „freiwilliger Selbstzensur" geführt.

Die Einschüchterungen beinhalten beispielsweise die Verweigerung eines Visums, was eine sehr große Auswirkung auf junge Wissenschaftler hat. Im Interesse der beruflichen Laufbahn vermeiden viele von ihnen deshalb freiwillig Themen der Menschenrechte, Tibetfragen und andere sensible Themen, die den Zorn der Partei nach sich ziehen könnten.

Perry Link, ein amerikanischer Professor für Ostasienwissenschaft, wurde auf die Schwarze Liste gesetzt, weil er mit seinen Studenten über das Massaker auf dem Tian'anmen (Platz des himmlischen Friedens) in China gesprochen hatte, was das kommunistische Regime in ein ungünstiges Licht rückte. Die Art und Weise, wie man danach mit ihm umging, wurde zur Lektion für junge Lehrkräfte und machte ihnen klar, was man auch in den Vereinigten Staaten nicht tun sollte. [157]

Benedict Rogers ist stellvertretender Vorsitzender der Menschenrechtskommission der britischen Konservativen Partei und Unterstützer der Demokratischen Bewegung von Hongkong. Im Oktober 2017 reiste er privat nach Hongkong, wo ihm die Einreise verweigert wurde und man ihn am Flughafen zurück in sein Land schickte. [158]

Der bereits erwähnte Bericht der U.S.-China Economic and Security Review Commission besagt weiter, dass chinesische Geheimdienste anstreben, Mitglieder ethnischer Minderheiten als Spione zu rekrutieren, einschließlich der im Ausland lebenden Uiguren. Eine Ablehnung dieser „Aufgabe" kann zur Verfolgung ihrer Familie in China führen. Bedrohte Uiguren behaupten, dass der Zweck solcher Drohungen nicht nur darin bestehe, Informationen über die uigurische Diaspora zu sammeln, sondern auch im Erzeugen von Zwietracht, sodass Uiguren daran gehindert werden, sich effektiv gegen die KP Chinas zu stellen. [159]

c) Uneingeschränkte Wirtschaftskriegsführung ist eine schwere Waffe der KP Chinas

Wenn Propaganda im Ausland, die Beeinflussung der Wahrnehmungsweisen und Einheitsfrontarbeit die Formen der Soft Power der Partei sind, dann muss ihre Hightech-Industrie als Hard Power der Partei betrachtet werden. In den 1950er Jahren lautete das Motto der KP Chinas „das Vereinigte Königreich übertreffen und zu den Vereinigten Staaten aufschließen" – doch das war eine Farce. Heute ist die gleiche Strategie jedoch zu einer echten Bedrohung geworden.

Seit den 1980er Jahren hat die KP Chinas eine Reihe von strategischen Plänen in Wissenschaft und Technologie umgesetzt, darunter das „863-Programm" (das National High-Tech Forschungs- & Entwicklungsprogramm), das „Programm 973" (Nationales Programm zu grundlegenden Forschungsprojekten) und „Made in China 2025", um China bis 2025 von einem Billigstandort zu einer Produktionsmacht zu machen und die Führung bei großen Datenprojekten wie 5G und dergleichen zu übernehmen. Die Strategie umfasst ehrgeizige Pläne für künstliche Intelligenz, bei denen China bis 2030 eine weltweit führende Rolle übernehmen will. Ziel ist, Chinas von der Werkbank der Welt zu einem fortschrittlichen Produktionsgiganten aufzuwerten und damit die globale Vorherrschaft zu erlangen.

Es ist natürlich nicht falsch, wenn eine Nation die industrielle Entwicklung vorantreibt. Es ist auch legitim, dass ein Land staatliche Macht nutzt, um Ressourcen für Forschung und Entwicklung in Schlüsselindustrien bereitzustellen. Warum ist dann aber die Hightech-Entwicklungsstrategie der KP Chinas eine Bedrohung für den Westen?

Der wesentliche Grund dafür ist, dass China unter dem kommunistischen Regime kein normales Land ist. Der Zweck der technologischen Entwicklung des Regimes besteht nicht darin, sicherzustellen, dass es in die Reihen der anderen

Hochtechnologie-Länder der Welt aufsteigen oder gleichberechtigt mit ihnen konkurrieren kann. Sein Ziel ist, mit allen Mitteln Gegner zu eliminieren und die westlichen Volkswirtschaften – insbesondere die der Vereinigten Staaten – zu zerstören, um damit der Weltherrschaft einen Schritt näher zu kommen. Die Entwicklung der wissenschaftlichen und technologischen Stärke der KP Chinas zielt darauf ab, ihrer kommunistischen Ideologie zu dienen und letztlich die Herrschaft des Kommunismus über die Welt zu bewirken.

Technologische Innovation ist die Frucht der individuellen Freiheit in einer kapitalistischen Gesellschaft, die in einem natürlichen Konflikt mit der totalitären Herrschaft des Kommunismus steht. Forschern auf dem chinesischen Festland wird die Freiheit genommen, ausländische Suchmaschinen zu nutzen, geschweige denn, dass sie die Freiheit hätten, sich auf andere Weise frei zu äußern. Daher ist es in der Tat schwierig, echte Durchbrüche bei wissenschaftlichen und technologischen Innovationen zu erzielen, wenn man die Einschränkungen des Denkens und des Zugangs zu Informationen durch die KP Chinas bedenkt.

Um dies auszugleichen, hat die Partei verschiedene hinterhältige Mittel eingesetzt, um westliche Technologien zu stehlen und Spitzenkräfte zu gewinnen. Sie hat auch unfaire und außergewöhnliche Methoden eingesetzt, um die westliche Industrie zu untergraben. Die KP Chinas hat Technologien gestohlen, für deren Entwicklung der Westen Jahrzehnte aufgewendet und enorme Summen ausgegeben hat. Man adaptiert und verbessert die gestohlenen geistigen Güter, produziert dann einfach und kostengünstig in Massenproduktion und wirft die Produkte auf den Weltmarkt, wodurch private westliche Unternehmen und Volkswirtschaften geschwächt werden. So nutzt das Regime seine Techniken der uneingeschränkten Kriegsführung in seinem technologischen Wettbewerb mit dem Westen.

Marktzugang gegen Übertragung technischen Know-Hows – eine Falle

In den vergangenen Jahren ist das chinesische Hochgeschwindigkeitsbahnnetz fast zu einer Visitenkarte für die High-End-Fertigungskompetenz des Landes geworden. Daraus hat sich die Idee der „Hochgeschwindigkeitsdiplomatie“entwickelt. Die chinesischen Staatsmedien bezeichnen Chinas Arbeit in diesem Bereich angesichts der kurzen Entwicklungszeit von nur rund zehn Jahren als legendär. Aber für westliche Unternehmen war Chinas Hochgeschwindigkeitsbahnbau ein Albtraum von Technologiediebstahl und endlosen Fallen, und schlussendlich standen für sie den kleinen Zugewinnen enorme Verluste gegenüber.

Die Arbeiten am chinesischen Hochgeschwindigkeitsbahnprojekt begannen Anfang der 1990er Jahre. Ende 2005 gaben die Behörden die Idee einer eigenständigen Entwicklung dieser Technologie auf und wandten sich der westlichen Technologie zu. Das Ziel der KP Chinas war von Anfang an klar: Es war geplant, die Technologie zunächst zu erwerben, dann selbst herzustellen und schließlich die gleiche Technologie auf dem Weltmarkt billiger zu verkaufen.

Die chinesische Seite verlangt, dass ausländische Hersteller vor der Ausschreibung von Bauaufträgen einen Technologietransfer-Vertrag mit einem inländischen chinesischen Unternehmen unterzeichnen, ohne den sie keine Angebote abgeben dürfen. Die chinesischen Behörden haben auch formelle interne Beurteilungen, sogenannte „Technologietransfer-Umsetzungsbewertungen“, eingeführt, die sich nicht darauf konzentrieren, wie gut ausländische Unternehmen ihre Systeme unterrichten, sondern wie gut einheimische Unternehmen sie lernen. Wenn einheimische Unternehmen die Technologie nicht erlernen, zahlt China nicht. Die Behörden verlangten auch, dass lokale Unternehmen bei der letzten Auftragsserie 70 Prozent der Aufträge produzieren müssen. [160]

Da ausländische Unternehmen den chinesischen Markt für eine Chance hielten, die sie nicht verpassen wollten, hinderten selbst solche Bedingungen sie nicht daran, sich zu beteiligen. Die japanische Kawasaki Heavy Industries, die französische Alstom, die deutsche Siemens und die kanadische Bombardier gaben alle Angebote ab. Trotz der Aussicht auf Marktzugang als Gegenleistung für Technologietransfer war kein westliches Unternehmen bereit, seine wichtigste und wertvollste Technologie zu transferieren. Die KP Chinas spielte jedoch weiterhin mit mehreren der Unternehmen in der Hoffnung, dass mindestens eines nachgeben und etwas von realem Wert zugunsten kurzfristiger Interessen aufgeben würde. Als es den Anschein hatte, dass ein Unternehmen im Austausch für die Technologie einen Teil des chinesischen Marktes erhalten würde, begannen die anderen zu befürchten, dass sie ausgeschlossen würden. So gerieten mehrere von ihnen in die Falle der KP Chinas, so dass China in der Lage war, aus den vier oben genannten Hochgeschwindigkeitsbahn-Systemen die Schlüsseltechnologien zu extrahieren.

Die chinesische Regierung hat enorme Summen in das Projekt investiert und handelte unabhängig von den Kosten. Das chinesische Hochgeschwindigkeitsbahnnetz begann daraufhin eine Phase der exponentiellen Entwicklung, als chinesische Unternehmen das weltweit umfassendste Hochgeschwindigkeitsbahnsystem nach Kilometerzahlen bauten. In wenigen Jahren assimilierte China rasch die westliche Technologie, die dann in „unabhängige geistige Eigentumsrechte“ umgewandelt wurde. Was westliche Unternehmen wirklich schockierte, war, dass China dann begann, Hochgeschwindigkeits-Eisenbahnpatente im Ausland anzumelden, wobei chinesische Unternehmen zu heftigen Konkurrenten ihrer ehemaligen Lehrer auf dem internationalen Markt wurden. Da chinesische Unternehmen in diesem Bereich viel an praktischer Erfahrung gesammelt haben und über alle industriellen Vorteile verfügen, die sich aus der großen Produktionskapazität und der massiven staatlichen Finanzierung ergeben, verfügt die chinesische Hochgeschwindigkeitsbahnindustrie über einen Wettbewerbsvorteil gegenüber Wettbewerbern. Dieser ist zu einem Schlüsselelement des Projekts „One Belt, One Road" der Partei geworden.

Während ausländische Unternehmen einst davon träumten, ihren Anteil am riesigen Markt für Hochgeschwindigkeitsbahnen in China zu gewinnen, fanden sie stattdessen heraus, dass sie nicht nur aus diesem Markt verdrängt wurden, sondern auch einen starken internationalen Konkurrenten geschaffen hatten. Yoshiyuki Kasai, Ehrenvorsitzender der Central Japan Railway Company, sagte mit Bedauern: „Der Shinkansen (japanischer Hochgeschwindigkeitszug) ist das Juwel Japans. Der Technologietransfer nach China war ein großer Fehler." [161].

Die KP Chinas selbst erkennt an, dass Chinas Erfolg im Hochgeschwindigkeitsbahnbereich dadurch erzielt wurde, dass man auf den Schultern von Riesen stand. Tatsächlich war es von Anfang an das Ziel, alle anderen Riesen zu beseitigen. Die KP Chinas hat ein klares Doppelziel: Ihr kurzfristiges Ziel ist, wirtschaftliche Errungenschaften zu nutzen, um die Legitimität ihres Regimes zu beweisen und wirtschaftliche und technologische Fortschritte zu erzielen, um damit nationalistische Stimmungen und Propaganda aufrechtzuerhalten und zu fördern. Aber langfristiges Ziel ist, zu beweisen, dass sein kommunistisches System dem kapitalistischen System überlegen ist. Deshalb stiehlt die KP Chinas skrupellos die Technologie und wendet die Macht des ganzen Landes im Wettbewerb mit dem kapitalistischen freien Unternehmertum an.

Chinas Taktik des vielversprechenden Marktzugangs als Gegenleistung für Technologie, das Erzwingen von Technologietransfers, das Aufsaugen und Verbessern ausländischer Technologien, die Praxis, die eigenen Unternehmen auf dem

Inlandsmarkt zu trainieren, bevor sie in die Welt vordringen, sowie das globale Dumping, um Konkurrenten zu unterbieten, haben bei westlichen Unternehmen zu enormen Schäden geführt. Jetzt beginnen einige von ihnen umzudenken. Andere hingegen werden weiter wie eine Motte von der Flamme angezogen und sind immer noch bereit, mit der KP Chinas Geschäfte zu deren direktem Nutzen zu tätigen. Die Ambitionen der KP Chinas, westliche Technologie zu erwerben, haben nie nachgelassen. Das Programm „Made in China 2025" ist die Verkörperung dieses Ziels.

Im Jahr 2015 legte die chinesische Regierung das zehnjährige Projekt „Made in China 2025" vor, in dem sie sich vornahm, dass China sich bis 2025 von einem großen Herstellerland zu einer Produktionsmacht entwickelt haben und dass die Fertigungsindustrie des Landes bis 2035 jene von industriell fortgeschrittenen Ländern wie Deutschland und Japan übertrumpfen sollte. Bis 2049 hofft die KP Chinas, dass sie als weltweit führender Player in Schlüsseltechnologien und -industrien die Innovationskraft in wichtigen Fertigungssektoren anführen wird. Mit hochtrabenden Worten hat das KP-Regime den Status des verarbeitenden Gewerbes zur „Grundlage der Nation" und zum „Instrument zur Verjüngung des Landes" erhoben.

Eine Fertigungs-Supermacht, die auf Diebstahl basiert

Wie hat China in so kurzer Zeit seine Produktion und sein Innovationspotenzial gesteigert? Es wurden die gleichen alten Tricks verwendet: Erstens zwang sie die Unternehmen zum Technologietransfer, wie im Falle der Hochgeschwindigkeitsbahn. Viele westliche Unternehmen sind bereit, Technologie als Gegenleistung für den Zugang zum chinesischen Markt bereitzustellen und gleichzeitig ihre zukünftigen Wettbewerber auszubilden.

Zweitens fordert China von den Unternehmen Joint Ventures mit eigenen Unternehmen und unterstützt chinesische Unternehmen und Universitäten bei der Zusammenarbeit mit Hightech-Unternehmen, damit sie solche Technologien übernehmen können.

Drittens ermutigt das Regime seine inländischen Unternehmen, Übernahmen von ausländischen Hightech-Unternehmen zu tätigen, direkt in Start-ups mit Schlüsseltechnologien zu investieren und ausländische Forschungs- und Entwicklungszentren einzurichten.

Viertens veranlasst es führende ausländische Technologie- und wissenschaftliche Forschungsinstitute, F&E-Zentren in China einzurichten.

Fünftens nutzt sie gezielte Strategien, um ausländische Technologieexperten zu gewinnen.

Viele Start-ups im Silicon Valley benötigen Kapital. China verwendet Steuergelder, um in diese zu investieren, um neue Technologien in die Hände zu bekommen – für Raketentriebwerke, für Sensoren für autonome Marineschiffe und für 3D-Drucker, die flexible Bildschirme herstellen, wie sie auch in Kampfflugzeug-Cockpits verwendet werden können. [162] 2017 sagte Ken Wilcox, ehemaliger Vorsitzender der Silicon Valley Bank, dass er innerhalb eines Zeitraums von sechs Monaten von drei verschiedenen chinesischen Staatsunternehmen angesprochen wurde, um als deren Vertreter beim Technologiekauf zu fungieren. Obwohl er ablehnte, sagte er: „In allen drei Fällen sagten sie, dass sie einen Auftrag aus Peking und keine Ahnung hätten, was sie kaufen sollten. Es sollte einfach jegliche Art von Technik sein." [163]

Im November 2018 veröffentlichte der Handelsbeauftragte der Vereinigten Staaten die Ergebnisse einer Untersuchung nach Section 301. Der Bericht besagt, dass „Danhua Capital" (derzeit „Digital Horizon Capital") Chinas Risikokapital nutzt, um der chinesischen Regierung zu helfen, Spitzentechnologien und geistiges Eigentum in den Vereinigten Staaten zu erlangen [164].

Der obige Bericht der US-Regierung ist für die Öffentlichkeit zugänglich. Die Killerwaffe, mit der China seinen technologischen Sprung nach vorne realisiert, ist der unverhohlene Diebstahl westlicher Technologie. Chinas Fähigkeit zur Industriespionage geht weit über den Umfang der Wirtschaftsspione der Vergangenheit hinaus. Um Technologie und Geheimnisse aus dem Westen zu stehlen, mobilisiert das Regime alle verfügbaren Personen und Taktiken – darunter Spionage, Hacker, internationale Studenten, Gastwissenschaftler, chinesische und taiwanesische Einwanderer, die in westlichen Unternehmen arbeiten und westliche Handlanger, die von monetären Interessen verführt werden.

Die KP Chinas hatte den US-Tarnkappenjäger F-35 schon immer im Visier. Die Kanadierin Su Bin aus China wurde wegen des Diebstahls von F-35-Geheimnissen im Jahr 2016 zu fünf Jahren Gefängnis verurteilt. Su arbeitete mit zwei Hackern des chinesischen Militärs zusammen, drang in die Computersysteme von Lockheed Martin – dem Hersteller des Jets – ein und schleuste die Geheimnisse heraus. Die Gruppe stahl auch Geheimnisse im Zusammenhang mit dem Tarnkappenjäger F-22. Die Untersuchung ergab, dass Sus Gruppe auch Geheimnisse über Boeings strategisches Transportflugzeug C-17 und 630.000 Dateien aus dem Boeing-System gestohlen hatte, was etwa 65 Gigabyte an Daten entspricht. [165] Der in den vergangenen Jahren vorgestellte Tarnkappenjäger J-20 der chinesischen Streitkräfte ist der amerikanischen F-22 sehr ähnlich, und der kleinere chinesische FC-31 ist eine Imitation von Lockheeds F-35.

Dr. David Smith, ein Metamaterial-Experte der Duke University, erfand eine Art Unsichtbarkeits-Umhang, ein wichtiges Material für Tarnkappenjäger. Das US-Militär investierte Millionen in die Unterstützung seiner Forschung. Im Jahr 2006 kam der chinesische Student Liu Ruopeng in Smiths Labor. Nach Ansicht eines FBI-Abwehrbeamten hatte Liu eine bestimmte Mission – er sollte Geheimnisse beschaffen. Im Jahr 2007 nahm Liu zwei ehemalige Kollegen mit, die auf Kosten der chinesischen Regierung in Smiths Labor reisten, und arbeitete eine Zeit lang an dem unsichtbaren Umhang. Zu Smiths Überraschung wurde dieses Labor später in China dupliziert. [166]

Am 20. Dezember 2018 klagte das US-Justizministerium zwei chinesische Staatsbürger aus der chinesischen Hackerorganisation APT 10 an, die enge Beziehungen zur KP Chinas unterhält. Der Anklage zufolge führte APT 10 von 2006 bis 2018 umfangreiche Hacking-Angriffe durch und stahl riesige Mengen an Informationen von mehr als 45 Organisationen, darunter der NASA und des Energieministeriums. Die gestohlenen Informationen betreffen Medikamente, Biotechnologie, Finanzen, Fertigung, Erdöl und Erdgas. Der FBI-Direktor Christopher Wray bemerkte dazu: „Chinas Ziel ist, einfach gesagt, die USA als führende Supermacht der Welt zu ersetzen, und sie benutzen illegale Methoden, um dorthin zu gelangen. Sie verwenden eine wachsende Anzahl von nicht-traditionellen und illegalen Methoden." [167]

Der chinesische Technologie- und Patentdiebstahl ist schwer zu bekämpfen oder zu verhindern. Kathleen Puckett, eine ehemalige Agentin der Spionageabwehr aus San Francisco, sagte, dass China alle seine Kraft in die Spionage steckt und damit alles fast umsonst bekommt. [168]

China moralisierte, rationalisierte, normalisierte und militarisierte seinen Diebstahl. Es führte einen „Krieg gegen alle", um fortschrittliche Technologien aus dem Westen zu plündern, indem es Patriotismus, Rassenvorurteile, Geld und Prestige einsetzte. Ein solch entsetzliches Verhalten ist in der Geschichte beispiellos.

Einige haben Chinas Aktivitäten verteidigt, indem sie argumentierten, dass der Diebstahl nicht so viel ausmachen kann, da chinesische Unternehmen durch den Diebstahl eines Teils hier und da nicht das gesamte Bild erhalten, wie die Technologie eingesetzt wird. Doch es ist sehr gefährlich, die chinesische Industriespionage so zu betrachten. Die Spionage im elektronischen Zeitalter ist völlig anders als in den vergangenen Jahrzehnten, in denen Spione ein paar Fotos gemacht haben. China stiehlt ganze Datenbanken von Technologien. In vielen Fällen nimmt es nicht nur die Technologie, sondern auch die Experten mit. Mit der Macht als „Fabrik der Welt", die China seit Jahrzehnten entwickelt hat, und dem Potenzial in Forschung und Entwicklung, das es angesammelt hat, ist das Regime wirklich in der Lage, eine Produktions-Supermacht aufzubauen, die auf Diebstahl basiert – und ist auf Kurs, das auch zu schaffen.

Das „Tausend-Talente-Programm": Spionage und Talentgewinnung

Von der Öffnung Chinas in den 1970er Jahren bis heute haben Millionen von chinesischen Studenten im Ausland studiert und Großes geleistet. China ist bestrebt, diese talentierten Personen, in die der Westen investiert und die er ausgebildet hat, anzuwerben und zu nutzen, um die erworbenen technologischen und wirtschaftlichen Kenntnisse direkt nach China mitzubringen. Dies hilft den Ambitionen der KP Chinas, die globale Vorherrschaft zu erlangen. Seit 2008 haben mehrere Behörden in China das „Tausend-Talente-Programm" initiiert. Auf den ersten Blick geht es darum, chinesische Top-Talente im Ausland zu rekrutieren, um für Voll- oder Kurzzeitpositionen nach China zurückzukehren. Aber das eigentliche Ziel des Programms ist, dass die staatliche Industrie neue Technologien und geistiges Eigentum aus dem Westen in die Hände bekommt.

Das FBI veröffentlichte im September 2015 ein freigegebenes Dokument über diese chinesischen Talentprogramme. Es kommt zu dem Schluss, dass die Rekrutierung von Zielpersonen China auf drei Arten profitieren lassen kann: durch den Zugang zu Forschungs- und Fachwissen auf dem Gebiet der Spitzentechnologie: durch Transfer jahrelanger wissenschaftlicher Forschung in den Vereinigten Staaten, die zuvor durch Zuschüsse der US-Regierung und private Finanzierungen unterstützt worden waren: und durch starke Auswirkungen auf die US-Wirtschaft. [169]

Das National Institute of Health veröffentlichte am 13. Dezember 2018 ebenfalls einen Bericht über die chinesischen Talentprogramme und stellte fest, dass ausländische Staatsangehörige während ihrer Tätigkeit auf der Gehaltsliste der US-Regierung geistiges Eigentum in ihre Heimatländer transferierten. Ihre Aktionen trafen auf unfaire Weise alle akademischen Institutionen der USA. [170] M. Roy Wilson, einer der Autoren des Berichts und Co-Vorsitzender des NIH Advisory Committee, sagte, dass eine Schlüsselqualifikation, um Teil des „Tausend-Talente-Programms“ zu werden, darin besteht, Zugang zu wertvollem geistigen Eigentum zu haben. Er sagte, dass das Problem signifikant und nicht zufällig sei, und dass die Schwere der Verluste an geistigem Eigentum nicht zu ignorieren sei. [171]

Peter Harrell, stellvertretender Senior Fellow im Energie-, Wirtschafts- und Sicherheitsprogramm des Center for a New American Security, sagte: „China verfolgt einen gesamtgesellschaftlichen Ansatz für seine technologischen Fähigkeiten. Dazu gehören der Kauf innovativer Unternehmen durch Auslandsinvestitionen, die Verpflichtung westlicher Unternehmen, Spitzentechnologien als Voraussetzung für den Marktzugang nach China zu transferieren, die Bereitstellung riesiger staatlicher Ressourcen zur Finanzierung der inländischen technologischen Entwicklung, die Finanzierung der Ausbildung von chinesischen Spitzenstudenten und -forschern im Ausland sowie die Zahlung einer hohen Prämie, um Talente nach China zurückzuholen“. [172]

Das „Tausend-Talente-Programm" richtet sich an fast alle chinesischen Studenten, die seit den 1980er Jahren in die Vereinigten Staaten gekommen sind und Zugang zu nützlichen Informationen für die industrielle, technologische und wirtschaftliche Entwicklung des Regimes haben – potenziell also Zehntausende von Menschen. Die KP Chinas mobilisiert die Fähigkeiten des gesamten Landes und der Bevölkerung bei der Rekrutierung von Talenten und geistigem Eigentum, um eine uneingeschränkte Kriegsführung betreiben zu können.

Ein unheilvolles, vollständig nationales System

Neben dem direkten Diebstahl sind Chinas staatliche Unterstützung und Subventionen ebenfalls ein wichtiges Mittel für die KP Chinas, um ihre Ziele zu erreichen. Staatliche Unterstützung bedeutet, dass das Regime riesige Summen zur Unterstützung von Schlüsselindustrien verwenden kann. Hier geht es darum, die nationale Macht Chinas zu nutzen, um Druck auf private Unternehmen im Westen auszuüben. Das stellt eine große und einzigartige Herausforderung für Länder dar, in denen Führungskräfte demokratisch gewählt werden und unternehmerische Entscheidungen den Unternehmen selbst überlassen bleiben. Man kann sagen, dass westliche Unternehmen verloren haben, bevor das Spiel überhaupt begonnen hat. Chinas Subventionen – letztendlich aus der Tasche des nicht um Zustimmung gefragten Steuerzahlers genommen – bedeuten, dass chinesische Hersteller die realen Kosten ignorieren können, was sie zu unkontrollierbaren Raubtieren auf internationalen Märkten macht.

Die Solarzellenindustrie ist ein klassisches Beispiel für die Subventionen des chinesischen Regimes. Vor zehn Jahren gab es keine chinesischen Unternehmen unter den Top Ten der Solarzellenhersteller, aber jetzt gibt es gleich sechs chinesische Unternehmen – darunter die zwei führenden. Die Ökostromindustrie wurde in der ersten Amtszeit von Präsident Obama (und in Deutschland mit der „Energiewende") stark gefördert, aber schon bald meldeten Dutzende von Solaranlagenherstellern Konkurs an oder mussten ihre Geschäfte angesichts des unerbittlichen Wettbewerbs aus China zurückfahren, was die damalige Begeisterung für saubere Energie untergrub. [173] Der Schaden wurde durch Chinas Dumpingprodukte auf dem Weltmarkt verursacht, die durch die Subventionen des Regimes für seine heimische Solarindustrie ermöglicht wurden.

In den westlichen Ländern finanzieren die Staaten ebenfalls Schlüsselprojekte, auch solche, die technologisch an der Spitze der Entwicklung stehen. Der Prototyp des Internets zum Beispiel wurde zunächst vom U.S. Department of Defense entwickelt. Im Westen ist die staatliche Beteiligung auf nationaler Ebene jedoch begrenzt. Sobald eine Technologie kommerzialisiert ist, können private Unternehmen frei handeln, wie sie wollen. So hat die NASA beispielsweise ihre fortschrittlichen Forschungsergebnisse im Rahmen ihres Technologietransferprogramms an die Industrie weitergegeben. Viele der Softwareprojekte stellen ihren Quellcode einfach als Open Source ins Netz. Im Gegensatz dazu nutzt die KP Chinas die Macht des Staates direkt, um Hightech zu vermarkten, was dem Einsatz einer „China AG" im Wettbewerb mit einzelnen westlichen Unternehmen entspricht.

Das Projekt „Made in China 2025" ist natürlich untrennbar mit staatlichen Subventionen und staatlicher Industrieplanung verbunden. Wenn die KP Chinas ihren bisherigen Kurs fortsetzt, wird sich die Geschichte der Solarmodule auch in anderen Branchen fortsetzen. Chinesische Produkte werden zu globalen Jobkillern. Durch uneingeschränkte wirtschaftliche und technologische Kriegsführung hat die KP Chinas viele westliche Unternehmen, einschließlich multinationaler Konzerne, erfolgreich in die Falle gelockt. Sie übergaben Kapital und Spitzentechnologie, konnten sich aber auf dem chinesischen Markt nicht wirklich behaupten und halfen stattdessen, ihre eigenen, staatlich unterstützten, Konkurrenten aufzubauen. Die KP Chinas benutzte sie wie Schachfiguren, um ihre Ziele zu erreichen.

d) Die KP Chinas benutzt die Massen zur Spionage

Die Kommunistische Partei Chinas sieht Informationen als eine weitere Waffe in ihrem Arsenal. Unabhängig davon, ob es sich um staatliche, privatwirtschaftliche oder individuelle Vorhaben handelt, werden alle Formen der Informationsgewinnung als faires Spiel zur Erfüllung der strategischen Ziele des Regimes angesehen.

Die KP Chinas hat die Gesetzgebung dazu genutzt, um das gesamte chinesische Volk zur Teilnahme an ihrem uneingeschränkten Krieg zu zwingen. Das vom Ständigen Ausschuss des Nationalen Volkskongresses verabschiedete Gesetz über den nationalen Nachrichtendienst der Volksrepublik China besagt eindeutig, dass „nationale Nachrichtendienste von relevanten Behörden, Organisationen und Bürgern verlangen können, dass sie die erforderliche Unterstützung, Hilfestellung und Zusammenarbeit leisten“ [174] – was bedeutet, dass jeder chinesische Bürger von der KP Chinas gezwungen werden kann, Informationen zu sammeln und ein Spion zu werden. Diese Form der Informationssammlung ist beispiellos in der Geschichte.

Am 12. Dezember 2018 veranstaltete der Justizausschuss des US-Senats eine Anhörung über die „nichttraditionellen Spionageaktivitäten“ der KP Chinas. Bill Priestap, stellvertretender Direktor der FBI-Abteilung für Spionageabwehr, zeigte die Merkmale dieser Aktivitäten auf: Sie spielen manchmal nach den Regeln, wenn es zu ihrem Vorteil ist, während sie bei anderen Gelegenheiten die Regeln beugen und brechen, um ihre Ziele zu erreichen. Wenn möglich, versuchen sie auch, die Regeln neu zu schreiben und die Welt nach ihren eigenen Bedürfnissen zu gestalten.

John Demers, stellvertretender Generalstaatsanwalt der National Security Division des US-Justizministeriums, bezeugte, dass der Plan der KP Chinas „Made in China 2025", der oberflächlich auf die Verbesserung der Innovationen abzielt, im Wesentlichen ein Leitfaden dafür ist, was gestohlen werden soll. Er teilte mit, dass von 2011 bis 2018 über 90 Prozent der Fälle von Wirtschaftsspionage, an denen vermutlich ein Staat beteiligt war oder von dem ein Staat profitiert hat, mit China (also der KP Chinas) zusammenhingen und dass über zwei Drittel der Fälle des Diebstahls im Handel mit China (was wiederum die KP Chinas bedeutet) verbunden sind. [175]

Im vorherigen Abschnitt haben wir die Hackerfirmen der KP Chinas diskutiert und die Personenkreise, die dazu gebracht wurden, westliches geistiges Eigentum zu stehlen. Tatsächlich ist die Spionage der KP Chinas bei weitem nicht auf das geistige Eigentum beschränkt.

Die KP Chinas kontrolliert alle großen privaten Unternehmen in China und nutzt diese nominell „privaten Unternehmen" für die internationale Informationsgewinnung. Ted Cruz, US-Senator aus Texas, sagte, Huawei sei eine „Spionageagentur der Kommunistischen Partei, die als Telekommunikationsfirma getarnt ist". „Seine Überwachungsnetze erstrecken sich über den ganzen Globus und seine Kunden sind Schurkenregime wie Iran, Syrien, Nordkorea und Kuba. Die Verhaftung von Huaweis Finanzvorstand Wanzhou Meng in Kanada ist sowohl eine Chance als auch eine Herausforderung", schrieb er. [176]

Laut einer im Januar 2018 von der französischen Zeitung *Le Monde* veröffentlichten Umfrage wurden vertrauliche Informationen vom Hauptsitz der Afrikanischen Union (AU) in Äthiopien fünf Jahre lang jede Nacht nach Shanghai geschickt.

Der KP Chinas wurde vorgeworfen, hinter dem Hack zu stecken. Ein Bericht des Australian Strategic Policy Institute vom 13. Juli ergab, dass Huawei als Anbieter der netzwerktechnischen Infrastruktur im Hauptgebäude der AU tätig ist. [177]

André Ken Jakobsson, Postdoktorand am Center for Military Studies in Kopenhagen, sagte: „Was beunruhigend ist: dass die KP Chinas sehr kritische und sensible Informationen abfangen kann. Sie können in ein System eindringen, das unsere gesamte Gesellschaft kontrolliert. Alles wird in Zukunft an das 5G-Netz angeschlossen. Wir sind besorgt, dass das Land, das solche Geräte anbietet – China [die KP Chinas] – die Schalter kontrolliert.“ [178]

In China verwendet die KP Chinas Kameras, Computernetzwerke und Anwendungen der Künstlichen Intelligenz, die mit Gesichtserkennungstechnologie arbeiten, um ein allgegenwärtiges Überwachungsnetz aufzubauen. Wenn dies nicht gestoppt wird, dürfte sich die heutige Situation in China morgen in der ganzen Welt ausbreiten.

Gleichzeitig hat die KP Chinas in großem Umfang Hacker eingesetzt. Bereits 1999 tarnten sich die Hacker der KP Chinas als Übersee-Website von Falun Gong und griffen das U.S.-Department of Transportation an. Das Department kontaktierte die Falun Gong-Website, um den Sachverhalt zu klären. Dann verfolgte das zuständige Personal die Spur und stellte fest, dass der wirkliche Hacker von einem Geheimdienst kam, der von der Partei geleitet wurde. [179]

Im Juni 2015 wurde die US-Bundesregierung von KP-China-Hackern angegriffen, die eine große Menge vertraulicher Daten stehlen konnten – die Daten von mehr als 21,5 Millionen Amerikanern. Betroffen waren 19,7 Millionen Regierungsmitarbeiter und 1,8 Millionen Familienmitglieder dieser Regierungsmitarbeiter.

Im November 2018 gab Marriott International bekannt, dass private Informationen inklusive Pässe von bis zu 500 Millionen Gästen durch Hacker (bis zurück zum Jahr 2014) gestohlen worden waren. US-Außenminister Michael Pompeo bestätigte am 12. Dezember des Vorjahres, dass das Hacking von der KP Chinas durchgeführt wurde. Marriott ist der größte Hoteldienstleister für die US-Regierung und das Militär.

e) Die uneingeschränkte Kriegsführung nimmt viele Formen an

Die KP Chinas nutzt auch noch andere Methoden der uneingeschränkten Kriegsführung in vollem Umfang. Nachfolgend sind einige wichtige Bereiche aufgeführt.

Uneingeschränkte Kriegsführung im Gewand der Diplomatie

Der typische diplomatische Ansatz der KP Chinas ist die „Spaltung und Eroberung" als Fortführung des bekannten „Teilen und Herrschen". Wenn die Welt die KP Chinas für ihre Menschenrechtsverletzungen kritisiert, fordert die KP Chinas die einzelnen Länder auf, die Menschenrechte separat mit ihr zu diskutieren. Obwohl viele Länder Menschenrechtsfragen mit der KP Chinas unter vier Augen diskutiert haben, ist dies ohne nennenswerte Wirkung auf die Partei geblieben. Sie verzögert und diskutiert sie einfach mit den verschiedenen Ländern, führt aber keine wesentlichen Änderungen durch. Darüber hinaus hat sie die internationalen Normen zur Wahrung der Menschenrechte praktisch zersetzt. Die KP Chinas nutzte diese Methode, um Verurteilungen und Sanktionen zu entgehen und stattdessen dann sofort der Welthandelsorganisation (WTO) beizutreten. Sofort begann sie, mit wirtschaftlichen Mitteln verschiedene Länder in Versuchung zu führen und nutzte dann wieder „Teilen und Herrschen", um in verschiedenen Bereichen große Durchbrüche zu erzielen.

Die KP Chinas verwendet auch hinterhältige Taktiken der „Geiseldiplomatie", bei der sowohl Chinesen als auch Nicht-Chinesen verhaftet und bedroht werden, bis ihre Forderungen erfüllt sind. Bevor die KP Chinas den Status eines permanenten normalen Handelspartners mit den Vereinigten Staaten erhielt, hatte sie vor fast jeder Verhandlungssitzung Dissidenten verhaftet und dann deren Freilassung während der Verhandlungen als PR-Manöver genutzt, um ihre Ziele zu erreichen. Die Kommunistische Partei missachtet die Rechte und das Leben ihres eigenen Volkes, aber sie weiß, dass sich die westliche Gesellschaft um Fragen wie die grundlegenden Menschenrechte kümmert. Deshalb benutzt sie ihre eigenen Bürger als Geiseln, setzt dem chinesischen Volk das Messer an die Kehle und benutzt es, um den Feind – die Vereinigten Staaten – zu bedrohen. Dies spiegelt in vollem Umfang die Praxis der uneingeschränkten Kriegsführung der KP Chinas wider.

Durch die rasante Entwicklung der Wirtschaft ist die KP Chinas mutiger geworden, und ausländische Geiseln sind zu diplomatischen Schachfiguren geworden. Die zuvor erwähnte Su Bin wurde von den Vereinigten Staaten beschuldigt, sich 2014 in eine militärische Datenbank der USA gehackt zu haben. In Reaktion darauf wurde das kanadische Paar Kevin und Julia Garratt von der KP Chinas verhaftet und der Spionage beschuldigt.

Nach der Verhaftung von Huaweis Stellvertretender Geschäftsführerin und Finanzvorstand Meng Wanzhou am 1. Dezember 2018 in Vancouver protestierte das chinesische Außenministerium auf mehrere Arten. Das Konsulat der KP Chinas in Kanada mobilisierte eine große Zahl prokommunistischer Auslandschinesen zur Teilnahme an Protesten. Darüber hinaus verhaftete die KP Chinas als Gegenmaßnahme drei kanadische Bürger. [180] Dies sollte sowohl direkten Druck auf Kanada ausüben als auch einen Keil zwischen Kanada und die Vereinigten Staaten treiben.

„Gesetzlosigkeit“ ist der Modus operandi der KP Chinas. Jeder Ausländer in China kann jederzeit zur Geisel werden und als Druckmittel für politische, wirtschaftliche und diplomatische Zwecke genutzt werden. Wenn die KP Chinas Auslandschinesen, insbesondere Dissidenten, bedroht, benutzt sie zudem oft Verwandte dieser Dissidenten in China als Geiseln.

Grenzenlose militärische Kriegsführung

Die KP Chinas hat asymmetrische Waffensysteme wie Anti-Schiffs-Raketen und Anti-Flugzeugträgerraketen entwickelt. Im Bereich der konventionellen Waffen hat die KP Chinas versucht, die technologische Vorherrschaft der Vereinigten Staaten zu übertreffen. Sie verfügt über eine größere Menge an Material, das gegen deren teure Systeme eingesetzt werden kann. Die KP Chinas ist wirtschaftlich und technisch gewachsen und hat einen größeren Handlungsspielraum für die Umsetzung von Cyberwarfare, Weltraumkrieg und andere unkonventionelle Hightech-Angriffe gegen die Vereinigten Staaten, wie im letzten Abschnitt erläutert wurde.

Die PLA (People's Liberation Army, ein Sammelbegriff für die Streitkräfte von China, Abkürzung PLA oder VBA) erklärt öffentlich, dass sie sich einen Krieg, „länder- und bereichsübergreifend" wünschen und man „alle notwendigen Mittel einsetzen" würde. Im idealen Krieg der PLA sind „materielle nationale Grenzen, immaterieller Cyberspace, internationales Recht, nationales Recht, Verhaltenskodizes und Ethik für sie [die PLA] nicht bindend". Sie übernehmen keine Verantwortung für irgendjemanden und sind nicht durch irgendwelche Regeln eingeschränkt. Jeder kann ein Ziel sein und alle Mittel können eingesetzt werden. Die Autoren von „Grenzenlosen Kriegsführung", zwei chinesische Militärs, erklären ihren Lesern: „Haben Sie erwogen, das Schlachtfeld mit dem Nichtschlachtfeld, den Krieg mit dem Nicht-Krieg, das Militär mit dem Nicht-Militär zu kombinieren – insbesondere Tarnkappenflugzeuge, Marschflugkörper und Netzwerk-Zerstörer, Atomkrieg, Finanzkrieg und Terroranschläge? Oder, einfach ausgedrückt, Schwarzkopf [Oberbefehlshaber der multinationalen Streitkräfte des Golfkriegs] + Soros + Morris [Schöpfer des Morris-Wurm-Computervirus] + bin Laden? Das sind unsere wahren Karten." [181]

Uneingeschränkte finanzielle Kriegsführung

Die KP Chinas hat damit begonnen, ihr eigenes Zahlungsverkehrssystem und die Nutzung des Renminbi durch „Wirtschaftshilfe" und private Unternehmen zu verbreiten, um so eine globale Infrastruktur aufzubauen. Mit dem Renminbi soll die Dominanz des US-Dollar im internationalen Devisenhandel abgelöst werden. Gemäß der uneingeschränkten Strategie der KP Chinas kann das Regime seine Ziele erreichen, indem es einfach riesige Geldbeträge druckt und so das Finanzsystem bei Bedarf zerstört. Die Think Tanks der KP Chinas haben sich für den Einsatz der Devisenreserven als Waffe ausgesprochen.

Uneingeschränkte Internet-Kriegsführung

Durch die Bemühungen von Huawei und ZTE, den 5G-Technologiemarkt zu übernehmen, strebt die KP Chinas eine marktbeherrschende Stellung bei den 5G-Standards an und will eine weltweit führende Rolle in der neuen Technologie spielen. Der ehemalige Chef der Federal Reserve von Dallas sagte: „Würde China das Rennen gewinnen, würden sie die Protokolle für das Internet festlegen, so, wie Englisch das Deutsche als Wissenschaftssprache ersetzte und zur Sprache aller wichtigen Aktivitäten auf globaler Ebene wurde." [182]

Das Internet nahm in einer Welt Gestalt an, in der die Informationsflüsse völlig anders waren als in der konventionellen

Welt, und die Online-Welt kann jetzt unsere reale Welt einschränken und beeinflussen. Derzeit steht das Internet vor einer neuen Evolutionsrunde, in deren Mittelpunkt die 5G-Technologie steht. Mit der Kombination von 5G und künstlicher Intelligenz bewegt sich das Internet in Richtung „Internet der Dinge“ oder „Digitalisierung der ganzen Welt“. Die Kontrolle des Internets über die physische Welt wird dramatisch erweitert und die Regeln der gesamten Welt werden neu geschrieben. Wenn die KP Chinas 5G dominiert, kann sie uneingeschränkt agieren.

Darüber hinaus gibt es eine Vielzahl von Informationen, die im Internet zirkulieren. Sobald die externen Propagandaoperationen der KP Chinas erfolgreich in ein von China kontrolliertes 5G-Netz integriert sind, werden die Anstrengungen der Partei zur sanften Gehirnwäsche das derzeitige Ausmaß und ihre Auswirkungen noch weit übertreffen.

Uneingeschränkte Drogenkriegsführung

Bei einer Kabinettssitzung am 16. August 2018 sagte Präsident Trump, dass die Verbreitung von Opioiden auf Basis von Fentanyl aus China „fast ein Krieg“ sei. [183] 2017 gab es in den Vereinigten Staaten mehr als 70.000 Fälle von Drogenüberdosen, von denen mehr als 40 Prozent mit synthetischen Opioiden (hauptsächlich Fentanyl und seinen Analoga) zusammenhängen. Diese Medikamente werden hauptsächlich in China hergestellt und gelangen dann über die US-Post in die USA, oder sie werden nach Mexiko geschmuggelt und dann über die US-Südwestgrenze in die USA eingeführt. [184]

Markos Kounalakis, leitender Forscher an der Central European University und Gastdozent an der Hoover Institution der Stanford University, schrieb im November 2017 über Fentanyl: „Es ist letztendlich eine Chemikalie. Und es wird als Waffe im Opiumkrieg Chinas gegen Amerika im 21. Jahrhundert benutzt.“ Er sagte, dass Fentanyl Tausende von Amerikanern getötet hat und nannte es als Beispiel für die Strategie der KP Chinas: Diese nutzt den tatsächlichen Wert dieser Chemikalie als „profitablen Opiatexport, der zudem die amerikanische Gesellschaft zerstört und die politische Landschaft der USA verwüstet“. [185]

Einsatz der Bevölkerung bei der uneingeschränkten Kriegsführung

Im September 2018 machte eine chinesische Familie, die nach Schweden gereist war, eine Szene in einem schwedischen Hotel, indem sie fälschlicherweise behauptete, von der Polizei misshandelt worden zu sein. Nach der Überspitzung der Vorkommnisse durch die chinesische Botschaft und die Medien begannen die Chinesen, IKEA und H&M zu boykottieren. [186] Der schwedische Fernsehsender SVT strahlte eine sarkastische Sendung über den Vorfall aus, der die Situation weiter verschärfte. Zehntausende chinesischer Internetnutzer inszenierten einen Shitstorm auf den Websites der schwedischen Botschaft, des TV-Moderators Jesper Rönndahl und der Facebook-Seite des Fernsehsenders. [187]

Nach 60 Jahren der Zerstörung der traditionellen Kultur und ihrer Ersetzung durch die Kultur der Kommunistischen Partei ist die KP Chinas in der Tat in der Lage, Milliarden von Chinesen zu überrumpeln und sie in eine Massenarmee zu verwandeln, indem sie lediglich die Flagge des Nationalismus schwenkt. Vor dem 90. Jahrestag der „Volksbefreiungsarmee“ im Jahr 2017 hat die KP Chinas eine Software entwickelt, die einer Person in einem hochgeladenen Bild Uniformen der chinesischen Streitkräfte PLA hinzufügen kann. In nur wenigen Tagen verzeichnete die App über eine Milliarde Besuche.

Die KP Chinas ist in der Lage, den Nationalismus zur Kontrolle der Öffentlichkeit zu missbrauchen, weil die Menschen die wahre Geschichte der Partei nicht kennen. Insbesondere kennen und verstehen die Menschen die Geschichte der Massentötungen durch die KP Chinas nicht. So tragen Generationen von Chinesen, die in der Parteikultur aufgewachsen sind, diese Parteikultur auch in sich. Wenn sie ins Ausland reisen, um ihren Lebensunterhalt zu bestreiten, exportieren sie die Parteikultur nach Übersee und werden Teil der Massenarmee des Regimes im Ausland.

Die KP Chinas hat bereits erfolgreich eine Generation von Menschen geschaffen, die ihren Befehlen gehorcht, ohne dass sie dazu gezwungen oder überwacht werden müssen. Dies hat die Fähigkeit der KP Chinas gestärkt, diese Armee in der freien Welt zu kontrollieren und sie für Subversionen zu nutzen. Wenn ein Krieg ausbricht, könnte diese Art der Massenkriegsführung schreckliche Folgen haben.

Uneingeschränkte kulturelle Kriegsführung

Die KP Chinas verbreitet seit vielen Jahren die Parteikultur und ihre „Werte" unter dem Banner der traditionellen chinesischen Kultur und Sitten. Menschen auf der ganzen Welt haben ein starkes Interesse an Chinas langer Geschichte und reicher Kultur, aber ihr Verständnis ist sehr begrenzt. Die KP Chinas weiß das sehr gut und nutzt es voll aus. Durch die Übernahme einiger der oberflächlichen Formen der traditionellen Kultur hat sich die KP Chinas als Hüter und wahrer Vertreter der chinesischen Kultur inszeniert, was es für die Menschen in anderen Ländern äußerst schwierig macht, den Betrug zu durchschauen.

Andere Formen der uneingeschränkten Kriegsführung

Das chinesische kommunistische Regime erklärte 1986 mit dem Start seines nationalen staatlichen „Programms 863" einen asymmetrischen Hybridkrieg gegen die Vereinigten Staaten und ihre westlichen Verbündeten. Das ultimative Ziel dieser Form von Kriegsführung ist, die Vereinigten Staaten an der wirtschaftlichen und militärischen Front zu übertreffen und damit die Vereinigten Staaten in ihrer Rolle als führende Supermacht zu ersetzen. Es ist ein Krieg, der auf Täuschung und völliger Missachtung aller Regeln basiert, und die Strategien dahinter sind Teil des uneingeschränkten Kriegsführungsprogramms. [188]

Während der Demokratie-Bewegung vom 4. Juni 1989 befahl die KP Chinas Soldaten und Polizisten, sich als Pekinger Zivilisten zu tarnen und Unruhen zu verursachen, damit das Militär diese als Vorwand für seine Massenmorde benutzen konnte, die es „Unterdrückung von Aufständen“ nannte. Bei der Verfolgung von Falun Gong fabrizierte die KP Chinas den Zwischenfall der „Selbstverbrennung“, um die anschließende Eskalation der Verfolgung zu rechtfertigen. Während der Bewegung „Occupy Central With Love and Peace“ in Hongkong brachte die KP Chinas Menschen aus Shenzhen nach Hongkong, um dort die Gewalt anzuheizen, was die Polizei effektiv zwang, Gewalt einzusetzen.

In den Augen der KP Chinas sind Mord und Attentate alltägliche Methoden. Auch in Zukunft kann die Partei durchaus dieselben Methoden anwenden – Vergiftung, Ermordung, Explosionen, Sabotage von Stromnetzen oder Transporteinrichtungen und so weiter –, um Chaos und Konflikte im Westen zu verursachen.

Der Kern der uneingeschränkten Kriegsführung besteht darin, die Moral der Menschheit zu unterminieren und böse Menschen zu mobilisieren, um die Menschheit Schritt für Schritt zu zerstören. Die KP Chinas ist hoch qualifiziert darin, Menschen dazu zu verleiten, gegen die Moral und ihr eigenes Gewissen zu handeln. Diejenigen, die so handeln, sind am Ende oft nur noch gleichgültig gegenüber dem Missbrauch durch die KP Chinas, oder sie beteiligen sich aktiv an den üblen Taten. Daher setzt die Partei bei einflussreichen Persönlichkeiten aus den Bereichen Politik, Wirtschaft, Militär, Medien, Kultur, Technik, Bildung und anderen Bereichen alles daran, ihre menschlichen Schwächen – seien es persönliche Interessen oder Wünsche – zu entdecken. Die KP Chinas nutzt diese, um Menschen zur freiwilligen Zusammenarbeit mit der Partei zu bewegen. Wenn das nicht funktioniert, könnte die KP Chinas Drohungen und Einschüchterungsversuche einsetzen, um die Ängste oder Fehler der Menschen auszunutzen und sie effektiv dazu zu erpressen, die Partei zu unterstützen. In einigen Fällen hat die KP Chinas sogar Transplantationsorgane zur Verfügung gestellt, die durch Mord gewonnen wurden, um einflussreiche Personen, die eine Transplantation benötigten, zu kaufen.

Die Ressourcen, die die KP Chinas einsetzen kann, um andere Länder zu infiltrieren, spotten jeder Beschreibung und die derzeit aufgedeckten Fakten sind nur die Spitze des Eisbergs. Menschen in allen Lebensbereichen, insbesondere in Politik und Wirtschaft, sind zu den Werkzeugen der KP Chinas in deren uneingeschränkter Kriegsführung geworden. Im Laufe der Zeit werden weitere Beweise dafür auftauchen, wie viele in diese Falle geraten sind. Fast alle Länder der Welt haben in der einen oder anderen Form bereits die globalen Ambitionen der Partei und deren böse, uneingeschränkte Mittel zu spüren bekommen. Sie haben auch die zerstörerischen Auswirkungen der Arbeit von Agenten der KP Chinas in kritischen Momenten bemerkt.

4. Das „Modell China" und seine zerstörerische Wirkung

In den vergangenen zehn Jahren haben Sprachrohre der Kommunistischen Partei sowie einige westliche Wissenschaftler und Journalisten das Konzept eines „chinesischen Modells" oder ähnliche Begriffe wie den „chinesischen Weg", das „chinesische Wunder" oder den „Pekinger Konsens" energisch propagiert. Das so genannte „Modell China" bezieht sich im Allgemeinen auf die Kombination der KP Chinas von politischem Totalitarismus und Vetternwirtschaft, um „soziale Stabilität" und schnelle wirtschaftliche Entwicklung zu erreichen. Tatsächlich ist die Essenz des „China-Modells" das „KP-China-Modell" – eine politische Abscheulichkeit, die es so noch nie zuvor in der Menschheitsgeschichte gegeben hat.

Propaganda zur Unterstützung der Legitimität des kommunistischen „chinesischen Weges" fällt im Allgemeinen in diese vier Kategorien: wirtschaftliche Entwicklung, soziale Stabilität, öffentliche Meinung (wenn Zivilisten als unterwürfige Subjekte auftreten) und internationale Anerkennung.

Alle vier Argumente sind jedoch für diejenigen unhaltbar, die die Dinge mit klaren Augen sehen können. Hohe Wirtschaftswachstumsraten können die verdrehte, oft böse Form der wirtschaftlichen Entwicklung, die die KP Chinas praktiziert, nicht verbergen.

Das so genannte Wirtschaftswunder des Regimes ist eigentlich das Ergebnis der Energie, die das chinesische Volk nach Jahrzehnten der Unterdrückung freigesetzt hat, sowie der teilweisen Rückkehr zu normalen Marktbedingungen während der Reform und Öffnung. Dieses Wachstum wurde durch die Verletzung der Menschenrechte, den Diebstahl geistigen Eigentums, die unkontrollierte Ausbeutung von Ressourcen und die Zerstörung der natürlichen Umwelt erreicht. Ein solches Wachstum ist weder ethisch noch nachhaltig. In der chinesischen Wirtschaft gibt es zahlreiche strukturelle Probleme, von denen keines im Rahmen des bestehenden politischen Systems gelöst werden kann. Wenn diese Probleme den kritischen Punkt erreichen, werden sie das chinesische Volk und den Rest der Welt in eine Katastrophe stürzen.

Alle Argumente der KP Chinas sind bedeutungslos. Das chinesische kommunistische Regime hat die Kontrolle über alle

Streitkräfte in China und bewahrt die Stabilität mit eiserner Faust und Überwachung. Die Partei kann so tatsächlich lange Zeit soziale „Stabilität" erreichen. Die KP Chinas beherrscht alle Medien in China und hat gegnerische Stimmen im Keim erstickt. In der heutigen Welt, in der die Moral im Allgemeinen gesunken ist, ist es nicht schwer, nützliche Idioten in der internationalen Gemeinschaft zu finden und diese als Freunde Chinas auftreten zu lassen, die das Lob der KP Chinas singen. Es ist offensichtlich, dass die sogenannten Errungenschaften des China-Modells der KP Chinas die abscheulichen Verbrechen des Regimes nicht verbergen können.

Der Charakter der KP Chinas hat zur Folge, dass sie sich immer gegen traditionelle Kultur, orthodoxe Moral und universelle Werte stellen wird. Die heutige KP Chinas ist die Weltachse des Bösen und der Feind der Menschheit. Wenn die Welt nicht aufwachen und gegen das Regime vorgehen kann, wird deren Scheitern aus mehreren Gründen zu einer Katastrophe in der Welt führen. Diese wollen wir an dieser Stelle noch einmal skizzieren.

China hat ein riesiges Territorium und eine beträchtliche Bevölkerungsstärke. Es hat sich zur zweitgrößten Volkswirtschaft der Welt und seit 2010 auch zur zweitgrößten Militärmacht mit Atomwaffen entwickelt. Keine tyrannische Kraft, weder historisch noch gegenwärtig, hatte jemals eine so große wirtschaftliche und militärische Macht wie die KP Chinas. Die Partei übernahm die finstersten und deformiertesten Elemente moderner totalitärer Regime und altertümlicher chinesischer Taktiken in ihre Ideologie der Kontrolle auf. Deshalb spielt die KP Chinas nie nach den Regeln, und ihre Strategie ist sowohl tiefgreifend als auch rücksichtslos – oft jenseits der Vorstellungskraft und des Verständnisses von Führern und Strategen in anderen Ländern. Mit der Geiselnahme von 1,3 Milliarden Chinesen hat die KP Chinas der Welt einen riesigen und sehr begehrten Markt präsentiert, der ausländisches

Kapital, Geschäftsleute und Politiker anzieht. Er lässt sie die Augen vor den Menschenrechtsverletzungen und dem Bösen hinter der KP Chinas verschließen und bringt sie in einigen Fällen sogar dazu, mit der KP Chinas bei ihren Verbrechen zusammenzuarbeiten.

Die KP Chinas hat achtzig Millionen Chinesen getötet. In letzter Zeit hat sie unzählige Verbrechen gegen Falun-Gong-Praktizierende, Untergrundchristen, Tibeter, Uiguren, Dissidenten und andere Menschen aus der Gesellschaft begangen. Sobald das Regime zusammenbricht, wird es vor Gericht gestellt und für alle seine Verbrechen bestraft. Um dieses Schicksal mit allen Mitteln zu vermeiden, hat sich die KP Chinas dafür entschieden, den bösen Weg des Totalitarismus und der zunehmenden Verfolgung einzuschlagen und sich zu weigern, von der Weltbühne abzutreten. Wie ein Wiederholungstäter ist die KP Chinas bestrebt, zu entkommen, und wird nicht zögern, weitere schreckliche Verbrechen zu begehen, um sich selbst zu schützen.

Die Kommunistische Partei Chinas ist der wichtigste Vertreter des kommunistischen Gespenstes im menschlichen Bereich. Die Existenz der KP Chinas, die zur Eliminierung bestimmt war, war immer von einem starken Gefühl der Krise und Angst begleitet. Angetrieben von einem Gefühl ständiger Krise greift die KP Chinas in kritischen Momenten auf alle erdenklichen Mittel zurück und trifft extreme Maßnahmen, um weiter zu bestehen. Von diesem Krisengefühl getrieben, betrachtet die KP Chinas die Vereinigten Staaten, deren Aufgabe es ist, die internationale Ordnung aufrechtzuerhalten, als ihren Hauptfeind, und hat sich heimlich weiterentwickelt, um zu versuchen, die Vereinigten Staaten zu ersetzen und die Welt zu dominieren.

Gleichzeitig hat die KP Chinas eine Reihe von Mitteln eingesetzt, um das Modell der KP Chinas und die Ideologie der Kommunistischen Partei zu exportieren und damit die Welt zu vergiften. Das „One Belt One Road"-Programm und ähnliche Projekte haben die geopolitischen Ambitionen der Partei verdeutlicht. Noch beängstigender ist, dass sich die KP Chinas mit Hingabe, Entschlossenheit und ununterbrochener Anstrengung auf den letzten Kampf mit den Vereinigten Staaten vorbereitet.

Alle Ambitionen der KP Chinas – ob sie diese mit sanfter Gewalt, harter Gewalt oder ungehemmter Gewalt verfolgt – basieren auf einer völligen Missachtung der Moral und zielen darauf ab, ihrem größeren Ziel zu dienen, die traditionelle Moral und die universellen Werte zu zerstören. Das Ziel der KP Chinas ist, sich als böses Imperium und Weltherrscher zu etablieren. Es zielt darauf ab, der Welt totalitäre Unterdrückung zu bringen; ein globaler Polizeistaat, der durch Gehirnwäsche, Gedankenkontrolle, Massenüberwachung, die Beseitigung von Privateigentum, offiziellen Atheismus, die Abschaffung von Religion und traditioneller Kultur, ungehemmte sexuelle Begierden, Korruption und moralische Degeneration gekennzeichnet ist. Ihr Ziel ist, die Welt in Armut und Aufruhr zu versetzen, Menschen in Bestien zu verwandeln und die Menschheit in einen Abgrund der moralischen Erniedrigung zu schicken. All dies ist der Weg, den das kommunistische Gespenst in seinem Versuch, die Menschheit zu zerstören, beschritten hat.

Die KP Chinas ist ein einzigartiges politisches System, ein Mechanismus und ein soziales Phänomen. Ihr Ziel ist, die traditionellen Kulturen und universellen Werte zu zerstören, die die Gottheiten der Menschheit hinterlassen haben. Wenn die orthodoxe Moral, die der Menschheit geholfen hat, Tausende von Jahren zu überleben, jemals wirklich zerstört wird, wird das Ergebnis die Zerstörung der gesamten Menschheit sein. Deshalb ist die KP Chinas neben ihren militärischen, wirtschaftlichen, wissenschaftlichen und technologischen Bemühungen auch bestrebt, ihre Ideologie des Atheismus durchzusetzen und anderen Ländern die Wahrnehmung von Gut und Böse unmöglich zu machen. Die KP Chinas nutzt eine Reihe von Methoden, um Politiker und Medienvertreter auf der ganzen Welt zu korrumpieren, damit sie ihre Parteikultur leichter in diese Länder zu integrieren schafft. Ihr oberstes Ziel ist, dass diese Personen die Mainstream-Gesellschaft beeinflussen und dazu beitragen, alle mit der KP Chinas zusammen in den Abgrund zu ziehen. Dies ist die wahre Absicht der KP Chinas, wenn sie ihr so genanntes „China-Modell" weltweit fördert.

5. Die gewonnenen Erkenntnisse und der Ausweg aus der Krise

a) Die Beschwichtigungspolitik war ein schwerer Fehler

Im März 2018 dachte „The Economist" in einem Artikel mit dem Titel „How the West Got China Wrong" über die Politik nach, die die westlichen Länder gegenüber China verfolgt haben und dass diese darauf gewettet hatten, dass China in Richtung Demokratie und Marktwirtschaft gehen würde. Er räumte ein, dass dieses Glücksspiel des Westens gescheitert ist, dass China unter der KP Chinas keine Marktwirtschaft ist und auf seinem derzeitigen Kurs nie eine sein wird. Im Gegenteil, die KP Chinas betrachtet Wirtschaft und Handel als Erweiterung der Staatsmacht und kontrolliert sie als solche. Sie nutzt ihr Machtmonopol, um die Weltwirtschaft zu gestalten, benutzt Geld, um Handelspartner zu manipulieren, und straft Einzelpersonen und Gruppen, mit denen sie nicht einverstanden ist. [189]

Die KP Chinas, die ehrgeizig und begierig darauf aus ist, ihre globale Hegemonie zu behaupten, stellt eine ernsthafte Bedrohung für die Welt dar. Leider wollen sich bis heute viele Länder, Regierungen und Politiker mit der KP Chinas anfreunden, ohne die Gefahr zu bemerken. Die Beziehung wird durch ein chinesisches Sprichwort veranschaulicht: „ein Tigerjunges aufziehen, um sich in Zukunft selbst zu gefährden".

Ohne die Hilfe der entwickelten westlichen Länder und die Unterstützung so vieler multinationaler Konzerne, Hightech-Giganten und großer Finanzinstitute hätte sich die KP Chinas nicht in der kurzen Zeitspanne von nur wenigen Jahrzehnten von einer schwachen Wirtschaft mit einem kurz vor dem Zusammenbruch stehenden Regime zu einer unbezwingbaren Achse des Bösen entwickeln können. Sie hat ihren Einfluss ausgeweitet und fordert die Vereinigten Staaten nun in Regionen und Bereichen auf der ganzen Welt dreist heraus.

Michael Pillsbury, ein US-Sicherheitsexperte, hat argumentiert, dass der Westen die ganze Zeit über unrealistische Erwartungen an die KP Chinas gehabt hat, wie zum Beispiel den Glauben, dass diese unweigerlich demokratischer werden würde, dass sie sich nach einer kapitalistischen Gesellschaft nach amerikanischem Vorbild sehnte, dass sie sich unweigerlich in die internationale Gesellschaftsordnung integrieren würde, dass der Austausch zwischen den USA und China zu einer uneingeschränkten Zusammenarbeit führen würde, oder dass die falkenartigen Elemente in der KP Chinas schwach seien, und so weiter. Pillsbury forderte die US-Regierung nachdrücklich auf, sich schnell der Realität der Situation zu stellen und Gegenmaßnahmen gegen die KP Chinas zu ergreifen – sonst würde die KP Chinas gewinnen. [190]

Steve Bannon warnt ebenfalls: „Die chinesische Führung hatte nie die Absicht, sich der regelbasierten internationalen liberalen Nachkriegsordnung anzuschließen. Sie hatten ihren eigenen Plan, und sie haben diesen Plan sehr rigoros ausgeführt." [191] Deren Plan sieht vor, dass die KP Chinas die staatliche Macht nutzt, um die wichtigsten globalen Industrien zu kontrollieren, in kühner Weise geopolitisch zu expandieren und eine globale Hegemonie in Technologie und Finanzen zu erreichen, wobei sie die geltenden globalen Verhaltensregeln völlig außer Acht lässt.

b) Warum hat der Westen China falsch verstanden?

Der Westen hat China aus vielen Gründen falsch verstanden: die bereits erwähnten komplexen Arrangements des kommunistischen Gespenstes, die Doppelzüngigkeit und Chamäleonhaftigkeit der KP Chinas und die Schwierigkeiten der freien Gesellschaften, China von der KP Chinas zu unterscheiden. Darüber hinaus hat der Westen China falsch verstanden, weil er kurzfristige Gewinne anstrebte, seien es Einzelpersonen, Unternehmen oder ganze Nationen gewesen. Dies bot der KP Chinas eine weitere Gelegenheit, diese auszunutzen.

Die moralisch korrupte Partei zielt auf die Lücken in der Moral der Menschen in den freien Gesellschaften ab, Menschen, deren Streben nach geringem kurzfristigem Gewinn es der KP China ermöglicht, die Grundlagen dieser Gesellschaften zu infiltrieren und zu korrumpieren. Wenn wir die lange von den Vereinigten Staaten gegenüber der KP Chinas verfolgte Politik im Detail betrachten, so basiert diese Politik weitgehend auf Überlegungen zum kurzfristigen Gewinn und nicht auf den grundlegendsten, langfristigen Interessen Amerikas – wie dem Geist, auf dem das Land gegründet wurde.

Die Herrlichkeit und Autorität der Menschheit kommt von den Gottheiten und wird durch die moralische Ebene des Menschen bestimmt. Der Wohlstand und die Stärke einer ethnischen Gruppe und Nation hängen auch von ihrem moralischen Niveau ab. Mit gewöhnlichen Mitteln ist der Mensch einfach nicht in der Lage, die vom Gespenst getroffenen Vorkehrungen zu beseitigen. Dieser Logik folgend, wird deutlich, wo der Westen versagt hat – was auch immer die menschlichen Methoden sind, letztendlich können sie es nicht schaffen, Menschen aus den Klauen des Bösen zu retten.

Viele Regierungen, Großunternehmen und Geschäftsleute können für einen gewissen Zeitraum vermeintliche Vorteile von der KP Chinas für die Opferung ihrer moralischen Grundsätze erhalten. Aber am Ende werden sie mehr verlieren, als sie gewinnen. Solche auf schlechte Weise erlangten oberflächlichen Vorteile sind allesamt giftig. Nur wenn man den vor Augen stehenden Interessen nicht nachgibt, wird man eine glänzende Zukunft haben.

Die KP Chinas ist keine politische Partei oder Regierung im normalen Sinne. Sie repräsentiert nicht das chinesische Volk. Sie repräsentiert das kommunistische Gespenst. Sich mit der KP Chinas zu identifizieren, bedeutet, sich mit dem Teufel zu identifizieren. Freundlich mit der KP Chinas zu sein bedeutet, den Teufel zu besänftigen, ihm zu helfen und eine Rolle dabei zu spielen, die Menschheit in Richtung Zerstörung zu treiben. Umgekehrt bedeutet ein Zurückdrängen der KP Chinas, sich in den Kampf zwischen Gut und Böse zu begeben. Es geht hier nicht nur darum, dass Länder um nationale Interessen kämpfen. Es ist ein Kampf um die Zukunft der Menschheit.

c) Was ist der Ausweg?

Heute stehen China und die Welt an einem Scheideweg. Für das chinesische Volk können von der Kommunistischen Partei Chinas, die unzählige Blutschulden hat, keine wirklichen Reformen erwartet werden. China wird nur dann besser dran sein, wenn es frei von der Kommunistischen Partei ist. Durch die Eliminierung der Kommunistischen Partei, die wie ein bösartiger Tumor ist, wird China gedeihen.

China ist den Menschen auf der ganzen Welt als das Land einer alten Zivilisation bekannt, die sich durch Höflichkeit und Rechtschaffenheit auszeichnet. Frei von der Kommunistischen Partei wird China wieder ein normales Mitglied der zivilisierten Welt sein – eine Nation, deren menschliche und natürliche Ressourcen, verschiedene alte Traditionen und Kulturerbe Teil des Reichtums der Menschheit sein werden.

In dieser Zeit großer Schwierigkeiten werden immer mehr Chinesen die böse Natur der KP Chinas erkennen. Mit der Veröffentlichung der „Neun Kommentare über die Kommunistischen Partei" im November 2004 begann eine wachsende Zahl von Menschen, ihre Zivilcourage zurückzugewinnen, und traf die Entscheidung, sich vom kommunistischen Gespenst zu trennen. Mehr als 300 Millionen Chinesen sind aus der KP Chinas und den ihr angeschlossenen Organisationen ausgetreten. Wenn die freie Welt den Trend zur Abkehr von der KP Chinas unterstützen und alle Verbindungen zum Gespenst abbrechen kann, wird diese Partei nicht mehr so handeln können, wie sie es heute weltweit tut.

Die scheinbar unbezwingbare Sowjetunion löste sich über Nacht auf. Obwohl die KP Chinas weltweit ihre Reißzähne zeigt, könnte ihre Auflösung genauso schnell erfolgen, sobald die Welt ihre böse Natur erkennt und die richtige Wahl trifft.

Der Aufstieg der KP Chinas ist vor allem auf moralische Korruption zurückzuführen und darauf, dass die Augen der Menschen durch die Verfolgung von Eigeninteressen geblendet wurden. Um diesem Schicksal zu entkommen, müssen wir unsere Zivilcourage aufbringen, traditionelle Werte wiederbeleben und einen festen Glauben an das Göttliche haben.

Um ein Gespenst wie die KP Chinas zu besiegen, genügt es nie, sich nur auf die menschliche Macht zu verlassen. Ein böses Gespenst hat mehr Macht als der Mensch, und das ist die zugrundeliegende Ursache für die kontinuierliche Expansion der KP Chinas. Ein Gespenst kann jedoch nie mit dem Göttlichen mithalten. Solange die Menschen zum Göttlichen stehen und sich an den göttlichen Willen halten können, werden die Menschen gesegnet und mit großer Kraft ausgestattet sein.

Die KP Chinas ist der Feind der gesamten Menschheit. Den Ambitionen der KP Chinas zu widerstehen, bedeutet, die menschliche Zivilisation und die Zukunft zu retten. Die KP Chinas ist zur Eliminierung bestimmt, so dass die Ablehnung der KP Chinas bedeutet, das Schicksal zu vermeiden, zusammen mit ihr eliminiert zu werden – und das bedeutet gleichzeitig, zur Rettung der Menschheit selbst beizutragen.

Quellen zu Kapitel 18

[1] Zhao Kejin, „The Road of Peaceful Development: A Paradigmatic Breakthrough“, People.cn, Nov. 11, 2009, http://theory.people.com.cn/GB/10355796.html. [趙可金：〈和平發展道路：模式的突破〉，《人民網》] [In Chinese]
[2] PLA National Defense University et al., Silent Contest, 2013 June, https://www.youtube.com/watch?v=iUjkSJxJDcw&t=2190s. [國防大學等：《較量無聲》] [In Chinese]
[3] „Testimony of Arthur Waldron“, in „U.S.-China Relations: Status of Reforms in China“, Subcommittee on East Asian and Pacific Affairs, Committee on Foreign Relations, United States Senate, April 22, 2004, https://www.foreign.senate.gov/imo/media/doc/WaldronTestimony040422.pdf.
[4] Chris Giles, „China Poised to Pass US as World's Leading Economic Power This Year“, Financial Times, April 29, 2014 https://www.ft.com/content/d79ffff8-cfb7-11e3-9b2b-00144feabdc0.
[5] Chen Liangxian and Su Haoyun, „Overseas Ports in Vogue: How Do Chinese Enterprises Choose Strategic Locations?“, The Paper, August 17, 2017, https://www.thepaper.cn/newsDetail_forward_175881. [陳良賢，蘇顥雲：〈海外港口熱：中企如何布局？〉，《澎湃新聞》] [In Chinese]
[6] Derek Watkins, K.K. Rebecca Lai, and Keith Bradsher, „The World, Built by China“, The New York Times, November 18, 2018, https://www.nytimes.com/interactive/2018/11/18/world/asia/world-built-by-china.html.
[7] Andrew Sheng, „A Civilizational Clash With China Comes Closer“, Asia Global Institute, The University of Hong Kong, January 16, 2018, http://www.asiaglobalinstitute.hku.hk/en/civilizational-clash-china-comes-closer/.

[8] Wu Xinbo, „Reflections on the Study of Neighborhood Diplomacy", World Affairs, 2015 Issue #2, http://www.cas.fudan.edu.cn/picture/2328.pdf. [In Chinese] [吳心伯：〈對周邊外交研究的一些思考〉，《世界知識》]
[9] „Power and Influence: The Hard Edge of China's Soft Power", Australian Broadcasting Corporation, June 5, 2017, https://www.abc.net.au/4corners/power-and-influence-promo/8579844.
[10] „Sam Dastyari Resignation: How We Got Here", Australian Broadcasting Corporation, December 11, 2017, https://www.abc.net.au/news/2017-12-12/sam-dastyari-resignation-how-did-we-get-here/9249380.
[11] „In Depth: How Much Influence Do China's Donations Have on Australia? Should Political Donations Be Banned?", SBS News, September 12, 2016, https://www.sbs.com.au/yourlanguage/mandarin/zh-hant/article/2016/09/12/shen-du-zhong-guo-juan-zeng-dui-ao-zhou-ying-xiang-you-duo-da-wai-guo-zheng-zhi?language=zh-hant. [深度：中國捐贈對澳洲影響有多大？外國政治獻金是否該禁？] [In Chinese]
[12] Mareike Ohlberg and Bertram Lang, „How to Counter China's Global Propaganda Offensive", The New York Times, September 21, 2016, https://www.nytimes.com/2016/09/22/opinion/how-to-counter-chinas-global-propaganda-offensive.html?_ga=2.63090735.1831033231.1544154630-97544283.1541907311.
[13] Jonathan Pearlman, „US Alarm over Aussie Port Deal With China Firm", The Strait Times, November 19, 2015, https://www.straitstimes.com/asia/australianz/us-alarm-over-aussie-port-deal-with-china-firm.
[14] Tara Francis Chan, „Rejected Three Times Due to Fear of Beijing, Controversial Book on China's Secret Influence Will Finally Be Published", Business Insider, February 5, 2018, https://www.businessinsider.com/australian-book-on-chinas-influence-gets-publisher-2018-2.
[15] Christopher Walker and Jessica Ludwig, „From 'Soft Power' to 'Sharp Power': Rising Authoritarian Influence in the Democratic World", in Sharp Power: Rising Authoritarian Influence (Washington, D.C.: National Endowment for Democracy, 2017), 20, https://www.ned.org/wp-content/uploads/2017/12/Sharp-Power-Rising-Authoritarian-Influence-Full-Report.pdf.
[16] 2017 Foreign Policy White Paper, Australian Government, 2017,

https://www.fpwhitepaper.gov.au/foreign-policy-white-paper/overview.
[17] Caitlyn Gribbin, „Malcolm Turnbull Declares He Will 'Stand Up' for Australia in Response to China's Criticism", Australian Broadcasting Corporation, December 8, 2017, https://www.abc.net.au/news/2017-12-09/malcolm-turnbull-says-he-will-stand-up-for-australia/9243274.
[18] Chen Yonglin, [陳用林] „Chen Yonglin: Australia Is Becoming China's Backyard?", The Epoch Times, September 2, 2016, http://www.epochtimes.com/gb/16/9/2/n8261061.htm. [陳用林：〈陳用林：澳大利亞正在淪為中國的後院〉，《大紀元新聞網》] [In Chinese]
[19] Clive Hamilton. Silent Invasion: China's influence in Australia (Melbourne: Hardie Grant, 2018), Chapter 1.
[20] Ebd.
[21] Ebd.
[22] Ebd.
[23] Clive Hamilton, Silent Invasion: China's influence in Australia, Chapter 3.
[24] Lin Ping, „Disclosing China's Sharp Power: Part X, New Zealand", Radio Free Asia, September 25, 2018, https://www.rfa.org/mandarin/zhuanlan/zhuantixilie/zhongguochujiaoshenxiangshijie/jm-09252018162912.html. [林坪：〈揭祕中國銳實力（十）紐西蘭〉，自由亞洲電台] [In Chinese]
[25] Ebd.
[26] Ebd.
[27] Lin Tinghui, „The Dragon in Strange Waters: China's Diplomatic Quagmire in the Pacific Islands", Journal on International Relations Issue #30, July 2010, p. 58, https://diplomacy.nccu.edu.tw/download.php?filename=451_b9915791.pdf&dir=archive&title=File. [林廷輝：〈龍在陌生海域：中國對太平洋島國外交之困境〉，《國際關係學報》，第三十期（2010年7月）] [In Chinese]
[28] John Henderson and Benjamin Reilly, „Dragon in Paradise: China's Rising Star in Oceania", The National Interest, no. 72 (Summer 2003): 94–105.

[29] Ben Bohane, „The U.S. Is Losing the Pacific to China", The Wall Street Journal, June 7, 2017, https://www.wsj.com/articles/

the-u-s-is-losing-the-pacific-to-china-1496853380.
[30] Josh Rogin, „Inside China's 'Tantrum Diplomacy' at APEC", The Washington Post, November 20, 2018, https://www.washingtonpost.com/news/josh-rogin/wp/2018/11/20/inside-chinas-tantrum-diplomacy-at-apec/.
[31] China's Central Asia Problem, Report No. 244, International Crisis Group (February 27, 2013), https://www.crisisgroup.org/europe-central-asia/central-asia/china-s-central-asia-problem.
[32] Wu Jiao and Zhang Yunbi, „Xi Proposes a 'New Silk Road' With Central Asia", China Daily, September 8, 2013, http://www.chinadaily.com.cn/sunday/2013-09/08/content_16952160.htm.
[33] Raffaello Pantucci and Sarah Lain, „China's Eurasian Pivot: The Silk Road Economic Belt", Whitehall Papers 88, no. 1 (May 16, 2017), https://www.tandfonline.com/doi/full/10.1080/02681307.2016.1274603.
[34] „China's Central Asia Problem", International Crisis Group.
[35] „Kong Quan: China Supports Uzbekistan's Efforts for National Security", People.cn, http://world.people.com.cn/GB/8212/14450/46162/3395401.htm. [〈孔泉：中國支持烏茲別克斯坦為國家安全所做努力〉，人民網] [In Chinese]
[36] Benno Zogg, „Turkmenistan Reaches Its Limits with Economic and Security Challenges", IPI Global Observatory, July 31, 2018, https://theglobalobservatory.org/2018/07/turkmenistan-limits-economic-security-challenges/.
[37] Jakub Jakóbowski and Mariusz Marszewski, „Crisis in Turkmenistan: A test for China's Policy in the Region", Center for Eastern Studies (OSW), August 31, 2018, https://www.osw.waw.pl/en/publikacje/osw-commentary/2018-08-31/crisis-turkmenistan-a-test-chinas-policy-region-0.
[38] Eiji Furukawa, „Belt and Road Debt Trap Spreads to Central Asia", Nikkei Asian Review, August 29, 2018, https://asia.nikkei.com/Spotlight/Belt-and-Road/Belt-and-Road-debt-trap-spreads-to-Central-Asia.
[39] „Tajikistan: Chinese Company Gets Gold Mine in Return for Power Plant", Eurasianet, April 11, 2018, https://eurasianet.org/tajikistan-chinese-company-gets-gold-mine-in-return-for-power-plant.

[40] Danny Anderson, „Risky Business: A Case Study of PRC Investment in Tajikistan and Kyrgyzstan“, The Jamestown Foundation, China Brief 18, no. 14 (August 10, 2018), https://jamestown.org/program/risky-business-a-case-study-of-prc-investment-in-tajikistan-and-kyrgyzstan/.
[41] Juan Pablo Cardenal and Heriberto Araújo, „China's Silent Army: The Pioneers, Traders, Fixers and Workers Who Are Remaking the World in Beijing's Image“ (New York: Crown Publishing Group, 2013), Chapter 2.
[42] Lindsey Kennedy and Nathan Paul Southern, „China Created a New Terrorist Threat by Repressing Secessionist Fervor in Its Western Frontier“, Quartz, May 31, 2017, https://qz.com/993601/china-uyghur-terrorism/.
[43] Xu Jin et al., [徐進等] „Making 'Strategic Pivots' for China's Border Security“, World Affairs 2014 Issue #15, pp. 14–23, http://cssn.cn/jjx/xk/jjx_lljjx/sjjjygjjjx/201411/W020141128513034121053.pdf. [徐進等：〈打造中國周邊安全的「戰略支點」國家〉，《世界知識》，2014年15期，頁14-23][In Chinese]
[44] Therese Delpech, „Iran and the Bomb: The Abdication of International Responsibility“ (New York: Columbia University Press, 2006), 49.
[45] Cardena and Araújo, „China's Silent Army“, Epilogue.
[46] Seyed Reza Miraskari et al., „An Analysis of International Outsourcing in Iran-China Trade Relations“, Journal of Money and Economy 8, No 1 (Winter 2013): 110–139, http://jme.mbri.ac.ir/article-1-86-en.pdf.
[47] Scott Harold and Alireza Nader, „China and Iran: Economic, Political, and Military Relations“ (Washington, D.C.: RAND Corporation, 2012), 7, https://www.rand.org/content/dam/rand/pubs/occasional_papers/2012/RAND_OP351.pdf.
[48] „The Commercial Foundation to Bypass the 'Malacca Dilemma': How to Ensure the Effective Operation of the China-Myanmar Oil and Gas Pipelines“, The First Finance Daily, July 22, 2013, https://www.yicai.com/news/2877768.html. [〈繞過「馬六甲困局」的商業基礎——如何保證中緬油氣管道有效運營〉，《第一財經日報》] [In Chinese]
[49] Li Chenyang, „China-Myanmar Relations since 1988“, in Harmony and Development: Asean-China Relations, eds. Lim Tin Seng and Lai Hongyi (Singapore: World Scientific Publishing, 2007), 54.
[50] Ebd.

[51] „China's Myanmar Dilema", Asia Report No.177 (Brussels: International Crisis Group , 2009), 1, https://d2071andvipowj.cloudfront.net/177-china-s-myanmar-dilemma.pdf.
[52] „After Two Years of Inactivity, the China-Myanmar Crude Oil Pipeline Is Finally Opened", BBC Chinese, April 10, 2017, https://www.bbc.com/zhongwen/simp/chinese-news-39559135. [〈閒置兩年後 中緬原油管道終於開通〉，《BBC中文網》] [In Chinese]
[53] Zhuang Beining and Che Hongliang, „China-Myanmar Signs the Framework Agreement for the Kyaukpyu Deep-water Port Project", xinhuanet.com, November 8, 2018, http://www.xinhuanet.com/2018-11/08/c_1123686146.htm. [莊北甯，車宏亮：〈中緬簽署皎漂深水港專案框架協定〉，《新華網》] [In Chinese]
[54] Lu Cheng, „China-Myanmar Economic Corridor: An Emerging Approach to Myanmar's Development", Guangming Net, September 17, 2018, http://news.gmw.cn/2018-09/17/content_31210352.htm. [鹿鋮：〈中緬經濟走廊：緬甸發展的新興途徑〉，《光明網》] [In Chinese]
[55] Lin Ping, „Disclosing China's Sharp Power", Part XI, European Politics, Radio Free Asia, https://www.rfa.org/mandarin/zhuanlan/zhuantixilie/zhongguochujiaoshenxiangshijie/yl-11052018102634.html. [林坪：〈揭祕中國銳實力（十一）歐洲政界〉，《自由亞洲電台》] [In Chinese]
[56] Jason Horowitz and Liz Alderman, „Chastised by E.U., a Resentful Greece Embraces China's Cash and Interests", The New York Times, August 26, 2017, https://www.nytimes.com/2017/08/26/world/europe/greece-china-piraeus-alexis-tsipras.html.
[57] Ebd.
[58] Jan Velinger, „President's Spokesman Lashes Out at Culture Minister for Meeting with Dalai Lama", Radio Praha, October 18, 2016, https://www.radio.cz/en/section/curraffrs/presidents-spokesman-lashes-out-at-culture-minister-for-meeting-with-dalai-lama.
[59] Lin Ping, „Disclosing China's Sharp Power (Part XI), European Politics", Radio Free Asia, November 5, 2018, https://www.rfa.org/mandarin/zhuanlan/zhuantixilie/zhongguochujiaoshenxiangshijie/yl-11052018102634.html. [林坪：〈揭祕中國銳實力（十一）歐洲政界〉，《自由亞洲電台》] [In Chinese]

[60] „German Blue Book: China's Non-Financial Direct Investment in Germany Has Grown Substantially", sina.com.cn, July 9, 2017, http://mil.news.sina.com.cn/dgby/2018-07-09/doc-ihezpzwt8827910.shtml. [〈德國藍皮書：中國在德國非金融直接投資大幅增長〉，《觀察者網》] [In Chinese]
[61] „Chinese Influence and American Interests: Promoting Constructive Vigilance" (Stanford, Calif.: Hoover Institution Press, 2018), https://www.hoover.org/sites/default/files/research/docs/chineseinfluence_americaninterests_fullreport_web.pdf, 163.
[62] Philip Oltermann, „Germany's 'China City': How Duisburg Became Xi Jinping's Gateway to Europe", The Guardian, August 1, 2018, https://www.theguardian.com/cities/2018/aug/01/germanys-china-city-duisburg-became-xi-jinping-gateway-europe.
[63] „Chirac: A Man Who Loved China", China Net, March 20, 2007, http://www.china.com.cn/international/txt/2007-03/20/content_18421202.htm. [〈希拉克：熱愛中國的人〉，《中國網》] [In Chinese]
[64] The True Jiang Zemin, Chapter 9, „The War of Greed (Part I)", The Epoch Times, http://www.epochtimes.com/b5/12/6/18/n3615092.htm. [聯合寫作組：《真實的江澤民》，〈第九章 貪戰（上）〉，《大紀元新聞網》] [In Chinese]
[65] Nick Timothy, „The Government Is Selling Our National Security to China", Conservative Home, October 20, 2015, http://www.conservativehome.com/thecolumnists/2015/10/nick-timothy-the-government-is-selling-our-national-security-to-china.html.
[66] Holly Watt, „Hinkley Point: The 'Dreadful Deal' behind the World's Most Expensive Power Plant", The Guardian, December 21, 2017, https://www.theguardian.com/news/2017/dec/21/hinkley-point-c-dreadful-deal-behind-worlds-most-expensive-power-plant.
[67] Lin Ping [林坪] „Disclosing China's Sharp Power (Part XII) Economic Infiltration in Europe", Radio Free Asia, November 12, 2018, https://www.rfa.org/mandarin/zhuanlan/zhuantixilie/zhongguochujiaoshenxiangshijie/yl-11082018122750.html; „Disclosing China's Sharp Power (Part XIII) The Encroachment of Academic Freedom and Freedom of Speech in Europe", Radio Free Asia, November 12, 2018, https://www.rfa.

org/mandarin/zhuanlan/zhuantixilie/zhongguochujiaoshenxiangshijie/MCIEU-11122018165706.html. [林坪：〈揭祕中國銳實力（十二）在歐洲的經濟滲透〉，《自由亞洲電台》] [〈揭祕中國銳實力（十三）歐洲學術、言論自由〉，《自由亞洲電台》] [In Chinese]

[68] Jack Hazlewood, „China Spends Big on Propaganda in Britain ... but Returns Are Low“, Hong Kong Free Press, April 3, 2016, https://www.hongkongfp.com/2016/04/03/china-spends-big-on-propaganda-in-britain-but-returns-are-low/.

[69] Thorsten Benner et al., „Authoritarian Advance: Responding to China's Growing Political Influence in Europe“, Global Public Policy Institute (GPPI), February 2018, https://www.gppi.net/media/Benner_MERICS_2018_Authoritarian_Advance.pdf.

[70] Christophe Cornevin and Jean Chichizola, „The Revelations of Le Figaro on the Chinese Spy Program That Targets France“ [„Les révélations du Figaro sur le programme d'espionnage chinois qui vise la France“], Le Figaro, October 22, 2018, http://www.lefigaro.fr/actualite-france/2018/10/22/01016-20181022ARTFIG00246-les-revelations-du-figaro-sur-le-programme-d-espionnage-chinois-qui-vise-la-france.php. [In French]

[71] „German Spy Agency Warns of Chinese LinkedIn Espionage“, BBC News, December 10, 2017, https://www.bbc.com/news/world-europe-42304297.

[72] Serge Michel and Michel Beuret, „China Safari: On the Trail of Beijing's Expansion in Africa“ (New York: Nation Books, 2010), 162.

[73] Reuben Brigety, „A Post-American Africa“, Foreign Affairs, August 28, 2018, https://www.foreignaffairs.com/articles/africa/2018-08-28/post-american-africa.

[74] „Not as Bad as They Say“, The Economist, October 1, 2011, https://www.economist.com/middle-east-and-africa/2011/10/01/not-as-bad-as-they-say.

[75] Joseph Hammond, „Sudan: China's Original Foothold in Africa“, The Diplomat, June 14, 2017, https://thediplomat.com/2017/06/sudan-chinas-original-foothold-in-africa/.

[76] Zeng Yong, „A Strategic Analysis of China's Dealing with the Darfur Crisis“, Arab World Studies, November 2012 Issue #6, http://mideast.shi-

su.edu.cn/_upload/article/23/47/8ee05ca2405488f615e514184f73/077159aa-8c97-41b8-bcc3-95c22c3ba732.pdf. [曾勇，〈中國處理達爾富爾危機的戰略分析〉，《阿拉伯世界研究》] [In Chinese]

[77] „Beijing Shows Hospitality to the Wanted Sudanese President Bashir“, Radio France Internationale (RFI), June 29, 2011, http://cn.rfi.fr/中國/20110629-北京盛情款待遭通緝的蘇丹總統巴希爾. [〈北京盛情款待遭通緝的蘇丹總統巴希爾〉，《法廣》] [In Chinese]

[78] According to „China's Path of Peaceful Development“, by the Information Office of the State Council, as of 2005, China had waived the debts of forty-four developing countries, totalling about 16.6 billion yuan. http://www.scio.gov.cn/zfbps/ndhf/2005/Document/307900/307900.htm. [In Chinese]

[79] Pan Xiaotao, „Chinese, Get Ready to Give Out More Money“, Apple Daily, August 31, 2018, https://hk.news.appledaily.com/local/daily/article/20180831/20488504. [潘小濤：〈中國人，請準備再大撒幣〉，《蘋果日報》] [In Chinese]

[80] „Ministry of Commerce: 97 Percent of Products in 33 Least-Developed Countries in Africa Enjoy Zero Tariffs“, China News, August 28, 2018, http://www.chinanews.com/gn/2018/08-28/8612256.shtml. [〈商務部：非洲33個最不發達國家97%的產品享受零關稅〉，《中新網》] [In Chinese]

[81] Jia Ao, „China Gives Africa Big Bucks Again and America Gets Alert“, Radio Free Asia, September 3, 2018, https://www.rfa.org/mandarin/yataibaodao/junshiwaijiao/hc-09032018110327.html. [家傲：〈中國再向非洲大撒幣 美國警覺〉，《自由亞洲電台》] [In Chinese]

[82] Quan Ye, „A Dialogue With Wang Wen: From the Theory of Spending Money to the Real Problem Behind the Misconstrued New Colonialism“, Duowei News, September 2, 2018, http://news.dwnews.com/china/news/2018-09-02/60081911_all.html. [泉野：〈對話王文：從撒錢論到「新殖民主義」誤區背後的真問題〉，《多維》] [In Chinese]

[83] Cai Linzhe, „Ethiopia Is Learning the 'Chinese Model'“, Phoenix Weekly, May 15, 2013, http://www.ifengweekly.com/detil.php?id=403. [蔡臨哲：〈埃塞俄比亞學習「中國模式」〉，《鳳凰週刊》] [In Chinese]

[84] Andrew Harding, „Correspondence from Our Reporters: 'A New Chi-

na' in Africa", BBC Chinese, July 27, 2015, https://www.bbc.com/ukchina/simp/fooc/2015/07/150727_fooc_ethiopia_development. [安德魯·哈丁：〈記者來鴻：非洲出了個「新中國」〉，《BBC中文網》] [In Chinese]
[85] Si Yang, „To Win the Right to Speak and Export the 'Chinese Model,' China Resorts to Different Means in Europe-America and Asia-Africa", Voice of America, December 7, 2018, https://www.voachinese.com/a/4420434.html. [斯洋：〈爭奪話語權，輸出中國模式，中國影響歐美和亞非方式大不同〉，《美國之音》] [In Chinese]
[86] Ted Piccone, „The Geopolitics of China's Rise in Latin America", Order From Chaos: Foreign Policy in a Troubled World, November 2016, 4 and 9, https://www.brookings.edu/wp-content/uploads/2016/11/the-geopolitics-of-chinas-rise-in-latin-america_ted-piccone.pdf.
[87] Alfonso Serrano, „China Fills Trump's Empty Seat at Latin America Summit", The New York Times, April 17, 2018, https://www.nytimes.com/2018/04/13/opinion/china-trump-pence-summit-lima-latin-america.html.
[88] Übersetzt von der chinesischen Version des Textes von Jorge Blázquez-Lidoy, Javier Rodríguez, Javier Santiso, „Angel o demonio? Los efectos del comercio chino en los países de América Latina" [Angel or Demon? The Effects of Chinese Trade in Latin American Countries], https://repositorio.cepal.org/bitstream/handle/11362/11135/090017043_es.pdf?sequence=1&isAllowed=y [in Spanish].
[89] Jordan Wilson, „China's Military Agreements with Argentina: A Potential New Phase in China-Latin America Defense Relations", U.S-China Economic and Security Review Commission Staff Research Report, November 5, 2015, https://www.uscc.gov/sites/default/files/Research/China%27s%20Military%20Agreements%20with%20Argentina.pdf.
[90] Jin Yusen, „The CCP's Dollar Diplomacy May Be the Last Straw", watchinese.com, July 5, 2017, https://www.watchinese.com/article/2017/23053. [金雨森：〈中共金錢外交恐成為最後一根稻草〉，《看雜誌》] [In Chinese]
[91] Ebd.
[92] „The CCP's Huge Amount of Financial Aid to El Salvador Causes Anxiety for America", NTD Television, August 22, 2018, http://www.ntdtv.com/xtr/gb/2018/08/23/a1388573.html. [〈中共巨額金援搶薩爾瓦多 引

美國憂慮〉，新唐人電視台] [In Chinese]
[93] Huang Xiaoxiao, „Number of Confucius Institutes in Latin America and the Caribbeans Increases to 39“, People.cn, January 26, 2018, http://world.people.com.cn/n1/2018/0126/c1002-29788625.htm. [黃瀟瀟：〈拉美和加勒比地區孔子學院達39所〉，《人民網》] [In Chinese]
[94] Sharon Weinberger, „China Has Already Won the Drone Wars“, Foreign Policy, May 10, 2018, https://foreignpolicy.com/2018/05/10/china-trump-middle-east-drone-wars/.
[95] Rick Joe, „China's Air Force on the Rise: Zhuhai Airshow 2018“, The Diplomat, November 13, 2018, https://thediplomat.com/2018/11/chinas-air-force-on-the-rise-zhuhai-airshow-2018/.
[96] Huang Yuxiang 黃宇翔：„Chinese Drones, Whose Target Is America, Stun the Audience at Zhuhai Air Show“, Asia Weekly, November 25, 2018, Issue #46, Vol. 32, https://www.yzzk.com/cfm/blogger3.cfm?id=1542252826622&author=%E9%BB%83%E5%AE%87%E7%BF%94. [黃宇翔：〈中國無人戰機驚豔珠海航展亮相假想敵是美國〉，《亞洲週刊》] [In Chinese]
[97] „Pentagon Says Chinese Vessels Harassed U.S. Ship“, CNN, March 9, 2009, http://www.cnn.com/2009/POLITICS/03/09/us.navy.china/index.html.
[98] Barbara Starr, „Chinese Boats Harassed U.S. Ship, Officials Say“, CNN, May 5, 2009, http://edition.cnn.com/2009/WORLD/asiapcf/05/05/china.maritime.harassment/index.html.
[99] Barbara Starr, Ryan Browne and Brad Lendon, „Chinese Warship in 'Unsafe' Encounter With US Destroyer, Amid Rising US-China Tensions“, CNN, October 1, 2018, https://www.cnn.com/2018/10/01/politics/china-us-warship-unsafe-encounter/index.html.
[100] Military Strategy Research Department of the Academy of Military Science: Strategic Studies, Beijing: Military Science Publishing House, 2013, p. 47. [軍事科學院軍事戰略研究部：《戰略學》（北京：軍事科學出版社，2013）] [In Chinese]
[101] Qiao Liang, „The 'Belt and Road' Strategy Must Take Into Consideration the 'Going Out' of Military Power“, 81.cn, April 15, 2015, http://www.81.cn/jmywyl/2015-04/15/content_6443998_5.ht. [喬良：〈「一帶一

路」戰略要考慮軍事力量走出去問題〉，《中國軍網》] [In Chinese]
[102] Annual Report to Congress: Military and Security Developments Involving the People's Republic of China 2018, U.S. Department of Defense, May 16, 2018, https://media.defense.gov/2018/Aug/16/2001955282/-1/-1/1/2018-CHINA-MILITARY-POWER-REPORT.PDF, 46, 47.
[103] Benjamin Haas, „Steve Bannon: 'We're Going to War in the South China Sea ... No Doubt'", The Guardian, February 1, 2017, https://www.theguardian.com/us-news/2017/feb/02/steve-bannon-donald-trump-war-south-china-sea-no-doubt.
[104] Lawrence Sellin, „The US Needs a New Plan to Address Chinese Power in Southern Asia", The Daily Caller, June 5, 2018, https://dailycaller.com/2018/06/05/afghanistan-pakistan-america-china/.
[105] Panos Mourdoukoutas, „China Will Lose The South China Sea Game", Forbes, July 1, 2018, https://www.forbes.com/sites/panosmourdoukoutas/2018/07/01/china-will-lose-the-south-china-sea-game/#5783cad73575.
[106] Michael Lelyveld, „China's Oil Import Dependence Climbs as Output Falls", Radio Free Asia, December 4, 2017, https://www.rfa.org/english/commentaries/energy_watch/chinas-oil-import-dependence-climbs-as-output-falls-12042017102429.html.
[107] M. Taylor Fravel, „Why Does China Care So Much about the South China Sea? Here Are 5 Reasons", The Washington Post, July 13, 2016, https://www.washingtonpost.com/news/monkey-cage/wp/2016/07/13/why-does-china-care-so-much-about-the-south-china-sea-here-are-5-reasons/?utm_term=.4a7b1de04dbd.
[108] Ebd.
[109] Brahma Chellaney, „Why the South China Sea Is Critical to Security", The Japan Times, March 26, 2018, https://www.japantimes.co.jp/opinion/2018/03/26/commentary/world-commentary/south-china-sea-critical-security/#.XAnOBBNKiF1.
[110] Scott L. Montgomery, „Oil, History, and the South China Sea: A Dangerous Mix", Global Policy, August 7, 2018, https://www.globalpolicyjournal.com/blog/07/08/2018/oil-history-and-south-china-sea-dangerous-mix.
[111] Hal Brands, „China's Master Plan: a Global Military Threat", The

Japan Times, June 12, 2018, https://www.japantimes.co.jp/opinion/2018/06/12/commentary/world-commentary/chinas-master-plan-global-military-threat/#.W9JPPBNKj5V.
[112] Lin Tinghui, „The Dragon in Strange Waters: China's Diplomatic Quagmire in the Pacific Islands", Journal on International Relations, July 2010, Issue #30, p. 58, https://diplomacy.nccu.edu.tw/download.php?filename=451_b9915791.pdf&dir=archive&title=File. [林廷輝，〈龍在陌生海域：中國對太平洋島國外交之困境〉，《國際關係學報》第三十期（2010年7月）] [In Chinese]
[113] Annual Report to Congress: Military and Security Developments Involving the People's Republic of China 2018, U.S. Department of Defense, May 16, 2018, https://media.defense.gov/2018/Aug/16/2001955282/-1/-1/1/2018-CHINA-MILITARY-POWER-REPORT.PDF.
[114] Huang Yuxiang, „Chinese Drones, Whose Target Is America, Stun the Audience at Zhuhai Air Show", Asia Weekly, November 25, 2018, 第32卷46期，, https://www.yzzk.com/cfm/blogger3.cfm?id=1542252826622&author=%E9%BB%83%E5%AE%87%E7%BF%94. [黃宇翔：〈中國無人戰機驚艷珠海航展亮相假想敵是美國〉，《亞洲週刊》，2018年11月25日， 第32卷 46期] [In Chinese]
[115] David E. Sanger, „U.S. Blames China's Military Directly for Cyberattacks", The New York Times, May 6, 2013, http://www.nytimes.com/2013/05/07/world/asia/us-accuses-chinas-military-in-cyberattacks.html?pagewanted=all&_r=1&.
[116] See in-depth analysis of this issue by Peter Navarro, director of the White House National Trade Council, in „Crouching Tiger: What China's Militarism Means for the World" (New York: Prometheus Books, 2015).
[117] Steven Lee Myers, „With Ships and Missiles, China Is Ready to Challenge U.S. Navy in Pacific", The New York Times, August 29, 2018, https://www.nytimes.com/2018/08/29/world/asia/china-navy-aircraft-carrier-pacific.html.
[118] See San Renxing, „On the Bloody Company's (CCP's) Doomsday Mad Gambling", The Epoch Times, http://www.epochtimes.com/b5/5/8/1/n1003911.htm [三人行：〈評血腥公司的末日瘋狂賭〉，《大紀元新聞網》] [In Chinese] and http://www.epochtimes.com/b5/5/8/2/

n1004823.htm; and Li Tianxiao, „If God Wants the CCP to Die, He Will Make It Mad First“, The Epoch Times, http://www.epochtimes.com/gb/5/8/17/n1021109.htm. [李天笑：〈神要中共亡 必先使其狂〉，《大紀元新聞網》] [In Chinese]
Die beiden Reden, die mutmaßlich vom KPCh-General Chi Haotian (Verteidigungsminister, 1993-2003) gehalten wurden, „The War Is Coming to Us“ und „The War Is Not Far from Us; It Is the Midwife of the Chinese Century“, erschienen 2003 bzw. 2005 im Internet. Obwohl es schwierig ist, ihre Authentizität zu überprüfen, glauben Kritiker im Allgemeinen, dass die Reden die wahre Mentalität der Kommunistischen Partei Chinas repräsentieren und dass sie bewusst veröffentlicht wurden, um externe Reaktionen und die einschüchternde Wirkung auf Feinde beobachten und beurteilen zu können.

[119] Jonathan Watts, „Chinese General Warns of Nuclear Risk to US”“ The Guardian, July 15 2005, https://www.theguardian.com/world/2005/jul/16/china.jonathanwatts.

[120] Michael Pillsbury war überrascht, als er feststellte, dass, wenn chinesische Wissenschaftler die Macht des Landes bewerten, die militärische Stärke weniger als zehn Prozent ausmachte. Nach dem Zusammenbruch der Sowjetunion änderte die KP Chinas ihre Kriterien für die Bewertung der Stärke und berücksichtigte Faktoren wie Wirtschaft, Auslandsinvestitionen, technologische Innovation und natürliche Ressourcen. Michael Pillsbury, The Hundred-Year Marathon: China’s Secret Strategy to Replace America as the Global Superpower, Chapter 2.

[121] Nine Commentaries on the Communist Party, „On the Beginnings of the Chinese Communist Party“, Kapitel 2, https://www.epochtimes.de/thema/neun-kommentare-ueber-die-kommunistische-partei/der-zweite-der-neun-kommentare-a6051.html

[122] Qiao Liang and Wang Xiangsui, Unrestricted Warfare (Beijing: The PLA’s Literature and Art Press, 1999) [喬良、王湘穗：《超限戰》（北京：解放軍文藝出版社，1999），頁1，頁62]. [In Chinese]

[123] Ebd., 6 [喬良、王湘穗：《超限戰》（北京：解放軍文藝出版社，1999），頁1，頁6]. [In Chinese]

[124] Qiao Liang and Wang Xiangsui, „Unrestricted Warfare and Anti-Un-

restricted Warfare: How Will Americans Counter the Chinese New Strategy?“ (Beijing: Changjiang Literature and Art Press, 2016) [喬良、王湘穗：《超限戰與反超限戰：中國人提出的新戰爭觀美國人如何應對》（北京：長江文藝出版社，2016]. [In Chinese]

[125] Louisa Lim and Julia Bergin, „Inside China's Audacious Global Propaganda Campaign“, The Guardian, December 7, 2018, https://www.theguardian.com/news/2018/dec/07/china-plan-for-global-media-dominance-propaganda-xi-jinping.

[126] Mao Zedong, Selected Works on Journalism (Beijing: Xinhua Press) [毛澤東：《毛澤東新聞工作文選》（北京：新華出版社，1983），頁182]. [In Chinese]

[127] „The CCP Spends Big Money Expanding Its Overseas Propaganda“ [〈重金鋪路中共大外宣海外擴張〉，自由亞洲電臺，2015年11月5日]，https://www.rfa.org/cantonese/news/propaganda-11052015084921.html. [In Chinese]

]128] „China Spends 10 Billion Dollars on Overseas Propaganda Each Year“ [〈中國每年用“100億美元推動外宣攻勢”〉，《BBC中文網》，2016年6月10日]，http://www.bbc.com/zhongwen/trad/press_review/2016/06/160610_uk_press_china. [In Chinese.]

[129] „Chinese President Xi Jinping Visits With CCTV America via Video Call“, CGTN, February 19, 2016, https://america.cgtn.com/2016/02/19/chinese-president-xi-jinping-visits-with-cctv-america-via-video-call.

[130] Yuan Jirong, „Chinese TV Series Are Trendy in Africa“, people.cn [苑基榮：〈中國電視劇熱播非洲大陸〉，《人民日報》，2015年1月5日，第3版]，https://web.archive.org/web/20160206004955if_/http://paper.people.com.cn/rmrb/html/2015-01/05/nw.D110000renmrb_20150105_3-03.htm. [In Chinese]

[131] Koh Gui Qing and John Shiffman, „Beijing's Covert Radio Network Airs China-Friendly News Across Washington, and the World“, Reuters, November 2, 2015, https://www.reuters.com/investigates/special-report/china-radio/.

[132] Louisa Lim and Julia Bergin, „Inside China's Audacious Global Propaganda Campaign“, The Guardian, December 7, 2018, https://www.theguardian.com/news/2018/dec/07/

china-plan-for-global-media-dominance-propaganda-xi-jinping.
[133] James Fallows, „Official Chinese Propaganda: Now Online from the WaPo!“, The Atlantic, February 3, 2011, https://www.theatlantic.com/international/archive/2011/02/official-chinese-propaganda-now-online-from-the-wapo/70690/.
[134] Donnelle Eller, „Chinese-Backed Newspaper Insert Tries to Undermine Iowa Farm Support for Trump, Trade War“, Des Moines Register, September 24, 2018, https://www.desmoinesregister.com/story/money/agriculture/2018/09/24/china-daily-watch-advertisement-tries-sway-iowa-farm-support-trump-trade-war-tariffs/1412954002/.
[135] Bethany Allen-Ebrahimian, „Beijing Builds Its Influence in the American Media“, Foreign Policy, December 21, 2017, https://foreignpolicy.com/2017/12/21/one-of-americas-biggest-chinese-language-newspapers-toes-beijings-party-line-china-influence-united-front/.
[136] „'Occupy Central' Reveals Red Infiltration, 142 of CCP's Overseas Media Outlets Get Disclosed“, New Tang Dynasty TV [〈占中揭開紅色滲透 142家海外黨媒體瞬間曝光〉，《新唐人電視台》，2014年10月6日，http://www.ntdtv.com/xtr/gb/2014/10/06/a1143788.html]. [In Chinese]
[137] Jeffrey Gil, „Why the NSW Government Is Reviewing Its Confucius Classrooms Program“, The Conversation, May 17, 2018, http://theconversation.com/why-the-nsw-government-is-reviewing-its-confucius-classrooms-program-96783.
[138] Alexander Bowe, China's Overseas United Front Work: Background and Implications for the United States, U.S.-China Economic and Security Review Commission, August 24, 2018, 5–6， https://www.uscc.gov/sites/default/files/Research/China%27s%20Overseas%20United%20Front%20Work%20-%20Background%20and%20Implications%20for%20US_final_0.pdf, 14.
[139] John S. McCain National Defense Authorization Act for Fiscal Year 2019, House of Representatives, https://docs.house.gov/billsthisweek/20180723/CRPT-115hrpt863.pdf.
[140] Bowe, China's Overseas United Front Work: Background and Implications for the United States, 5–6.

[141] Thorsten Benner et al., „Authoritarian Advance: Responding to China's Growing Political Influence in Europe", Global Public Policy Institute (GPPI), https://www.gppi.net/media/Benner_MERICS_2018_Authoritarian_Advance.pdf.
[142] Chinese Influence & American Interests: Promoting Constructive Vigilance (Stanford□ California: Hoover Institution Press, 2018), https://www.hoover.org/sites/default/files/research/docs/chineseinfluence_americaninterests_fullreport_web.pdf.
[143] Jenni Marsh, „Ex-Hong Kong Politician Faces Jail after Bribery Conviction in US", CNN, December 5, 2018, https://www.cnn.com/2018/12/05/asia/patrick-ho-bribery-conviction-intl/index.html.
[144] Alexandra Stevenson, David Barboza, Matthew Goldstein and Paul Mozur, „A Chinese Tycoon Sought Power and Influence. Washington Responded", The New York Times, December 12, 2018, https://www.nytimes.com/2018/12/12/business/cefc-biden-china-washington-ye-jianming.html.
[145] Rona Rui, „Exclusive Interview With Chen Yongling: How the Chinese Communist Party Has Thoroughly Infiltrated Australia", The Epoch Times, June 19, 2017. [駱亞：〈專訪陳用林：中共全面滲透澳洲內幕〉，《大紀元新聞網》，2017年6月19日]，http://www.epochtimes.com.tw/n215385. [In Chinese]
[146] „Chinese Influence & American Interests: Promoting Constructive Vigilance" (Stanford， California: Hoover Institution Press, 2018), https://www.hoover.org/sites/default/files/research/docs/chineseinfluence_americaninterests_fullreport_web.pdf.
[147] Isaac Stone Fish, „Huawei's Surprising Ties to the Brookings Institution", The Washington Post, December 7, 2018, https://www.washingtonpost.com/opinions/2018/12/08/chinese-companys-surprising-ties-brookings-institution/?utm_term=.2720ba57db52.
[148] Margaret Wollensak, „Canadian, UK Universities Warned by Intelligence Agencies to Be Wary of Huawei", The Epoch Times, December 19, 2018, https://www.theepochtimes.com/universities-warned-to-be-wary-of-research-partnerships-with-huawei_2743679.html
[149] Zack Dorfman, „How Silicon Valley Became a Den of Spies", Politico, July 27, 2018, https://www.politico.com/magazine/story/2018/07/27/silicon-valley-spies-china-russia-219071.

[150] Bowe, „China's Overseas United Front Work: Background and Implications for the United States", 11–12.
[151] Bowe, „China's Overseas United Front Work: Background and Implications for the United States", 10–12.
[152] Gao Shan, „China's Wanda Buys Two US Film Companies for 2 Billion US Dollars", Radio Free Asia, August 23, 2016 [高山：〈中國萬達：20億美元買下美國兩家電影公司〉，自由亞洲電台，2016年8月23日]，https://www.rfa.org/mandarin/yataibaodao/jingmao/hc-08232016102649.html. [In Chinese]
[153] Cui Peng, „Ali Pictures Invests in Amblin Partners; Ma Yun Makes Investment in Spielberg", sohu.com, October 9, 2016. [崔鵬：〈阿里影業入股Amblin Partners 馬雲投資斯皮爾伯格〉，《搜狐網》，2016年10月9日]，http://www.sohu.com/a/115703678_115565. [In Chinese]
[154] Amy Qin and Audrey Carlsen, „How China Is Rewriting Its Own Script", The New York Times, November 18, 2018, https://www.nytimes.com/interactive/2018/11/18/world/asia/china-movies.html.
[155] Ben Fritz and John Horn, „Reel China: Hollywood Tries to Stay on China's Good Side", The Los Angeles Times, March 16, 2011, http://articles.latimes.com/2011/mar/16/entertainment/la-et-china-red-dawn-20110316.
[156] Lin Ping, „Disclosing China's Sharp Power", Part Five, American Film and Entertainment Industries, Radio Free Asia, September 7, 2018 [林坪：〈揭秘中國銳實力（五）美國電影娛樂業〉，自由亞洲電臺，2018年9月7日]，https://www.rfa.org/mandarin/zhuanlan/zhuantixilie/zhongguo-chujiaoshenxiangshijie/yl5-09072018150445.html. [In Chinese]
[157] Lin Ping, „Disclosing China's Sharp Power", Part Three: American Universities and Academia, Radio Free Asia, September 5, 2018 [林坪：〈揭秘中國銳實力（三）美國學術界、高校〉，自由亞洲電臺，2018年9月5日]，https://www.rfa.org/mandarin/zhuanlan/zhuantixilie/zhongguo-chujiaoshenxiangshijie/yl3-09052018122139.html, [In Chinese]
[158] „British Conservatives Were Refused Entry to Hong Kong; Johnson Expresses Concern", [〈英保守黨人被拒入境香港 約翰遜表關切〉，《BBC中文網》，2017年10月12日]，https://www.bbc.com/zhongwen/trad/chinese-news-41591196. [In Chinese]
[159] Bowe, „China's Overseas United Front Work: Background and Impli-

cations for the United States", 7–8.
[160] „High-Speed Rail News: A Record of the High-speed Rail Storm" (Changsha: Hunan Literature and Art Press, 2015). See chapter 5, „China's High-Speed Rail Three Kingdom Kills", [高鐵見聞：《高鐵風雲錄》（長沙：湖南文藝出版社，2015），第五章〈中國高鐵三國殺〉]. [In Chinese]
[161] Sankei Shimbun, „Japan's Transfer of Bullet Train Technology a Mistake. China, of Course, Has Copied It", Japan Forward, August 18, 2017, https://japan-forward.com/japans-transfer-of-bullet-train-technology-a-mistake-china-of-course-has-copied-it/.
[162] Paul Mozur and Jane Perlez, „China Bets on Sensitive U.S. Start-Ups, Worrying the Pentagon", The New York Times, March 22, 2017, https://www.nytimes.com/2017/03/22/technology/china-defense-start-ups.html (last visited February 2, 2019).
[163] Ebd.
[164] Office of the United States Trade Representative, Executive Office of the President, Update Concerning China's Acts, Policies and Practices Related to Technology Transfer, Intellectual Property, and Innovation, November 20, 2018, https://ustr.gov/sites/default/files/enforcement/301Investigations/301%20Report%20Update.pdf, 46.
[165] Justin Ling, „Man Who Sold F-35 Secrets to China Pleads Guilty", Vice News, March 24, 2016, https://news.vice.com/en_us/article/kz9xgn/man-who-sold-f-35-secrets-to-china-pleads-guilty.
[166] Cynthia McFadden, Aliza Nadi and Courtney McGee, „Education or Espionage? A Chinese Student Takes His Homework Home to China", NBC News, July 24, 2018, https://www.nbcnews.com/news/china/education-or-espionage-chinese-student-takes-his-homework-home-china-n893881.
[167] „Chinese Hackers Indicted", FBI News, December 20, 2018, https://www.fbi.gov/news/stories/chinese-hackers-indicted-122018.
[168] Zach Dorfman, „How Silicon Valley Became a Den of Spies", Politico, July 27, 2018, https://www.politico.com/magazine/story/2018/07/27/silicon-valley-spies-china-russia-219071.
[169] Counterintelligence Strategic Partnership Intelligence Note (SPIN),

SPIN: 15-007, FBI, September 2015, https://info.publicintelligence.net/FBI-ChineseTalentPrograms.pdf
[170] Lawrence A. Tabak and M. Roy Wilson, „Foreign Influences on Research Integrity“, Presentation at the 117th Meeting of the Advisory Committee to the Director, NIH, December 13, 2018, https://acd.od.nih.gov/documents/presentations/12132018ForeignInfluences.pdf.
[171] Lev Facher, „NIH Report Scrutinizes Role of China in Theft of U.S. Scientific Research“, STAT, December 13, 2018, https://www.statnews.com/2018/12/13/nih-report-scrutinizes-role-of-china-in-theft-of-u-s-scientific-research/.
[172] Jennifer Zeng, „Communist China Poses Greatest Threat to US and World, Senators Told“, The Epoch Times, updated December 17, 2018, https://www.theepochtimes.com/senate-told-communist-china-poses-greatest-threat-to-us-and-the-world_2738798.html.
[173] Keith Bradsher, „When Solar Panels Became Job Killers“, The New York Times, April 8, 2017, https://www.nytimes.com/2017/04/08/business/china-trade-solar-panels.html?_ga=2.209817942.255138535.1542571491-142437734.1525387950.
[174] „The National Intelligence Law of the People's Republic of China“, National People's Congress Net, June 27, 2017 [《中華人民共和國國家情報法》，《中國人大網》，2017年6月27日]，http://www.npc.gov.cn/npc/xinwen/2017-06/27/content_2024529.htm. [In Chinese]
[175] Statement of John C. Demers Before the Committee on the Judiciary, United States Senate, for a Hearing on China's Non-Traditional Espionage Against the United States: The Threat and Potential Policy Responses, U.S. Senate, December 12, 2018, https://www.judiciary.senate.gov/imo/media/doc/12-12-18%20Demers%20Testimony.pdf.
[176] Megan Henney, „US Leaders React to Huawei CFO Arrest: 'A Threat to Our National Security'“, Fox Business, December 6, 2018, https://www.foxbusiness.com/markets/us-leaders-react-to-huawei-cfo-arrest-a-threat-to-our-national-security.
[177] Danielle Cave, „The African Union Headquarters Hack and Australia's 5G Network“, Australian Strategic Policy Institute, July 13, 2018, https://www.aspistrategist.org.au/

the-african-union-headquarters-hack-and-australias-5g-network/.
[178] Theis Lange Olsen and Cathrine Lakmann, „Huawei Now on the Danish Mark: 'The Chinese Can Access Systems That Govern Our Society'", Danish Broadcasting Corporation, December 7, 2018, https://www.dr.dk/nyheder/indland/huawei-nu-paa-dansk-sigtekorn-kineserne-kan-faa-adgang-til-systemer-der-styrer-vores. [In Danish]
[179] Tang Ming, „CCP Hackers Feigned Falun Gong Websites; America Calls on China to Observe International Rules", The Epoch Times, March 16, 2013 [唐銘：〈中共駭客偽裝法輪功網站 美籲中遵守國際規則〉，《大紀元新聞網》，2013年3月16日]，http://www.epochtimes.com/gb/13/3/16/n3824225.htm. [In Chinese]
[180] „Peter Navarro on China's National Security Risks to US", Fox Business, December 13, 2018, https://video.foxbusiness.com/v/5979037938001/?#sp=show-clips.
[181] Qiao Liang and Wang Xiangsui, „Unrestricted Warfare: China's Master Plan to Destroy America" (2002) (Beijing: The PLA's Literature and Art Press, 1999). [喬良、王湘穗：《超限戰》（北京：解放軍文藝出版社，1999），頁61]. [In Chinese]
[182] Eri Sugiura, „China's 5G a Bigger Threat than Trade War, Says Ex-Dallas Fed Chief", Nikkei Asian Review, September 24, 2018, https://asia.nikkei.com/Economy/China-s-5G-a-bigger-threat-than-trade-war-says-ex-Dallas-Fed-chief.
[183] Gregg Re, „Trump Declares Opioids From Mexico, China 'Almost a Form of Warfare'", Tells Sessions to Sue Drug Makers, Fox News, August 16, 2018, https://www.foxnews.com/politics/trump-declares-opioids-from-mexico-china-almost-a-form-of-warfare-tells-sessions-to-sue-drug-makers.
[184] Kirsten D. Madison, „Stopping the Poison Pills: Combatting the Trafficking of Illegal Fentanyl from China", Prepared Statement Before the Senate Caucus on International Narcotics Control, U.S. Department of State, October 2, 2018, https://www.state.gov/j/inl/rls/rm/2018/286384.htm.
[185] Markos Kounalakis, „China Is Using Fentanyl in a Chemical War Against America", Mcclatchy D.C. Bureau, November 2, 2017, https://www.mcclatchydc.com/opinion/article182139386.html.
[186] Anna Fifield, „China's Row With Sweden Over a 'Racist' TV Skit Has

Citizens Urging Boycotts of Ikea and H&M“, The Washington Post, September 26, 2018, https://www.washingtonpost.com/world/2018/09/26/chinas-row-with-sweden-over-racist-tv-skit-has-citizens-urging-boycott-ikea-hm/?noredirect=on&utm_term=.15e1b22bc530.
[187] Xinmei Shen, „How China's Army of Online Trolls Turned on Sweden“, Abacus News, September 26, 2018, https://www.abacusnews.com/digital-life/how-chinas-army-online-trolls-turned-sweden/article/2165747.
[188] T. Casey Fleming, Eric L. Qualkenbush, and Anthony M. Chapa, „The Secret War Against the United States“, The Cyber Defense Review, Vol. 2, Number 3, Fall 2017, 25–32, https://cyberdefensereview.army.mil/Portals/6/Documents/CDR-FALL2017.pdf.
[189] „How the West Got China Wrong“, The Economist, March 1, 2018, https://www.economist.com/leaders/2018/03/01/how-the-west-got-china-wrong.
[190] Michael Pillsbury, „The Hundred-Year Marathon: China's Secret Strategy to Replace America as the Global Superpower“ (New York: St. Martin's Press, 2015), the Introduction.
[191] Steve Bannon, „Speech at the 12th Interethnic, Interfaith Leadership Conference“, November 15, 2017, https://www.youtube.com/watch?v=OMp8F2tL66I.

Ausblick

Im Laufe ihrer Geschichte hat die Menschheit eine Fülle von Pracht und Herrlichkeit gesehen, aber auch unzählige Tragödien und Katastrophen erlitten. Rückblickend stellen wir fest, dass moralische Rechtschaffenheit zu sauberer Regierungsführung, wirtschaftlicher Stärke, kultureller Brillanz und nationalem Wohlstand führt; moralische Degeneration hingegen ein Vorzeichen für den Fall der Nationen und das Aussterben ganzer Zivilisationen ist.

Heute hat die Menschheit einen Zenit an materiellem Reichtum erreicht, steht aber vor beispiellosen Herausforderungen durch die Verwüstungen, die der Kommunismus angerichtet hat. Das ultimative Ziel des Kommunismus ist es nicht, einen Himmel auf Erden zu errichten, sondern die Menschheit zu zerstören. Die Natur des Kommunismus ist die eines bösen Gespenstes, das aus Hass, Degeneration und anderen negativen Elementarkräften im Universum geformt wurde. Aus Hass schlachtete es über 100 Millionen Menschen ab, zertrümmerte die Hinterlassenschaften mehrerer tausend Jahre alter vorzüglicher Zivilisation und korrumpierte die menschliche Moral.

Das kommunistische Gespenst traf Vorkehrungen für Ost und West und wandte in den verschiedenen Ländern unterschiedliche Strategien an. Im Osten führte es ein gnadenloses Blutvergießen durch und zwang die Menschen, sich zum Atheismus zu bekennen. Im Westen ging der Kommunismus einen anderen Weg. Es infiltrierte die Gesellschaft in verdeckter Form und verführte die Menschen dazu, ihren Glauben und ihre traditionellen moralischen Werte aufzugeben.

Unter Ausnutzung kommunistischer Regime, Organisationen, Mitläufer, Komplizen und anderer Akteure versammelte der Kommunismus negative Elemente, die in der menschlichen Welt vorhanden waren, um eine gewaltige Macht zu erlangen. Mit dieser Macht unterwarf er Politik, Wirtschaft, Recht, Bildung, Medien, Kunst und Kultur und etablierte seine Kontrolle in allen sozialen Bereichen. Die heutige Menschheit befindet sich dadurch in einer gefährlichen Notlage.

Wenn man im Nachhinein die jüngsten zwei Jahrhunderte der sozialen Entwicklung betrachtet, sind die Gründe für den Triumph des Kommunismus klar. Wenn die Menschen den materiellen Freuden des technologischen Fortschritts frönen und die Verbreitung des Atheismus zulassen, lehnen sie die göttliche Barmherzigkeit ab und ergeben sich dem Bösen. Da ein Großteil der Menschheit von den Traditionen der Götter abgewichen ist, wird sie leicht vom Kommunismus und seinen unzähligen ideologischen Variationen wie Sozialismus, Liberalismus und Progressivismus (Fortschrittsgläubigkeit) getäuscht.

Die traditionelle Kultur ist die Garantie für die Menschen, ihre Moral zu bewahren und in den letzten Momenten der Endzeit Erlösung zu erlangen. Aber mit der angegriffenen traditionellen Kultur und den beiseitegeschobenen moralischen Grundwahrheiten wird die Verbindung zwischen Mensch und Göttlichem getrennt. Der Mensch kann die göttliche Unterweisung nicht mehr verstehen, das Böse regiert über alles und richtet verheerende Schäden im menschlichen Bereich an. Wenn die menschliche Moral unter die an die Menschen gestellten Grundanforderungen fällt, müssen die Götter die Menschheit widerwillig aufgeben. Der Teufel führt die Menschen dann in den Abgrund der Verdammnis.

Aber wenn man ein Extrem erreicht hat, müssen sich die Umstände umkehren. Es ist ein ewiges Prinzip im menschlichen Bereich, dass das Böse die Rechtschaffenheit nie besiegen kann. Der momentane Sieg des Kommunismus ist ein vorübergehendes Phänomen, welches durch den Teufel hervorgerufen wird, der die Menschen mit seiner illusorischen Macht und seinen tückischen Versuchungen verunsichert hat. Der Mensch ist zwar unvollkommen, trägt aber in seiner Natur die Freundlichkeit, Tugend und den moralischen Mut, die seit Jahrhunderten und Jahrtausenden gepflegt und weitergegeben werden. Darin liegt seine Hoffnung.

Die globalen Ereignisse entwickeln sich in einem unglaublichen Tempo. Die Rechtschaffenheit ist im Aufstieg, und die Menschen der Welt erwachen.

In China haben Millionen von Menschen friedlich der tyrannischen Herrschaft der Kommunistischen Partei Chinas widerstanden, indem sie in ihrem Glauben und ihrer Moral standhaft geblieben sind. Inspiriert von der Artikelserie „Neun Kommentare zur Kommunistischen Partei" haben mehr als 300 Millionen Chinesen mutig ihre Beziehungen zur KP Chinas und den ihr angeschlossenen Organisationen durch den Akt des „Tuidang" oder des „Austritts aus der Partei" aufgegeben. Immer mehr Menschen treffen die von Herzen kommende Entscheidung, sich von den Fesseln des Kommunismus zu befreien. So ist der Zerfall der Kommunistischen Partei bereits im Gange.

Das Ende der Kommunistischen Partei ist eine Frage der göttlichen Ordnung. Sollten die chinesischen Führer Schritte zur Auflösung der Partei unternehmen, werden ihnen alle Voraussetzungen für einen sauberen Übergang geboten. In Zukunft werden sie wahre Autorität erlangen – die von den Gottheiten gewährte. Wenn sie sich hartnäckig weigern, diesen Bruch zu vollziehen, werden sie das Schicksal der Partei als ihr eigenes ansehen und sich ihr auch bei der Katastrophe ihres endgültigen Untergangs dieser anschließen.

Die Welt erlebt eine Wiederbelebung der traditionellen Kultur und Moral in Übereinstimmung mit den universellen Werten von Wahrhaftigkeit, Güte und Nachsicht. Im Vordergrund dieser Renaissance steht Shen Yun Performing Arts, die auf fünf Kontinenten auftreten. Mit dem Mittel des klassischen chinesischen Tanzes vermittelt Shen Yun diese Werte an ein Publikum auf der ganzen Welt.

Der Westen hat begonnen, die kommunistische Infiltration und ihre Untergrabung der traditionellen Kultur zu erkennen, die sich im Laufe des letzten Jahrhunderts vollzogen hat. Die Beseitigung der kommunistischen Elemente und der von dieser abgeleiteten modernen, abgewichenen Kultur hat in vielen Bereichen begonnen, darunter in Recht und Verwaltung, Bildung und diplomatischen Beziehungen. Die Regierungen werden wachsamer gegenüber kommunistischen Regimen und ihren Unterstützern und bremsen den Einfluss des Kommunismus auf der globalen Bühne erheblich.

Der Kommunismus ist kein Feind, der mit militärischer Gewalt besiegt werden kann. Um die Welt aus seinem Griff zu befreien, müssen wir damit beginnen, uns von innen zu reinigen. Li Hongzhi, der Gründer von Falun Dafa, schrieb in seinem Artikel „Kultivieren innen, friedvoll außen“:

„Menschen ohne Tugend, unter dem Himmel chaotisch, außer Kontrolle. Jeder verfeindet, leben ohne Freude. Leben ohne Freude, keine Angst vor Leben und Tod. Laotse sagte: „Diejenigen ohne Todesfurcht, wie mit Tod schrecken?“ Die große Bedrohung. Frieden unter dem Himmel wünscht das Volk. Frieden erzielen, durch Gesetzgebung, noch schlimmer. Solche Besorgnis auflösen, muss Tugend kultivieren, so dass die Welt unter dem Himmel grundlegend geheilt. Beamte nicht egoistisch, Nation nicht korrupt. Wenn sich für das Volk zu kultivieren und Tugend zu bewahren wichtig, Politiker und Volk beherrschen sich selbst. Das ganze Land friedvoll, wie das Volk wünscht. Flüsse und Berge uneinnehmbar; äußerer Feind abgeschreckt, Frieden unter dem Himmel. Handlung eines Heiligen.“

Der barmherzige Schöpfer hat immer über die Menschheit gewacht. Katastrophen ereignen sich, wenn die Menschheit das Göttliche verrät. Die Menschheit kann nur gerettet werden, wenn sie zu ihrem göttlich geschenkten Erbe zurückkehrt. Solange wir unbewegt bleiben und die Fassaden durchschauen, ein Herz aus wahrem Mitgefühl bewahren, den göttlichen Normen für das Menschsein folgen, traditionelle Werte wiederbeleben und zur traditionellen Kultur zurückkehren, werden die Götter die Menschheit vom Bösen befreien. Die Versuche des kommunistischen Gespenstes, die Menschheit zu korrumpieren und zu zerstören, werden scheitern.

Wir sollten dem Göttlichen dankbar sein. Die Gottheiten haben uns die Mittel gegeben, uns von den Fesseln des Bösen zu befreien und den Weg für uns geebnet, zur Tradition und zum Göttlichen zurückzukehren. Ob die Menschheit diesen Weg gehen wird oder nicht, ist die Entscheidung, die uns allen bevorsteht.

Index